Bosquejo para la Reflexión Diaria

Padre, tu me has creado
y me has puesto en la tierra con un propósito.
Jesús, tu diste tu vida por mí
y me llamaste a completar tu labor.
Espíritu Santo, tu me ayudaste
a llevar a cabo la labor para
la cual fuí creado y llamado.
En tu presencia y en tu nombre—
Padre, Hijo y Espíritu Santo—
Empiezo mi reflexión.
Que todos mis pensamientos e inspiraciones
se originen en tí y
vayan dirigidos a tu gloria.

1. LEA la reflexión en forma de oración.
   (Aproximadamente un minuto.)
2. PIENSE en lo que más le ha impresionado
   mientras que leía la reflexión. ¿Y por que?
   (Aproximadamente cuatro minutos.)
3. HABLE con Dios sobre sus pensamientos.
   (Aproximadamente un minuto.)
4. ESCUCHE la respuesta de Dios.
   Simplemente repose en la presencia de Dios
   con la mente y el corazón abiertos.
   (Aproximadamente cuatro minutos.)
5. TERMINE cada reflexión rezando el Padre
   Nuestro con calma y reverencia.

DESAFIO 2000

Un Programa de Reflexión Diaria
Basado en *Los Ejercicios Espirituales
de San Ignacio*

Mark Link, S.J.
Traducidas por Rosalva Castañeda

Allen, Texas

IMPRIMI POTEST
Bradley M. Schaeffer, S.J.

NIHIL OBSTAT
Rev. Glenn D. Gardner, J.C.D.
Censor Librorum

IMPRIMATUR
+Reverendísimo Charles V. Grahmann
Obispo de Dallas

Febrero 22, 1993

El *Nihil Obstat* e *Imprimatur* son declaraciones oficiales que
este trabajo no contiene nada contrario a la Fe y la Moral.
No es implícito, por lo tanto, que los que otorgan el *Nihil
Obstat* e *Imprimatur* estén de acuerdo con el contenido,
declaraciones u opiniones aquí expresadas.

RECONOCIMIENTOS
A menos que se estipule lo contrario, las citas de las
Escrituras fueron extraídas de La Biblia, Edición Pastoral.
Derechos reservados © Ediciones Paulinas 1972. Usadas con
permiso.

Este libro fue publicado originalmente bajo el título de Programa
Desafío. Su contenido ha sido ampliamente revisado y adaptado
para esta publicación.

Enviar toda correspondencia a:
Tabor Publishing
200 East Bethany Drive
Allen, Texas 75002–3804

Impreso en los Estados Unidos de América

ISBN 0–7829–0611–7

1 2 3 4 5   00 99 98 97 96

VISION 2000

es un programa
de reflexión diaria.

El cuarto libro del programa
Desafío 2000, está basado en
Los Ejercicios Espirituales de San Ignacio.

Los nombres de los otros libros del programa
los puede encontrar en la página 10.

CONTENIDO

Nota Importante

Desafío 2000 es un programa de treintaiséis semanas, dividido en cuatro partes:

I	El Desafío	(doce semanas)
II	La Decisión	(once semanas)
III	La Jornada	(seis semanas)
IV	La Victoria	(siete semanas)

La fecha ideal para iniciar el programa la puede encontrar en la página siguiente. Decimos que es ideal pues esa fecha "sincroniza" el programa de tal manera que "La Jornada" (la pasión y muerte de Jesús) empieza el Miércoles de Ceniza y extiende la Cuaresma (seis semanas), y "La Victoria" (la pasión y muerte de Jesús) empieza en la Semana de la Pascua y la extiende (siete semanas).

A fin de encontrar la fecha ideal para iniciar el programa, busque el año en curso y la fecha que aparece a la derecha. La fecha que aparece en la tercera columna muestra el día en el que el programa terminará al año siguiente, siempre y cuando se inicie en la fecha indicada.

Año	Fecha Inicial	Fecha Final
1993	5 de setiembre	14 de mayo
1994	18 de setiembre	27 de mayo
1995	10 de setiembre	18 de mayo
1996	1 de setiembre	10 de mayo
1997	14 de setiembre	23 de mayo
1998	6 de setiembre	15 de mayo
1999	26 de setiembre	3 de junio
2000	17 de setiembre	26 de mayo
2001	2 de setiembre	11 de mayo
2002	22 de setiembre	31 de mayo
2003	14 de setiembre	22 de mayo
2004	29 de agosto	7 de mayo
2005	18 de setiembre	27 de mayo
2006	10 de setiembre	19 de mayo
2007	26 de agosto	3 de mayo
2008	14 de setiembre	23 de mayo
2009	6 de setiembre	15 de mayo

En algunos casos (por ejemplo, cuando se use el programa en escuelas con miembros de la facultad, el personal o los estudiantes), les recomendamos adaptar la fecha inicial, para que así el programa acabe antes del año escolar.

Acerca de *Desafío 2000*

Maestro:	Así como el pez muere fuera del agua, así también tú mueres en medio del bullicio mercantil. Para vivir nuevamente, el pez vuelve al agua. Tú debes volver a la soledad.
Discípulo:	Debo entonces dejar mi negocio e ingresar al monasterio?
Maestro:	Por supuesto que no. Sigue con tus negocios y vuelve a tu corazón.

ANTHONY DE MELLO, S.J.

El *Desafío 2000* es un programa de reflexión diaria que lo ayuda a seguir con su negocio y volver a su corazón. Está basado en *Los Ejercicio Espirituales de San Ignacio*.

Usualmente, los ejercicio ignacianos se hacen en una casa de retiro donde las personas se dedican a ellos por completo por treinta días. Sin embargo, San Ignacio se dió cuenta que no todas las personas pueden tomar tanto tiempo para ello. Por eso, él elaboró un programa que permite hacer estos ejercicios en casa, por un período de tiempo más largo.

Así como el programa de San Ignacio, el programa *Desafío 2000* está dividido en cuatro partes:

La I Parte lo invita a analizar cuán bien está usted viviendo su vida de acuerdo al propósito para el cual Dios lo creó.

La II Parte lo invita a conocer más íntimamente a Jesús, a seguirlo con más amor, y a servirlo con más ardor al construir el Reino de Dios en la tierra.

La III Parte refuerza y confirma su decisión de crecer en conocimiento, amor y servicio a Jesús.

La IV Parte inicia su jornada espiritual con Jesús en una vida de amor y servicio a Dios y al prójimo.

Desafío 2000 puede usarse de tres maneras:

- como miembro de un grupo, el cual se reune semanalmente;
- solo, bajo la dirección de un guía espiritual;
- solo, sin la ayuda de un guía o grupo. Si usted hace esto, trate de consultar con algún guía espiritual de vez en cuando.

Bosquejo para la Reflexión Diaria

Cada ejercicio de reflexión contiene los
mismos cuatro elementos:

- un pasaje de las Escrituras,
- una historia de la vida,
- una adaptación a la vida,
- un pensamiento final.

Empiece cada reflexión poniéndose en la
presencia de Dios. Una forma de hacerlo es
rezando esta oración con devoción:

> Padre, tú me has creado
> y me has puesto en la tierra con un propósito.
> Jesús, tú diste tu vida por mí
> y me llamaste a completar tu labor.
> Espíritu Santo, tú me ayudaste
> a llevar a cabo la labor para
> la cual fuí creado y llamado.
> En tu presencia y en tu nombre—
> Padre, Hijo y Espíritu Santo—
> Empiezo mi reflexión.
> Que todos mis pensamientos e inspiraciones
> se originen en ti y
> vayan dirigidos a tu gloria.

La proceso a seguir para cada reflexión
es como sigue:

- *Lea* el ejercicio de reflexión con calma. Cuando termine, regrese a cualquier frase, oración o idea que le haya impresionado mientras leía.
- *Piense* en la frase, oración o idea que le haya impresionado. Quizás ésta haya tocado algún aspecto de su vida?
- *Hable* con Dios sobre sus pensamientos como si lo hiciera con un amigo de confianza.
- *Escuche* la respuesta de Dios. ¿En qué forma le respondería Dios? No apure esta parte de su reflexión. Simplemente repose en la presencia de Dios con la mente y corazón abiertos.

N.B.: Dios nos habla frecuentemente fuera de los momentos de oración. (El escuchar la respuesta de Dios empieza durante la oración y continúa subsconcientemente a lo largo del día).

Después de cada reflexión rece el Padre Nuestro con calma y anote en un librito cualquier fruto (idea o pensamiento) de esa reflexión.

N.B.: Como referencia práctica, el resumen del "Bosquejo para la Reflexión Diaria" está impreso a la espalda de la portada de este libro.

Bosquejo para la Reunión Semanal

El propósito de la reunión semanal es para prestarse apoyo y para participar. La agenda para cada reunión semanal está dividida en tres partes:

- el "Llamado a la Oración,"
- apoyo y participación,
- el "Llamado a la Misión."

El líder convoca y empieza cada reunión, a tiempo y en el horario establecido. El "Llamado a la Oración" es como sigue:

Un miembro enciende una vela en la mesa donde el grupo se ha reunido. Cuando la vela está prendida, otro miembro reza, en voz alta, el siguiente pasaje y oración de la Biblia:

> [Jesús dijo,]
> *"Yo soy la luz del mundo . . .*
> *El que me sigue no caminará*
> *en tinieblas, sino que*
> *tendrá luz y vida."* JUAN 8:12

Señor Jesús, tu dijiste
que cuando dos o tres
se reunieran en tu nombre,
tu estás allí con ellos.
La llama de esta vela
simboliza tu presencia entre nosotros.

Y, Señor Jesús,
donde tú te encuentres, allí también
están el Padre y el Espíritu Santo.

Y así empezamos nuestra reunión en
la presencia y en el nombre del
Padre, del Hijo,
y del Espíritu Santo.

La reunión en sí empieza cuando el líder
responde brevemente (dos minutos) a estas dos
preguntas:

- ¿Cuán fiel fuí a mi compromiso de hacer
  una reflexión?
- ¿Cuál de las reflexiones me ayudo más
  a mi—y por qué?

El líder entonces invita a cada miembro, por
turno, a responder brevemente (dos minutos por
persona) a esas mismas preguntas. Cuando todos
hayan respondido, el líder da la palabra a
cualquiera que lo solicite—

- para dar más detalles sobre su respuesta
  a la segunda pregunta o
- para hacer algún comentario sobre la
  respuesta de alguna otra persona.

El líder termina la reunión en el horario
establecido con el "Llamado a la misión": una
exhortación a ser testigos de Jesús y de sus
enseñanzas. Uno de los miembros reza lo
siguiente:

Concluimos nuestra reunión
escuchando a Jesús que nos dice
lo que él les dijo a sus discípulos
en su Sermón de la Montaña:

"Ustedes son la luz para el mundo.
No se puede esconder una ciudad edificada
sobre un cerro. No se enciende una lámpara
para esconderla en un tiesto, sino para
ponerla en un candelero a fin de que alumbre
a todos los de la casa. Así, pues, debe brillar
su luz ante los hombres, para que vean
sus buenas obras y glorifiquen al
Padre de ustedes que está en los Cielos."

MATEO 5:14–16

Luego uno de los miembros apaga la vela.
El líder concluye con lo siguiente:

La llama de esta vela
se ha apagado.
Pero la luz de Cristo dentro de cada uno
de nosotros, continuará radiante en nuestras
vidas. Con este fin, recemos juntos la oración
que El nos enseñó: "Padre Nuestro . . ."

N.B.: Como referencia práctica, el proceso para
el "Llamado a la Oración" y el "Llamado a la
Misión" estan impresos en la última página y
en la parte de atrás de la contracarátula.

Libros del Programa Visión 2000

Los siguientes libros del Programa *Visión 2000* están a su disposición o serán publicados en el futuro:

> *Visión 2000* (Ciclo A)
> *Misión 2000* (Ciclo B)
> *Acción 2000* (Ciclo C)
> *Desafío 2000*
> *Almanaque 2000*
> *Diario 2000*
> *Oración 2000*
> *Salmos 2000*
> *Santos 2000*

Se ofrecen descuentos para pedidos de copias múltiples. Para más información sobre estos libros o sobre las ofertas de descuento, escriba o llame a:

Tabor Publishing
200 East Bethany Drive
Allen, TX 75002–3804

Llame gratis al 1–800–822–6701

I
DESAFIO

Los Ejercicio Espirituales de San Ignacio
están divididos en cuatro partes, llamadas
"semanas." La "Primera Semana," en la cual se
han basado las doce primeras semanas de
Desafío 2000, se concentra en este gran misterio:
A pesar de nuestro carácter pecaminoso, la
Trinidad—Padre, Hijo y Espíritu Santo—
nos ama mucho más de lo que
nosotros podemos imaginarnos.

Esta increíble verdad nos inspira a rezar con
San Ignacio:

Señor,
enséñame a ser generoso,
Enséñame a servirte como te mereces;
a dar, sin ver lo que me ha costado;
a luchar, sin prestar atención a las heridas
a trabajar árduamente, sin buscar descanso;
a laborar, sin pedir recompensa,
sólo déjame saber
que estoy haciendo tu voluntad.

11

1 ¿Quién es Ignacio?

Ignacio de Loyola fundó la Sociedad de Jesús (Jesuitas). En la actualidad, ésta tiene más de 25,000 miembros en 112 países. Cerca de 5,000 de ellos se encuentran en Estados Unidos, en donde, entre otros ministerios, tienen a su cargo casi 30 universidades y 50 colegios secundarios.

Quizás a Ignacio se le conozca mejor por su libro *Los Ejercicios Espirituales de San Ignacio*. En realidad, más que un libro, ésta es una colección ordenada de sus notas. Ella no está dirigida a la persona que está "haciendo" *Los Ejercicios Espirituales*, sino para la persona quien los va a dirigir.

Ignacio nació en España poco antes del descubrimiento de América. Cuando sus padres fallecieron, antes de que él cumpliera sus 16 años de edad, se fue a vivir a casa de un amigo.

Ignacio se convirtió en un experto jinete, y en el uso de la espada, el puñal, y la honda. El tuvo su racha de deslices morales. "Especialmente," escribió uno de sus amigos, "Ignacio se entregó al juego, a los duelos, y a relaciones amorosas con distintas mujeres."

Con el tiempo, Ignacio se hizo soldado.
Durante uno de los combates, le destrozaron
la pierna derecha de un cañonazo. Este suceso
cambió el curso de su vida.

Las reflexiones de esta semana empiezan
en ese momento en la vida de Ignacio. La
gracia que ustedes piden a Dios, cada día, antes
de empezar el ejercicio de reflexión es esta:

Señor, que la vida de Ignacio
me inspire a imitarlo
en su búsqueda para encontrarte y servirte.

Enseñanza de la Semana

Pase diez minutos en cada ejercicio de reflexión.
Siga las directivas de la "Secuencia para la
Reflexión Diaria" que se encuentra en la parte
de atrás de la portada de este libro.

Después de cada reflexión, tome un minuto
para revisar y para escribir (unos cuantos
renglones) acerca de lo que usted pensaba y
sentía durante su reflexión—alguna idea,
pensamiento, o emoción que haya sentido más
profundamente. Anote todo esto en algún libro
pequeño o en una "agenda diaria."

Ahora, empiece, y que Dios lo bendiga.

SEMANA 1
Día 1: Soñador _____

"Cuando me llegaban tus palabras . . .
ellas eran para mí, gozo y alegría."
JEREMÍAS 15:16

La pierna de Ignacio demoró nueve semanas
en sanar y lo dejó con una cojera para toda
la vida. Mientras se recuperaba, él ocupaba
su tiempo soñando despierto y fantaseando.
"Pero se llegó a cansar de tanta fantasía
provocada y buscaba libros sobre romance y
heroísmo, pero los únicos dos libros que pudo
encontrar en la casa, fueron uno sobre la vida
de Cristo y otro sobre la vida de los santos.
Lentamente, Ignacio empezó a sentir admiración
por lo que iba encontrando en ellos.
El seguía soñando con la gloria,
pero ahora era acerca de la gloria de Dios.
El seguía ambicionando [servir a un rey]
pero el rey ya no era
de este mundo."
THOMAS CLANCY
"Ignacio de Loyola: Un Soldado-Santo?" Revista *America*

¿Qué es lo que indujo a mi mente
a asuntos espirituales y me inspiró a
llevar a cabo este programa de reflexión?
¿Qué cosas siento ahora que estoy empezando?

Dios nos dice:
Con tus mismas heridas, te sanaré.
EL TALMUD

[El padre del hijo pródigo, dijo]
"Traigan el ternero más gordo y mátenlo,
comamos y alegrémonos, porque este hijo mío
estaba muerto y ha vuelto a la vida, estaba
perdido y lo he encontrado."

LUCAS 15:23–24

Luego de recuperar su salud, Ignacio se fue a
Monserrat. Allí pasó tres días escribiendo
sobre los pecados que cometió en su vida.
Luego se fue y los confesó a un sacerdote.
"En la víspera de la fiesta de Nuestra Señora . . .
él salió a la calle . . . y se acercó a un hombre
pobre, y sacándose sus vestimentas, se las
dió al hombre pobre, vistiéndose él con las
del hombre y luego fue a arrodillarse al altar
de Nuestra Señora [quedándose así toda la noche]. . . .
Salió al amanecer. . . .
Cruzando el viejo puente del Rio Cardoner,
entró al pueblo de Manresa.
Allí pasó los siguientes diez meses."

La Autobiografía de San Ignacio de Loyola

¿Por qué razon Ignacio escribió sus pecados, se
cambio de ropa y monto vigilia toda la noche?

Cuando caigo de rodillas
con mi rostro hacia el sol naciente,
Oh Señor, ten piedad de mí.

CANTO ESPIRITUAL NEGRO

SEMANA 1
Día 3: Oración _____

*[Jesús] buscaba siempre lugares tranquilos,
y allí se ponía a orar.*

LUCAS 5:16

Los primeros meses en Manresa estuvieron
llenos de un consuelo espiritual profundo.
Ignacio encontró alojamiento en un convento
de las Dominicas.
Con un pequeño recipiente de madera, él
mendigaba comida de puerta en puerta.
Los niños del pueblo se burlaban de él,
diciendo, " 'Aquí viene el hombre con la ropa
raída.' . . . Todos los días Ignacio dedicaba
siete horas a la oración en Manresa. . . .
Fue durante esas semanas que él descubrió
lo que para el resto de su vida, se
convirtió en su libro más preciado,
Imitación a Cristo. . . .
Pero su deleite más grande
era el encerrarse en oración
en una de las cuevas espinosas
que se abrían a lo largo del Rio Cardoner."

LEONARD VON MATT y HUGO RAHNER,
San Ignacio de Loyola

¿Cuán comprometido estoy en buscar y
encontrar a Cristo?

*Busquen a Yahve, ahora que lo pueden encontrar,
llámenlo, ahora que está cerca.*

ISAÍAS 55:6

SEMANA 1
_____ Día 4: Alma Torturada

Entonces se le apareció un ángel del cielo
que venía a animarlo.

LUCAS 22:43

De pronto, el consuelo espiritual de Ignacio
desapareció como el sol en un día nublado.
Su predilección por las cosas espirituales
desapareció tan rápido como había aparecido.
Toda la idea de una conversión y de entregar
su vida a Jesucristo le parecía imposible.
A modo de recapturar ese deleite que había
sentido anteriormente, Ignacio empezó un ayuno
de ocho días. ¡Pero todo fue en vano! "Estaba
al borde de la desesperación y el suicidio.
Como un llanto profundo se elevó su voz al
Dios que lo había abandonado: 'Ven, Señor,
a mi auxilio, ya que no encuentro salvación en
el hombre ni en las criaturas' . . . Dios le
respondió. Lentamente llegó a su alma
atormentada el consuelo de la gracia."

LEONARD VON MATT y HUGO RAHNER
San Ignacio de Loyola

¿Puedo recordar las veces en las que tuve poco
o ningún deleite en las cosas espirituales de
mi vida?

Nunca temas a las sombras. Ello quiere decir
que hay alguna luz allí cerca de ti.

RUTH RENKLE

18

SEMANA 1
Día 5: Mistica _____

Oyó palabras que no se pueden decir:
son cosas que el hombre no sabría expresar.
2 CORINTIOS 12:4

Cuando la paz retornó a su torturada alma,
Ignacio empezó a tener experiencias místicas.
Una vez, cuando repiqueteaban las campanas,
su alma se elevó al cielo como un águila, y
"en la armonía simbólica de tres teclas del
órgano, él contempló el misterio de la
Trinidad. Lágrimas de alegría corrieron por
sus mejillas." En otra ocasión, durante la
Misa, él dice que vió "como Jesucristo
estaba allí en el más santísimo sacramento."
Otra vez, durante una oración, "él vió con
sus ojos internos la humanidad de Cristo."
Sobre estas experiencias, él escribe en su
autobiografía (en su estilo usual en tercera
persona), "Las cosas que él vió . . . reforzaron
tanto su fe, que frecuentemente pensaba para sí
mismo: si no hubiese Biblia alguna que enseñara
estas verdades, él podría decidir dar su vida
por ellas, sólo basado en lo que vió."

¿Acerca de cuáles verdades de mi fe tengo yo
la misma seguridad que tenía Ignacio?

Todo lo que he visto me enseña a confiar en el
Creador por todo aquello que no ve visto.
RALPH WALDO EMERSON

SEMANA 1
_____ Día 6: Persona Transformada

[Jesus dijo,]
"¡Felices los ojos que ven lo que ustedes ven!
Porque, se lo digo, muchos profetas y reyes
quisieron ver lo que ustedes ven, y no lo vieron,
y oir lo que ustedes oyen, y no lo oyeron."
LUCAS 10:23–24

Una tarde de setiembre, Ignacio estaba caminando
a lo largo del Cardoner. De súbito, Dios le dió
"un esclarecimiento brillante" de la "fe y la
teología" y de la "vida espiritual."
Luego escribió que todos los esclarecimientos
de su vida combinados "no serían, a su juicio,
tan espectaculares como aquel que experimentó
en esa ocasión."
Fue como si él se hubiese convertido en
otra persona.
"Cayó de rodillas delante de un
crucifijo que estaba cerca de él,
para expresar su gratitud a Dios."
La Autobiografía de San Ignacio de Loyola

¿En qué momento de mi vida estuvo mi fe
más fuerte? ¿Qué explicación le doy a esto?

Dame fe, Señor,
y permíteme ayudar a otros a encontrarla.
LEO TOLSTOY

SEMANA 1
Día 7: Guía Espiritual _____

*Jesús les dijo [a Simón y Andrés],
"Síganme. . . ." Y con eso, dejaron sus redes
y empezaron a seguirlo.*

MARCOS 1:17–18

Ignacio se sentía abrumado por este
esclarecimiento. El vió claramente como, en
estos momentos Jesús resucitado y el Reino de
Dios está presente entre nosotros. El también
vió con claridad cómo, en estos momentos, la
lucha del bien y el mal se encuentra dentro
de cada corazón. Pero lo que es más importante,
él vió cómo podía comunicarles a los otros la
verdad que había recibido de Jesús y del Reino
de Dios. Por esa razón, él escribió lo que
ahora llamamos *Los Ejercicios Espirituales
de San Ignacio.* Sobre estos ejercicios de
reflexión está basado *Desafío 2000.*

Si Jesús ofreciese darme cualquier gracia que
yo quisiera al empezar *Desafío 2000,* ¿cuál es
la gracia que yo le pediría? ¿Por qué?

*Señor, enséñame a ser generoso.
Enséñame a servirte como te mereces;
a dar, sin ver lo que me ha costado . . .
a laborar, sin pedir recompensa,
sólo déjame saber
que estoy haciendo tu voluntad.*
SAN IGNACIO "Oración para la Generosidad"

REUNION SEMANAL
_____ Compartiendo la Agenda

Las siguientes preguntas están basadas en las reflexiones diarias de esta semana. Ellas están destinadas a facilitar la participación.
Simplemente, escoja una o dos preguntas que quisiera compartir con confianza y responda a ellas.

1 ¿Qué fue lo que le motivó a seguir este programa de reflexión? Cuál es la pregunta que tengo en mente al iniciarlo?

2 ¿Por qué Ignacio escribió sus pecados, se cambió de ropa, y mantuvo vigilia toda la noche?

3 ¿Cuán comprometido estoy en descubrir y encontrar a Cristo?

4 ¿Puedo recorda alguna vez en la que tuve poco o ningún deleite en cosas espirituales?

5 ¿Cuáles verdades de la fe encuentro muy difíciles de aceptar? ¿Un poco difíciles de aceptar?

6 ¿En qué momento de mi vida estuvo mi fe más fuerte? ¿Qué explicación le doy a esto?

7 ¿Si yo pudiese pedir una gracia al empezar _Desafío 2000_, ¿cuál pediría?

2 ¿Quién Soy Yo?

Alguien dijo, "Yo soy tres personas: la persona que yo pienso que soy, la persona que usted piensa que soy yo, y la persona que soy *realmente.*"

Las reflexiones diarias de esta semana están diseñadas para ayudarle a lograr una imagen más clara y "real" de su persona—no de la que nosotros pensamos que somos, no de la que otros piensan que somos, sino de la que somos *realmente.*

La gracia que usted pedirá a Dios antes de cada reflexión es la siguiente:

Señor, permite que yo me vea
a mi mismo como soy en verdad.

Pautas para la Semana

El proceso para la reflexión durante esta semana y todas las que le siguen, permanece igual. Es así:

Medite sobre una reflexión cada día. Pase unos diez minutos meditando y siguiendo las directivas de la "Secuencia para la Reflexión Diaria" que se encuentra en la parte de atrás de la portada de este libro.

Luego de cada reflexión, tome un minuto para revisar y anotar (en unas cuantas líneas) lo que usted encontró en su mente y en su corazon durante su reflexión—la idea, pensamiento o emoción que más sobresalió. Anótelos en un librito pequeño o en su agenda diaria.

La disposición que usted tendrá al empezar *Desafío 2000*, es una de generosidad. Recuerde que por cada paso que usted de hacia Dios, Dios dará una docena de pasos hacia usted.

Lectura Diaria

Las lecturas diarias de la Biblia que mencionamos abajo, son sólo a manera de referencia. Siéntase libre de leerlas o no, dependiendo como lo mueve el Espíritu.

Si las lée, lea sólo el capítulo y versículos indicados. Haga una pequeña pausa antes de cada lectura para recordar que lo que usted va a leer, es la palabra de Dios. De igual forma, haga una pausa después de cada lectura para que las palabras puedan entrar en su corazón, así como entra la lluvia en la tierra seca.

1 Señor, ¿quiénes somos¿   Salmo 8
2 Llevamos tu imagen   Gen 1:26–31
3 Tú te preocupas por nosotros   Mt 10:26–31
4 Tú eres nuestro Dios   Ap 21:1–4
5 Tú ves nuestros corazones   Gal 6:7–10
6 Tú nos renuevas   2 Cor 5:16–19
7 Nosotros somos tus hijos   1 Jn 3:1–3

SEMANA 2
Día 1 _____

¡Oh, Señor! . . . ¿quién es el hombre, que
te acuerdas de él, el hijo de Adán,
para que de él cuides? . . .
Apenas inferior a un dios lo hiciste,
coronándolo de gloria y grandeza.

SALMO 8:1, 5–6

Un día, el filósofo Arthur Schopenhauer
estaba caminando por la calle. El estaba
ensimismado en sus pensamientos cuando, sin
darse cuenta, se tropezó con otro peatón.
Distraído aun, él siguió caminando. El peatón
le gritó, "Oye, ¿quién crees que eres?" Al
filósofo distraído se le escuchó murmurar,
"¿Quién soy yo? ¡Cómo quisiera saberlo!" El
astronauta John Glenn dice que en la prueba
normal que se toma a los candidatos a
astronautas, éstos tienen que dar veinte
respuestas a la misma pregunta, "¿Quién soy yo?"
"Las primeras respuestas fueron fáciles," dijo.
"Después de eso, las otras se fueron haciendo
mas difíciles," agregó.

¿Cuáles son las tres respuestas más significativas
que yo daría a la pregunta "¿Quien soy yo?"?

Un modesto conocimiento de mí mismo
es la forma más fácil de llegar a Dios
que la búsqueda por el saber.

TOMAS A. KEMPIS

Dijo Dios,
"Hagamos al hombre a nuestra imagen
y semejanza."

GÉNESIS 1:26

Thomas Nast, dibujante de historietas cómicas, se
encontraba en una fiesta con algunos de sus amigos.
Alguien le pidió que dibujara una caricatura de
cada uno de los que estaban allí presente. El
accedió. Luego circuló los bocetos entre los
asistentes para que los vieran. Muchos hicieron
bromas y se reían. Luego sucedió algo inesperado.
Mientras que todos reconocían instantáneamente a
los demás, muy pocos se reconocieron a sí mismos a
primera vista. Cuando se trata de nosotros mismos,
a veces sufrimos una cierta ceguera. Esto es, no
nos vemos como nos ven los demás. No reconocemos
nuestras pecualiaridades; nuestros puntos fuertes,
nuestras debilidades o manerismos.

Si pudiese describirme en dos palabras, ¿Cuáles
escogería? ¿Cuáles dos palabras escogerían mis
amigos para describirme? ¿Cuáles dos palabras
escogería Dios para describirme? ¿Qué explicación
podría dar yo al ver la diferencia entre ellas?

Si yo me viera a mí mismo
como me ven mis amigos y las demás personas,
yo necesitaría que me presentaran.

AUTOR DESCONOCIDO

SEMANA 2
Día 3 _____

*[Jesús dijo,] "Hasta los cabellos
de su cabeza están contados."*

LUCAS 12:7

Se dice que las cabezas de los rubios tienen
cerca de 150,000 cabellos, los morenos cerca de
125,000 y los pelirrojos, cerca de 100,000.
Es muy difícil verificar estas cantidades.
Sin embargo, las cifras altas nos ayudan a
apreciar el ejemplo que usó Jesús un día.
Señalando a una bandada de gorriones, él les
dijo a la gente, "¿No se venden acaso cinco
pajaritos por dos monedas? Y, sin embargo, Dios
no olvida a ninguno de ellos." Sin duda, Jesús
tocó con sus dedos el cabello de la niña, sonrió
y dijo, "Hasta los cabellos de su cabeza están
contados. No teman, pues, ustedes valen más que
muchos pajarillos!" En otras palabras,
Jesús nos asegura que somos muy preciados ante
los ojos de Dios. Dios nos atesora muchísimo más
de lo que pensamos. Así que una respuesta a la
pregunta "¿Quién soy yo?" es ésta: "Yo soy alguien
a quien Dios atesora."

¿Por qué me atesora Dios?

*Bajo la máscara falsa, recargada,
reluciente, existe una naturaleza noble
en cada persona.*

B. AUERBACH

Ellos se dijeron unos a otros,
"Allí viene el soñador. . . .
Matémoslo. . . . Ahí vamos a ver en
que quedan sus sueños!"
GÉNESIS 37:19–20

Era un día de verano en Washington, cuando
Martin Luther King, Jr., dirigió estas imborrables
palabras a la multitud:
"Yo sueño con que un día esta nación se va a
levantar y va a vivir en verdad el verdadero
significado de su credo: "Creemos que estas verdades
son evidentes por ellas sólas: que todos los hombres
han sido creados iguales. Yo sueño con que algún día
en las colinas coloradas de Georgia, los hijos de
antiguos esclavos y los hijos de los antiguos dueños
de esclavos, se sienten juntos en la mesa de la
hermandad. . . . Esta es nuestra esperanza. Esta es la
fe que me llevó de regreso al Sur. Con esta fe
podremos cincelar una piedra de esperanza
en la montaña de la desesperación."

¿Cuál es el sueño que tengo yo para
nuestra nación entera?
¿Para mí, como individuo?

No es una calamidad morir
sin haber realizado nuestros sueños,
es una calamidad no soñar.
BENJAMIN E. MAYS

SEMANA 2
Día 5 _____

Que cada uno examine su propia conducta . . .
no se alabará frente a otro, sino que
se pondrá celoso de su propio provecho.

GÁLATAS 6:4

Una mujer iba en un tren. De pronto, se dió
cuenta que se divisaba una casita blanca en una
colina. Rodeada de un césped verde oscuro, la
casita se veía resplandeciente bajo el sol y
presentaba un paisaje precioso. Meses más tarde,
la misma mujer iba en el mismo tren. Sólo que ahora
era invierno y la nieve cubría el terreno. La mujer
se acordaba de la casita y la iba buscando, pero
esta vez sufrió un sobresalto. Rodeada de una nieve
blanquísima, la casita se veía sucia y opaca.
Aquí podemos aprender una lección. Nosotros
tendemos a compararnos con aquellos que están
alrededor nuestro. La historia de la casita nos
muestra como eso nos puede hacer equivocar.
Todo depende de quién está alrededor nuestro
cuando hacemos la comparación.

¿Qué criterio debo usar cuando
juzgue lo que estoy haciendo?

En el ocaso de la vida,
Dios no nos juzgará por nuestras posesiones
terrenales, ni por nuestros triunfos humanos,
sino por cuán profundamente habremos amado.

SAN JUAN DE LA CRUZ

Pero Yahvé dijo . . .
"[El hombre] mira las apariencias,
pero Yahvé mira el corazón."   1 SAMUEL 16:7

La película *Mask* (Máscara) está basada en una
historia de la vida real. Es la historia de
Rocky Dennis, un joven de dieciséis anos, que
padecía de una enfermedad rara que hacía que
los huesos de su cara crecieran más de lo
debido. Como resultado, la cara de Rocky estaba
horriblemente deformada. Pero él nunca se tuvo
lástima ni se dejó llevar por la ira. En vez de eso,
él aceptó su apariencia como era en realidad.
Un día Rocky y algunos de sus amigos visitaban un
parque de diversiones y entraron a la "casa de los
espejos." Todos se reían ya que sus caras y sus
cuerpos se veían muy distorsionados. De repente,
Rocky vió algo que lo dejó atónito. Un espejo
distorsionó tanto su cara deformada que la hacía
aparecer como si fuera normal. En ese espejo, Rocky
se veía extremadamente atractivo. Por primera vez
los amigos de Rocky lo vieron como era él por
dentro: una bellísima persona.

¿Qué es lo que más me gusta de la persona que
soy por "dentro"? ¿Qué me gusta de la persona
que soy por "afuera"?

Prefiero el hombre paciente al héroe;
más vale el que se domina a sí mismo que un
conquistador de ciudades.   PROVERBIOS 16:32

SEMANA 2
Día 7 _____

Cuando él se manifiesta en su Gloria
seremos semejantes a él.   1 JUAN 3:2

Existe una leyenda sobre un niño indio quien
se encontró un huevo de aguila. El tomó el
huevo y se lo llevó a casa, poniéndolo en el
nido de una gallina. Al romperse los huevos
empollados, nacieron una águila chiquita y muchos
pollitos. Como la águila se crió con los pollitos,
ella se creía pollito también y hacia lo que ellos
hacían. Rascaba la tierra, piaba como pollo y
batía sus alas con torpeza, levantándose sólo
unos cuantos centímetros del suelo. Un día la
pequeña águila vió a una ave muy bella que se
elevaba por los cielos. Esta se deslizaba en
el viento haciendo grandes círculos. "¡Que ave
tan preciosa!" dijo la águila a un polluelo
adulto que estaba cerca de ella. "Esa es una
águila," dijo el polluelo adulto. "Es la reina
de los pájaros. Pero no te hagas ilusiones, tú
nunca podrías ser como ella, ni hacer las cosas
que ella hace."

¿De qué forma es esta historia una parábola de
Jesús, de mí, y de quién soy en realidad?

Somos polvo cósmico, somos dorados—
y tenemos que regresar nuevamente
a los jardines.   JONI MITCHELL

REUNION SEMANAL
_____ Compartiendo la Agenda

Las siguientes preguntas están basadas en las reflexiones diarias de esta semana. Ellas están destinadas a facilitar la participación.
Simplemente, escoja una o dos preguntas que quisiera compartir con confianza y responda a ellas.

1   ¿Cuál es la respuesta más reveladora o perspicaz que yo pueda dar a la pregunta "¿Quién soy yo?"

2   ¿Cuáles son las dos mejores palabras que me pudiesen describir a mi? ¿Por qué?

3   ¿Qué talento tengo yo? ¿Cómo lo estoy usando? ¿Cómo podría usarlo mejor en el futuro?

4   ¿Cuál es el sueño que tengo yo y qué estoy haciendo para lograrlo?

5   ¿Qué criterio uso yo para juzgar cuán bien me estoy portando como persona? Usando este criterio, ¿cómo me calificaría yo usando una escala del uno (bajo) al siete (alto)?

6   ¿Cuál es aquel factor de mi "ser interior" que muy pocas personas, ni siquiera mis amigos más íntimos, se han percatado de él?

7   ¿En qué forma la parábola de la águila se asemeja a la persona que soy yo? ¿Qué es lo que puedo aprender de esta parábola?

3 ¿Estoy contento de ser quien soy?

Dos mujeres llamadas *Hooker* (Ramera) le escribieron cartas a la columnista Ann Landers. La primera dijo que no le gustaba su nombre. La segunda, dijo que estaba muy contenta con su nombre.

La segunda mujer dijo que tener sentido de humor la había ayudado en la vida. Por ejemplo, dijo que cuando ella recibe llamadas telefónicas impertinentes y le preguntan cuánto cobra, ella les responde, "Mucho más de lo que tú podrías pagar, amiguito!" Y agregó, "Aunque no lo crean, el ser *Hooker* tiene sus ventajas. Casi nunca escriben mal tu nombre, y a nadie se le olvida."

La reacción de las dos mujeres es típica ya que dos personas distintas reaccionan de forma diferente a la misma situación.

La reflexión de esta semana lo invita a usted a preguntarse a sí mismo, ¿De qué forma reacciono yo a la persona que soy? ¿Cuán contento estoy conmigo mismo: la manera como luzco, mis talentos, y todo lo demás? La gracia que usted pedirá a Dios antes de cada reflexión diaria es la siguiente:

Dios, dame
la serenidad para aceptar—hasta con gozo—
esa parte de mí mismo que yo no puedo cambiar,
el coraje para cambiar esa parte de mí
que debo cambiar y
dame la sabiduría para ver la diferencia.

ORACIÓN DE LA SERENIDAD (adaptada)

Pautas para la Semana

Después de cada reflexión, siga con la
práctica de revisar y anotar sus pensamientos,
ideas, o sentimientos que lo hayan impactado
durante la oración.

No se puede usted imaginar el valor que tiene lo
que usted va anotando. Usted puede dirigirse
directamente a Dios; por ejemplo, usted puede
escribir:

"Señor, te doy gracias por hacerme ver, con
más claridad que nunca, que "quién soy" es tu
regalo para mí y "en lo que me he convertido"
es mi regalo a ti."

Lectura Diaria

Nuevamente, las lecturas diarias de la Biblia
son opcionales. Si las lée, lea sólo el capítulo
y versículos indicados. Haga una pequeña pausa
antes de cada lectura para recordar que lo que
usted va a leer, es la palabra de Dios. Haga una
pausa también después de cada lectura para que
esta penetre en su corazón.

1	Señor, tu me conoces	Salmos 139: 1–6
2	Mi gracia es suficiente	2 Cor 12: 7–10
3	Levanta tu cruz	Mt 16: 21–25
4	Corre para ganar	Fil 3: 12–16
5	Bendición disfrazada	2 Pe 1: 3–9
6	Parábola del sembrador	Lc 8: 5–8
7	Significado de la parábola	Lc 8: 11–15

SEMANA 3
Día 1 _____

[Señor,]
Mis huesos no escapaban a tu vista,
cuando yo era formado en el secreto . . .
Tus ojos ya veían mis acciones—
los días de mi vida estaban ya trazados.

SALMO 139:15–16

Una maestra dió esta tarea a sus alumnos:
"Busquen cualquier flor, de esas que muchas veces
pasan desapercibidas en sus casas y estúdienla. Vean
la forma y color de sus pétalos—estúdienla bien.
Voltéenla y vean cómo se ve por debajo. Al hacerlo,
recuerden que ésta es su flor. Quizás se hubiese
muerto sin que nadie la pudiese apreciar, si es
que ustedes no la hubiesen recogido y admirado."
Al dia siguiente, cuando los alumnos le informaron
acerca de sus flores, la profesora dijo: "Cada uno
de ustedes es como esa flor. Todos somos únicos.
Pero muchas veces, pasamos desapercibidos y no se
nos aprecia pues nadie se toma la molestia de ver
nuestra belleza singular. Cada uno de nosotros
es una obra maestra de Dios. Nunca habrá otra
persona como nosotros—nunca."

¿Con qué talento especial me ha bendecido Dios?

Señor, ayúdame a desenraizar de mi corazón
todo aquello que yo he ido plantando
y a restablecer en mi corazón
todo aquello que tú has plantado.

Todo lo puedo en Aquel
que me fortalece   FILIPENSES 4:13

Tom Dempsey nació sin la mano derecha y con sólo
la mitad de su pie derecho. Pero eso no fue
impedimento para que jugara fútbol cuando estaba
en la universidad. Se convirtió en tan buen pateador
que los *Saints* de Nueva Orleans lo contrataron. El
8 de noviembre de 1970, los *Saints* estaban perdiendo
frente a Detroit con un puntaje de 17–16 y faltaban
dos segundos dentro de la línea de cuarentaicinco
yardas de Detroit. El entrenador de los *Saints* volteó
hacia Tom y le dijo, "¡Anda y dales con lo mejor que
tengas!" Cuando el jugador puso la pelota en el campo,
estaba a una distancia de sesentaitrés yardas de los
postes. Lo que pasó hizo historia. Tom rompió el
record del NFL por más de siete yardas. Luego él
declaró a la revista *Newsweek*, "Por la distancia,
no pude seguir la pelota con mi vista, pero cuando
ví los brazos en alto del referí . . . no tengo palabras
para describir lo fantástico que me sentí."

¿Qué es lo que Dios te ha dado que más se
asemeja a una "desventaja"?
¿Qué puedo hacer para convertirlo en "ventaja"?

Agradezco a Dios por mis desventajas,
ya que por medio de ellas, me en encontrado
a mí mismo, a mi labor y a mi Dios.
                                        HELEN KELLER

36

SEMANA 3
Día 3 _____

*[Jesús dijo,] "Si alguno quiere
seguirme, que se niegue a sí mismo,
tome su cruz y sígame."* MARCOS 8:34

James Du Pont recuerda esto que le pasó en
su niñez. Una noche se despertó al escuchar
los fuertes sollozos de su mamá. Era la primera
vez que la escuchaba llorar. Luego escuchó la
voz de su padre quien le hablaba a ella. James
dice: "Papá hablaba en voz muy baja y se notaba
que estaba muy triste mientras que consolaba
a mamá. En medio de su angustia, ellos se
habían olvidado que mi cuarto estaba muy cerca
al de ellos." Al describir el impacto que esta
experiencia tuvo en él, James dijo: "Mientras
que ya ellos resolvieron y se olvidaron del
problema hace mucho tiempo . . . el gran
descubrimiento que hice esa noche aun está
conmigo. La vida no es todo corazón y flores.
La mayor parte del tiempo . . . la vida es dura
y cruel."

¿En qué momento aprendí en carne propia que
la vida puede ser dura y cruel? ¿Qué es lo que
puedo hacer para asegurarme que los golpes de
la vida y las crueldades me hagan mejor persona—
y no me vuelvan amargado?

*Las cosas resultan en algo bueno,
cuando la gente hace algo bueno
del resultado de las cosas.* ART LINKLETTER

[Jesús dijo,]
"Llamen a la puerta y les abrirán."   MATEO 7:7

Cuando Glenn Cunningham tenía siete años de
edad, sus piernas sufrieron tales quemaduras
que el doctor dijo que habrían que amputarlas.
A último minuto decidieron no hacerlo. Dándole
unas palmaditas en el hombro, unos de los
doctores le dijo, "Cuando el clima se mejore,
te sacaremos al patio para que te sientes en
una silla." Glenn respondió, "Yo no quiero
sentarme, yo quiero caminar y correr y así lo
voy a hacer." Dos años después, Glenn ya
estaba corriendo. No corría muy rápido, pero
corría. Cuando Glenn fue a la universidad, su
deporte favorito era la carrera. Y corría, no
para probarles a los doctores que podía correr,
sino porque era muy bueno corriendo. Luego se
iniciaron las Olimpiadas de Berlín. Glenn no
sólo se calificó para ellas, sino que rompió
el record olímpico de la carrera de los 1,500
metros. El niño que no estaba supuesto a
caminar nunca más, se convirtió en el ser
humano más rápido del mundo.

¿Cuán arduamente voy a luchar, contra todo obstáculo,
para conseguir aquello que me he propuesto?

Los cañonazos fuertes son sólo
cañones pequeños que siguen disparando.
                CHRISTOPHER MORLEY

SEMANA 3
Día 5 _____

Por eso, alégrense . . . es necesario sufrir
varias pruebas. Su fe saldra de ahí
probada, como el oro que pasa por el fuego. . . . la
fe, que vale mucho más, no se perderá hasta el
día que se nos revele Cristo Jesús.   1 PEDRO 1:6-7

Cerca a Cripple Creek, en Colorado, el mineral
teleruro contiene oro y telurio. Los métodos
de refinería del pasado no permitían separar a
estos dos, así que el mineral era descartado.
Un día, uno de los mineros equivocadamente tomó
un pedazo de mineral creyendo que era carbón, y
lo tiró en su cocina de carbón. Más tarde, él se
dió cuenta que habían pepitas de puro oro entre
las cenizas de su cocina. El calor había quemado
el telurio, dejando oro puro. Nosotros somos como
ese mineral, El oro está dentro de nosotros, pero
a veces, es necesario "pasar por el fuego" en
la "cocina de las aflicciones" para sacarlo y
hacerlo relucir.

¿Qué tribulación o aflicción en mi vida me
ayudó a descubrir el oro que está dentro de mí?

Hay ciertas cosas que no tienen explicación,
pero es interesante ponderar acerca de ellas y
especular en ese sentido, pero lo más importante
es que tenemos que aceptarlas—
tomarlas por lo que son
y seguir adelante.   JIM DODGE

"¡Felices los pobres,
porque de ustedes es el Reino de Dios!"
LUCAS 6:20

Algunos críticos del arte llaman a Marc Chagall
el pintor más grande del siglo veinte. En *Mi Vida*,
Chagall nos cuenta que creció en una familia
judía pobre en Rusia. Su interés en el arte
empezó a nacer cuando vió a un compañero de clase
copiar un dibujo de una revista. Poco después,
cuando su mamá se encontraba haciendo la masa
para el pan, le tocó el codo lleno de harina y
le dijo, "Mamá, quiero ser artista." Su sueño
lo llevó a París, en donde ganó fama mundial.
El nunca se olvidó de su pobreza; se regocijaba
en ella y sintió que ésta lo habia ayudado. El
decía, "Lo peor que le puede pasar a uno, es
alcanzar algo de fama cuando uno aún es joven,
un poco de dinero . . . un poco de satisfacción.
Las pequeñas satisfacciones . . . no te permiten
dedicarte por completo."

¿Cuál experiencia de mi niñez
o de mi vida familiar
está influenciando grandemente
mi vida actual—para siempre?

Felices aquellos que no sufren
por lo que no tienen, sino
que dan gracias por lo que tienen. AUTOR DESCONOCIDO

SEMANA 3
Día 7 _____

*"Escuchen esto: El sembrador
ha salido a sembrar."* MARCOS 4:3

Hay un dicho que dice, "Pondré mi cara al viento
y esparciré mis semillas en alto." Esta es una
forma muy poética de decir que Dios espera que
nosotros usemos nuestros talentos (semillas) para
mejorar este mundo. También nos dice que al
hacerlo así, encontraremos dificultades (viento).
Pónganse a pensar en este ejemplo. Antes de morir,
alguien escribió: "Nosotros debemos pensar que
cada parte de nuestra vida tiene valor. Todo lo
que tiene valor, debe ser compartido: ¡Acepta
cada situación confiando en su significado y en
su valor! Yo creo que eso es lo que Jesús quiso
decir cuando nos llamó la luz del mundo. El quiere
que nosotros creamos en nuestro significado y en
nuestro valor. Para creer en El y en su Padre,
tenemos que creer en nosotros mismos."

¿Qué es lo que me impide ver que mi vida
tiene significado y valor?
¿Cómo puedo vencer este obstáculo?

*A todos se les ha dado una bolsa de herramientas,
Una masa sin forma, / Un libro de normas;
Y cada uno debe hacer— / Antes de irse la vida—
Y un obstáculo/O un escalón para triunfar.*
R. L. SHARPE

Las siguientes preguntas están basadas en las reflexiones diarias de esta semana. Ellas están destinadas a facilitar la participación. Simplemente, escoja uno o dos preguntas que quisiera compartir con confianza y responda a ellas.

1   ¿Cuál, a mi parecer, es el mejor regalo que Dios me ha dado?

2   ¿Cuál, a mi parecer, es la cruz que Dios me ha dado? ¿Cómo puedo convertirla en bendición?

3   ¿Puedo acordarme de algún momento en mi vida en el cual sentí que la vida puede ser dura, cruel o injusta?

4   ¿Con cuánta tenacidad persigo mis objetivos? ¿Algún ejemplo?

5   ¿Cuál de las tribulaciones o aflicciones de mi vida hizo que descubriera el oro que yo no sabía existía dentro de mí?

6   ¿Qué aspecto de mi vida pasada está influyendo en mi vida actual—para siempre? ¿Algún ejemplo?

7   ¿Cuánto significado o valor le estoy dando a mi vida actual? ¿Por que?

4 ¿Cuán significativa es mi vida?

Jerry Kramer jugaba para los *Green Bay Packers* y fue miembro del equipo *All-Pro* cuatro veces. Durante su carrera deportiva, él siempre escribía en su diario. Más adelante, éste fue publicado bajo el título "Repetición Instantánea: El Diario del Jugador de *Green Bay*, Jerry Kramer."

En una de sus anotaciones, Jerry escribe sobre la película *Cool Hand Luke*. Luke era un personaje indisciplinado que entró y salió de la cárcel muchas veces en su vida. La última vez que salió de la prisión, Luke se fue a una iglesia, se arrodilló y dijo algo así:
"Oye viejo, ¿qué planes tienes para mí? ¿Qué es lo que me va a pasar ahora? ¿Para qué me has puesto en este mundo? Al comentar sobre esta escena, Kramer escribió:

"Yo también me hago las mismas preguntas. Con frecuencia me pregunto por qué caminos está yendo mi vida y cuál es mi propósito aquí en la tierra aparte de jugar esos juegos tontos que juego todos los domingos. Siento que debe haber algo más en la vida. Debe haber alguna razón. . . . No pude responder a ninguna de estas preguntas esta mañana, pero me puse a pensar en ellas por un momento."

La reflexión de esta semana se va a
concentrar en el propósito de la vida.
La gracia que usted pedirá es la siguiente:

Señor, ayúdame a descubrir el propósito
que tu diste a mi vida
cuando me creaste.

Pautas para Semana

Considere hacer un resumen del pasaje bíblico
que presenta cada reflexión. Por ejemplo, usted
puede resumir la introducción de las Escrituras
para el primer día de la semana, diciendo:

"¿De dónde? ¿A donde?"

Haga un esfuerzo y recuérdelo de vez en cuando
durante el día. Inclusive puede escribirlo en un
pedazo de papel y ponerlo en su escritorio para
poder acordarse de él.

Lectura Diaria

1	Te escojo a tí	Jer 1:4–8
2	La vida es corta	Sal 90:1–6
3	Estás viendo	Mt 13:14–16
4	Encuentra el Reino	Lc 12:29–34
5	Escoge el Reino	Mc 8:36–38
6	A quién/qué temer	Lc 12:4–5
7	La fe no es suficiente	Stgo 2:14–17

44

SEMANA 4
Día 1 _____

*"¿De dónde vienes tú y
a dónde vas?"*

GENESIS 16:8

El Rey Edwin vivió en el siglo siete en Inglaterra.
Un día él y un amigo cercano estaban hablando de
lo corta que es la vida. Su amigo hizo una
comparación: "Oh mi Rey, ¿se acuerda usted de esa
habitación en donde usted reúne a sus funcionarios
en las noches de invierno, aquella que tiene una
gran chimenea? Algunas veces durante esas
reuniones, un gorrión solitario entra volando, por
un huequito que hay en la pared, y luego se va con
la misma rapidez con que entró. Así es la vida,
como el vuelo del gorrión. Mientras que él está
dentro de la habitación, está protegido del frío y
tiene espacio para volar tranquilo en un ambiente
tibio. Pero luego desaparece cuando cae la noche.
Nadie sabe de dónde vino ni a dónde va. Así es
también para nosotros, mi Rey. Nuestro tiempo en
la tierra es corto, así como el vuelo del gorrión.
Nadie sabe de dónde venimos ni a dónde vamos."

Si alguien me preguntara
¿de dónde vengo y
a dónde voy, qué le respondería?

*Asegúrate que vale la pena morir por
aquello por lo cual estás viviendo.*
CHARLES MAYES

Enséñanos a ver lo que es la vida—
para que así tengamos—un corazon prudente.
SALMO 90:12

En la obra teatral *Our Town* (Nuestro Pueblo),
Emily muere al dar a luz a su primer hijo. Al morir
ella ve que es posible escoger un día de su vida
que ella quisiera revivir. Pero todos le aconsejan
que no lo haga. Emily ignora los consejos y
escoje volver a vivir uno de los días más felices
de su vida—cuando cumplió los doce años. Ella
empieza a revivir aquel día, pero antes de
llegar a la mitad, empieza a decir, "No, no puedo
seguir, es imposible . . ." No tenemos tiempo ni para
mirarnos a las caras. Llévenme otra vez a mi tumba,
en lo alto de la colina." Luego le pregunta a uno
de los muertos, "¿Es que los humanos no se dan
cuenta de la vida cuando la están viviendo?" El
muerto hace una pausa y con tristeza le responde,
"No. Sólo los santos y los poetas a veces lo hacen."

¿Hasta qué punto estoy viviendo a las
carreras, olvidándome de detenerme y oler
las flores de vez en cuando?

Nuestras vidas son como canciones. Dios escribe
las palabras y nosotros le ponemos la música; puede
ser que la canción sea alegre, triste o dulce, ya
que cada uno de nosotros escoge el compás.
ELLA WHEELER WILCOX

SEMANA 4
Día 3 _____

*[Jesus dijo,] "Porque cuando miran, no ven,
y cuando oyen, no escuchan ni entienden."*
MATEO 13:13

Starbuck es uno de los personajes de la obra
llamada *The Rainmaker.* El no es feliz en la vida
pero no sabe por qué. Otro de los personajes
llamado Lizzie, dice que todo es culpa de él.
El nunca se detiene el tiempo suficiente para ver
la vida como realmente es. Lizzie le da un
ejemplo. Le dice que ella, a veces, observa a su
padre jugar a las cartas con sus hermanos. Al
principio, ella sólo ve a un hombre, no muy
atractivo ni muy interesante. Pero cuanto más lo
mira, más se empieza a dar cuenta de otras cosas.
"Yo empiezo a ver cosas que nunca antes había
visto. Cosas buenas y malas—pequeños hábitos
que él tiene de los cuales no me había percatado
antes. ¡De pronto, sé quién es él y cuánto lo
quiero y el corazón se me llena de tanto amor
que quisiera llorar! Cuanto le agradezco a Dios
que tomé el tiempo para verlo como realmente es.

¿Qué es lo que no me permite ver a la gente
y a la vida como éstas son en realidad?

*Nada de aquí abajo es profano
para aquellos que saben cómo ver.
Al contrario, todo es sagrado.*
TEILHARD DE CHARDIN

*[Jesus dijo,] "No estén siempre pendientes
de lo que comerán o beberán; no se atormenten . . .
Su Padre sabe lo que necesitan.
Por tanto, trabajen por su Reino, y él les dará
todas estas cosas por añadidura.*

LUCAS 12:29–31

Un automovilista llegó a una estación de servicio y
tres personas salieron inmediatamente para atender
a su carro. Cuando terminaron, el automovilista
pagó por diez galones de gasolina y se fue.
Tres minutos más tarde, regresó a la estación y
les dijo, "Me da verguenza preguntarles esto,
pero alguno de ustedes echó gasolina a mi carro?"
Los tres se miraron y se dieron cuenta que, con
el apuro por atenderlo, se habían olvidado de
echar la gasolina. Lo que les pasó a estos tres,
a veces nos pasa a nosotros. Nos involucramos
tanto en vivir la vida, que nos olvidamos por
qué Dios nos ha dado vida.

¿En qué forma me parezco yo a esos tres
que atendieron en la estación de servicio?

*Aunque todavía es muy bueno
dejar las marcas de nuestras pisadas en las
arenas del tiempo, es todavía más importante
asegurarnos que ellas señalen
hacia un camino meritorio.*

JAMES BRANCH CABELL

SEMANA 4
Día 5 _____

[Jesus dijo,]
"Quien sacrifique su vida por mí y
por el Evangelio, se salvará."
MARCOS 8:35

En la novela *The Last Laugh* de John O'Hara hay
un personaje que es un artista de cine. Este ha
sido una mala persona toda su vida. Con el tiempo,
su carrera toma un giro descendente y termina en
cero. Viendo como está su situación, se dice a sí
mismo, "Por lo menos, alguna vez fui un ídolo del
cine en todo el país. Eso nadie me lo puede
quitar." Cuando ustedes lean esto, riéndose,
diran, "¡Gran cosa! ¡A quien le importa
eso ahora, tontonazo!"

Si mi vida continua su curso actual, ¿cuán
contento voy a estar al momento de mi muerte?

A cada ser humano se le abre un camino.
Muchas sendas, muchas maneras, un camino.
Las almas elevadas suben por el camino alto,
y las almas bajas andan a tientas por el
camino bajo; y en el medio, en los caminos
un poco nublados, el resto va y viene.
Pero a todo ser humano se le abre un camino
uno alto y otro bajo.
Y cada ser humano decide
por qué camino ira su alma.
JOHN OXENHAM

[Jesus dijo,]
"De qué le sirve al hombre ganar
el mundo entero si se
pierde a sí mismo?"

MARCOS 8:36

Un equipo de basketball acaba de celebrar un
servicio de oración antes de jugar en el
campeonato del estado. Durante el servicio, el
capellán le dijo al equipo, "Lo más importante
de aquí a diez años, no va a ser si ganaron el
campeonato estatal o no. Más bien va a ser en
qué se convirtieron ustedes al tratar de
ganarlo." Luego del servicio de oración, el
entrenador les dijo a los jugadores, "Siéntense
un momento. Nuestro capellán dijo algo que me
está molestando. Me pregunto ¿en qué nos hemos
convertido al tratar de ganar toda esta
temporada? ¿Nos hemos mostrado más lealtad?
¿Más amor? ¿Somos mejores cristianos? Ruego a
Dios que así sea. Ya que si no lo somos, hemos
fracasado ante los ojos de Dios, ante los ojos
de cada uno de ustedes y ante nosotros mismos."

¿Cómo respondería yo a las preguntas del
entrenador en lo que se relaciona a mi vida
hasta este momento?

No podemos regresar las manecillas del reloj,
pero si le podemos dar cuerda otra vez.

BONNIE PRUDDEN

SEMANA 4
Día 7

*"Que los cielos y la tierra escuchen
y recuerden lo que acabo de decir . . .
Te puse delante la vida o la muerte,
la bendición o la maldición. Escoge, pues."*
DEUTERONOMIO 30:19

En la noche del 15 de abril de 1912, la nave
Titanic chocó con un témpano de hielo y se
hundió, llevándose consigo 1,500 vidas.
Setenta años más tarde, en un anuncio de
una revista ésta hablaba del desastre y le
preguntaba a sus lectores: "Si ustedes
hubiesen estado en el *Titanic* cuando se
estaba hundiendo, ¿se habrían puesto a
acomodar las sillas que estaban en cubierta?
Al principio, esta pregunta nos pareció muy
tonta, pero luego nos dimos cuenta del
propósito del anuncio. Nuestro mundo está
enfrentando un desastre espiritual, y muchos
de nosotros, sólo estamos "acomodando las
sillas que se encuentran en cubierta."

Este anuncio me anima a preguntar, ¿Estoy tan
involucrado en mi propio mundo, que me estoy
olvidando del mundo a mi alrededor? ¿Estoy
tan preocupado por mí mismo y mi mundo, que
me he olvidado que Dios me ha creado y me ha
puesto en este lugar con algún propósito
para el resto de mis semejantes?

*En un momento como éste se hace
necesario contar con mentes fuertes, corazones
grandes, verdadera fe y manos listas!* JOSIAH G. HOLLAND

REUNION SEMANAL
Compartiendo la Agenda

1 ¿Si alguien me preguntase de dónde vengo
y a dónde voy, que le diría? ¿Con cuánta
exactitud coincidiría mi respuesta con
la forma en que estoy viviendo mi vida?

2 ¿Cuándo fue la última vez que me detuve
para "oler las flores"? ¿Por qué lo hice
en ese momento?

3 ¿Qué es lo que me detiene principalmente
de detenerme y "oler las flores"? ¿Qué
tan válida es esta razón?

4 ¿Hasta qué punto estoy involucrado en
vivir mi vida, que no estoy comprendiendo
el verdadero sentido de por qué Dios me
ha dado vida?

5 Suponiendo que mi vida continuase en la
dirección que está yendo, ¿cuán exitosa
sería mi vida a los ojos de Dios?

6 ¿En qué prioridad estoy poniendo más énfasis:
en "ser alguien" o en "conseguir cosas"?
¿Qué evidencia concreta tengo sobre ésto?

7 ¿Hasta qué punto estoy "acomodando las sillas
en la cubierta del barco" que se está
hundiendo?

5 ¿Cuán verdadero es Dios para mí?

La película *Laura* se trata de un detective quien
está nombrado a investigar el asesinato de una
joven mujer llamada Laura. Una noche alguien
vino al departamento de Laura y con una escopeta,
le disparó un tiro en toda la cara. Durante la
siguiente semana, el detective pasó la mayor
parte de su tiempo en el departamento de Laura,
revisando todo—inclusive hasta leyendo su
diario, buscando la pista que lo llevara a
encontrar al asesino.

Luego algo estraño pasó. Cuando más leía el
detective acerca de Laura, más cerca se sentía
de ella e inclusive pensó que se estaba
enamorando de ella. Una noche en el departamento
de ella, mientras pensaba acerca del caso, él
siente que una llave abre la puerta. Allí,
parada frente a él, está Laura.

Para no cansarlos con la historia, la occisa
resultó ser una persona que estaba usando
el departamento mientras que Laura estaba de
vacaciones. La película termina cuando Laura
y el detective se enamoran, se casan y viven
felices el resto de sus vidas.

La película es como una parábola moderna
acerca de lo que Dios ansía que nos suceda a
cada uno de nosotros. Dios quiere que estudiemos
el mundo, nos enamoremos del Creador y vivamos
felices para el resto de nuestras vidas.

La reflexión de esta semana nos ayudará a hacer eso precisamente. La gracia que pediremos es la siguiente:

Señor, mi Dios, enseña a mi corazón
dónde y cómo buscarte
dónde y cómo encontrarte
ANSELM OF CANTERBURY

Pautas para de la Semana

Antes de cada reflexión esta semana, haga un esfuerzo especial para ponerse en la presencia de Dios. Al hacerlo, por favor, recuerde que tratar de *sentir* la presencia de él es casi siempre erróneo. Una percepción *sensible* de la presencia de Dios es un regalo. Usted mismo no lo puede hacer. Todo lo que puede hacer, es abrirse para recibir este don.

Lecturas Diarias

1	Siempre allí	Salmos 46
2	No te acerques	Gen 3:1–6
3	Estaré contigo	Gen 28:10–17
4	En un murmullo	1 Reyes 19:11–13
5	Sólo Dios sabe	2 Cor 12:1–12
6	Te extraño	Salmos 42
7	Tú me conoces	Salmos 139:1–6

SEMANA 5
Día 1 _____

Dios es nuestro refugio y fortaleza,
un socorro oportuno en nuestra angustia.
SALMO 46:1

En la publicación *Today's Christian Woman* (La
Mujer Cristiana de Hoy), Sharon O'Donohue
escribe que, cuando ella trabajó con gente
joven, muy pronto se dió cuenta que se había
librado de muchas penas cuando adolescente.
Cuando empezó a buscar la respuesta, ella la
halló en lo siguiente: "En los años de mi niñez,
a mí me enseñaron que alguien llamado Dios . . .
siempre estaba presente. . . . ¿Cómo es que lo supe?
Fue porque yo siempre tuve una mamá muy paciente,
quien siempre escuchaba mis preguntas y usaba
cualquier oportunidad para enseñarme que Dios
siempre está a nuestro lado."

¿Qué papel jugó la fe de mis
padres o de mis tutores en la formación
de mi fe personal, especialmente en mi
fe en Dios y en el cuidado personal de
Dios hacia mí?

Dios estate en mis ojos—y en mi mirada;
Dios estate en mi boca—y en mis palabras;
Dios estate en mi mente—y en mi discernimiento;
Dios estate en mi corazón—y en mi forma de amar;
Dios estate en mi vida—y en mi forma de vivir.
ANONIMO

Dios dijo . . .
"Sácate tus sandalias porque el lugar
que pisas es tierra sagrada."

ÉXODO 3:5

En *The Golden String*, Bede Griffiths describe
algo que le pasó de niño. El estaba caminando
por la calle en una tarde de verano y de pronto
se dió cuenta de lo lindo que estaban cantando
los pajaritos y de que nunca los había escuchado
cantar así. Continuando su camino, llegó hasta
una pradera. Todo estaba quieto y tranquilo.
Deteniendo su paso, y viendo cómo el sol se
escondía en el horizonte, le entraron ganas de
arrodillarse. Era como si hubiese sentido la
presencia de Dios en forma tangible. Más
adelante escribió, "Ahora que lo pienso y
recuerdo aquello, me parece que ése fue uno
de los momentos decisivos en mi vida."

¿Recuerdo algún momento de mi vida en el que
alguna cosa afectó tremendamente mi vida?
¿Cuándo fue? ¿Qué sucedió?

La tierra está llena del cielo,
como un arbusto común encendido con Dios;
y sólo aquel que puede ver, se saca los zapatos—
El resto sigue sentado
recogiendo las zarzamoras.

E. B. BROWNING

SEMANA 5
Día 3 _____

"Yo soy Yahve . . . Yo estoy contigo
y te protegeré a donde vayas."
GENESIS 28:13, 15

Thor Heyerdahl obtuvo fama al navegar a través del océano por más de 4,300 millas en su balsa *Kon Tiki*. Aunque parezca mentira, antes Thor le habíia tenido un miedo terrible al agua. El venció ese miedo cuando, una vez, él iba en una canoa y ésta se volteó cerca a unas cataratas en un río de Canadá. Al ser arrastrado hacia las cataratas, un extraño pensamiento le vino a la mente. En unos momentos él iba a entender cuál de sus padres había estado en lo cierto. Su papá creía en Dios, su mamá no. Entonces sucedió algo extraño. Le vino a la mente la oración del Padre Nuestro, y lo empezó a rezar. Una ráfaga de energía le pasó por el cuerpo y empezó a luchar por salir de los rápidos. Sintió que una fuerza invisible lo empujaba y minutos después llegaba a la orilla. Ese día Thor perdió su miedo al agua y se convenció que su papá tenía razón.

¿Puedo acordarme de algún momento en el cual Dios pareció ayudarme en una manera especial? ¿Cuándo? ¿De qué manera?

La presencia de Dios no se discute
cuando ella está entre nosotros, sino
más bien después, cuando miramos hacia atrás.
JOHN HENRY NEWMAN

"Yo soy Yahve, tu Dios; . . .
No temas, que yo vengo a ayudarte."
ISAIAS 41:13

Una noche, el Dr. Martin Luther King, Jr.,
estaba dormitando cuando sonó el teléfono.
Cuando contestó, una voz le dijo, "Escucha,
negro, ya hemos aguantado suficiente. Antes
de la próxima semana, te vas a arrepentir de
haber venido a Montgomery." El doctor King
colgó el teléfono. De pronto, todos sus miedos
se despertaron. Se levantó y fue a hervir un
poco de agua para el café. Luego se sentó cerca
de la mesa de la cocina, agachó su cabeza y rezó:
"El pueblo me está buscando para que sea su líder,
y si me paro delante de él sin fuerza ni coraje,
él tambien caerá. Ya se me están acabando las
fuerzas. Ya no me queda nada. He llegado al punto
en que no puedo enfrentar ésto solo." En ese
momento, el doctor King sintió la presencia de
Dios como nunca antes la había sentido.

¿Cuándo es que me siento más cerca de Dios: en
momentos de necesidad, alegría, amor, u oración?

Yo no sé dónde sus islas levantan
las palmeras frondosas al viento;
Sólo sé que yo no puedo alejarme mucho
de su cuidado amoroso.
JOHN GREENLEAF WHITTIER

SEMANA 5
Día 5 _____

"Paren y reconozcan que soy Dios!"
SALMOS 46:11

El ambiente de la habitación donde está usted
sentado, está invadido de programas de televisión.
Ellos nos rodean invisiblemente, a todo color
y sonido. Esto no es ciencia ficción; es un hecho
científico. Pero de la única manera que podemos
verificar este hecho es mediante una "antena
gigante" y un televisor. Así como el aire
alrededor suyo está lleno de vida con el mundo
invisible de la televisión, así también está
lleno de vida con el mundo invisible de la fe.
Así como necesitamos una "antena gigante" y un
televisor para conectarnos con ese mundo invisible
de la televisión, así también necesitamos de la
oración para ponernos en contacto con el mundo
invisible de la fe. En otras palabras, la oración
es la forma de hacer contacto con el más real de
todos los mundos: el mundo de la fe.

Desde que empecé a rezar con regularidad,
¿puedo recordar algún momento en el que me
haya sentido conectado con algo más allá
de este mundo? ¿Cuál reflexión?

*Dios existe dentro de nosotros aún en
forma mas íntima de lo que nosotros
existimos dentro de nosotros mismos.*
LOUIS EVELY

Señor, oye mi voz
atiende mi gemido!
SALMO 5:1

Anselm of Canterbury, un monge del siglo once,
escribió un libro llamado *Proslogion*.
Este tenía esta oración:
"Señor, mi Dios, enséñale a mi corazón,
dónde y cómo buscarte,
dónde y cómo encontrarte . . .
Tú eres mi Dios y tú eres mi Señor,
y yo nunca te he visto.
Tú me has hecho y me has rehecho,
tú me has otorgado
todas las cosas buenas que tengo,
y aún no te conozco. . . .
Todavía no he cumplido con
aquello para lo cual me creaste. . . .
Enséñame a buscarte . . . ya que no
te puedo buscar a menos que tú me enseñes
y no te puedo encontrar a menos que
tú te hagas presente. Déjame buscarte
en mis deseos, déjame desearte en mi
búsqueda. Déjame encontrarte al amarte,
déjame amarte cuando te encuentre."

¿Con cuándo ahinco estoy buscando a Dios?

Dios es un suspiro quedo que vive
en las profundidades de mi corazón.
SEBASTIAN FRANCK

SEMANA 5
Día 7 _____

Señor, . . . tu conoces de lejos lo que pienso.
                                          SALMO 139:11–2

Eddie Rickenbacker y una tripulación de siete
se estrellaron en el Pacífico. Ellos pudieron
sobrevivir por espacio de veintiún días,
pescaban con la mano, tomaban agua de lluvia,
y oraban. Aquí está la oración que repetían
con frecuencia: "Senor, tu conoces de lejos lo
que pienso . . . Sabes cuando me siento y cuando
me levanto; tu conoces bien todos mis pasos.
Aún no esta en mi lengua la palabra, cuando ya
tú, Senor, la conoces entera. Me abrazas por
detrás y delante—después pones tu mano sobre mi.
Tú ciencia es un misterio para mí—tan grande
que no puedo comprenderla. ¿A dónde podré ir—
lejos de tu espíritu?—¿A dónde podré huir lejos
de tu presencia? Si le pido a las alas de la
Aurora—para irme a la otra orilla de los
mares, también allá tu mano me conduce—y me
tiene tomado tu derecha."
                                          SALMO 139:1–7; 9–10

¿Cómo podría contestar esta pregunta:
¿Quién es Dios para mí?

El Todopoderoso
hizo grandes cosas para mí,
reconozcan que santo es su Nombre.
                                          LUCAS 1:49

1   ¿Qué papel jugó la fe de mis padres o
    de mis tutores en la formación de mi fe
    personal, especialmente en mi fe en Dios
    y en el cuidado personal de Dios hacia mí?

2   ¿Recuerdo algo que pasó en mi ninez que
    tuviese un impacto duradero en mi vida?
    ¿Cuándo? ¿Qué fue?

3   ¿Puedo recordar algún momento en el cual
    Dios pareció ayudarme en una manera especial?
    ¿Cuándo? ¿De qué manera?

4   ¿Cuándo es que me siento más cerca de Dios:
    en momentos de necesidad, alegría, amor,
    u oración?

5   Desde que empecé a rezar con regularidad,
    ¿Recuerdo algún momento en el que me haya
    sentido conectado con algo fuera de este
    mundo? ¿Qué reflexión me hizo sentir así?

6   En una escala de uno (muy poco) a diez
    (bastante), ¿con qué ahinco estoy buscando
    a Dios?

7   ¿Quién es Dios para mí? ¿Cuán verdadero es
    Dios en mi vida en estos momentos? ¿Cómo
    puedo explicar esto?

6 ¿Qué plan tiene Dios para mí?

El entrenador Grant Teaff, de la Universidad de Baylor, escribió un libro titulado *I Believe* (Yo Creo). En el libro, él describe un incidente que le sucedió cuando empezaba su carrera.

El y su equipo regresaban a Texas en un avión fletado, cuando de pronto el avión empezó a sufrir fallas mecánicas. El piloto les dijo que se prepararan para un aterrizaje forzoso. Minutos más tarde, el avión se deslizaba de panza, envuelto en una nube de chispas pero, milagrosamente, todos se salvaron.

Poco después, el entrenador Teaff se arrodilló y rezó: "Dios, sé que tú tienes un plan, un propósito, y un deseo para mi vida y la vida de estos jóvenes. Aún no sé lo que es, pero . . . voy a tratar de inculcar en ellos y en los que entrene mas adelante, que la vida es más que un partido de fútbol, que tú tienes un proposito para nuestras vidas."

La reflexión de esta semana se concentra en el propósito que tuvo Dios al crearnos. La gracia que usted pedirá es:

Señor, siembre en mi corazón
la plena seguridad
que tú tienes un plan para mi vida,
aunque aún yo no lo conozca.

Pautas para la Semana

Algunas veces, las personas se desilusionan luego de unas semanas de reflexión. Las cosas que ellas esperaban que sucedieran, no sucedieron. Esto nos recuerda algo importante. La reflexión no debe hacerse con la idea preconcebida de lo que va a suceder. Un ejemplo les mostrará por qué.

Ustedes muerden algo en la oscuridad, esperando que sea una cosa y no lo es. La sorpresa del sabor inesperado es tal que hasta les provoca escupirlo. La reflexión puede ser así si ustedes van a ella con ideas preconcebidas. La meditación es un ejercicio que nos permite abrirnos a la gracia de Dios. Y la gracia que Dios nos da puede ser diferente—y mucho mejor—de la que nosotros esperábamos.

Lectura Diaria

1 Habla, Senor   1 Sam 3:1–10
2 Amense unos a otros   1 Jn 3:11–18
3 Trátense bien   Gal 6:7–10
4 La sorpresa que Dios nos dió   1 Cor 1:26–31
5 El poder de la fe   Heb 11:7–12
6 Nuestro futuro   1 Jn 3:1–3
7 Brillen como estrellas   Fil 2:12–16

SEMANA 6
Día 1 _____

Puesto que confío en ti,
Señálame el camino que debo andar,
ya que elevo a ti mi alma.

SALMO 143:8–9

Doug Anderson se graduó de la secundaria sin haber
encontrado respuesta a muchas preguntas. El pidió
permiso a sus padres para realizar una caminata de
2,000 millas a lo largo del camino del Appalachian
Trail, desde Maine hasta la Florida. Doug sintió
la necesidad de pensar acerca de la vida: ¿Dónde
estaba Dios? ¿Cuál era el propósito de la vida?
¿Cómo debería él pasar el resto de su vida? Más
adelante, Doug escribió en la revista *Campus Life*:
"Pensé que las respuestas las encontraría entre
esos bellos paisajes. . . . La vida es más que dinero,
televisión, fiestas y fumar hierba. Mi caminata
fue como un viaje para encontrarme a mí mismo."
Cinco meses más tarde, Doug regresó a casa. El
había encontrado lo que estaba buscando. Había
un Dios, la vida tenía un propósito, y él sabía
qué papel tenía que jugar en ella.

Cuándo fue la última vez que me fui solo, así
como Doug, para buscar orientación acerca del
propósito de la vida y mi papel en ella. ¿Cuáles
fueron los resultados?

Aquí yace una persona que salió de este mundo
sin saber para qué había venido.

INSCRIPCIÓN EN UNA TUMBA

No amemos con puras palabras
y de labio afuera, sino
verdaderamente y con obras.

1 JUAN 3:18

Gale Sayers, quien jugó para los *Bears* de Chicago
en los años 60, fue uno de los mejores
mediocampistas de todos los tiempos. El llevaba
una medalla de oro en el cuello, en la cual había
una inscripción: "Yo Soy Tercero." Estas palabras
también se convirtieron en el título de su exitosa
autobiografía. El libro explica el significado de
esas palabras: "El Señor es primero; mis amigos
son segundo, y yo soy tercero." Gale es el primero
en admitir que no siempre vive bajo esas premisas,
pero al llevar la medalla al cuello, hace que se
acuerde con más frecuencia de esas palabras.

¿Estaría yo dispuesto a llevar la medalla de Gale
al cuello y hacer que esas palabras se conviertan
también en mi lema? ¿Qué es lo que tendría que
cambiar en mi vida si así lo hiciera?

Los ideales son como las estrellas;
no vas a tener éxito si las
tratas de alcanzar con las manos,
pero si las sigues . . . alcanzarás tu destino.

CARL SCHURZ

SEMANA 6
Día 3 _____

[Jesus dijo,]
"Soy yo quien los escogí a ustedes y los he
puesto para que vayan y produzcan mucho fruto."
JUAN 15:16

La leyenda judía explica por qué Dios escogió a
Moisés para guiar a Israel. Un día mientras Moisés
estaba atendiendo a sus ovejas, una de ellas se
alejó corriendo entre los matorrales. Moisés dejó
a las otras para perseguir a la que se había
escapado, ya que ésta podía ser atacada por algún
animal salvaje. Cuando la encontró, vió que estaba
tomando agua en un manantial. Cuando terminó,
Moisés le dijo: "Pequeñita, yo no sabía que te
habías escapado porque tenías mucha sed. Tus
patitas deben estar muy cansadas." Así que la
levantó y la llevó en sus brazos, regresándola al
rebaño. Viendo lo bueno que era Moisés, Dios dijo:
"Al fin he encontrado a la persona especial que
he estado buscando. Convertiré a Moisés en el
pastor de mi pueblo, Israel."

¿Cómo puedo darme cuenta cuál es mi futuro?
¿Lo escogí yo o lo escogió Dios para mi?

Las tuyas son las únicas manos con las cuales
Dios puede hacer el trabajo (de Dios) . . . Tus
ojos son los únicos ojos a través de los
cuales la compasión de Dios puede brillar
sobre este mundo transtornado.
SANTA TERESA DE AVILA

*Pero Dios ha elegido
lo que el mundo tiene
por necio . . . para avergonzar
a los fuertes.*

1 CORINTIOS 2:27-28

Una orquesta sinfónica de una gra ciudad tocó
un pequeño concierto en una ciudad de Nueva
Inglaterra, celebrando su centenario. Al día
siguiente la gente no hablaba más que del
concierto. Un veterano dijo, "Todo lo que puedo
decir es que a ese gran tambor se le cargó por
tantas millas sólo para que lo hagan sonar una
que otra vez." A veces, así es como nos sentimos
acerca de nosotros mismos, y nos preguntamos
para qué Dios se dió el trabajo de crearnos.
Sin embargo, el plan de Dios no estaría completo
sin cada uno de nosotros. En realidad, cada uno
de nuestros roles en el plan de Dios es muy
importante.

¿Me he sentido yo alguna vez así como se sintió
el veterano acerca del tambor? ¿Por qué?

*Aunqux mi máquina dx xscribir xs vixja,
xscribx bixn xxcxpto por una txcla.
Muchas vxcxs hx quxrido qux
funcionx bixn.
Xs vxrdad, las dxmás 42 txclas funcionan
bixn, pxro basta qux una no xscriba
para qux sx vxa la difxrxncia.*

AUTOR DESCONOCIDO

SEMANA 6
Día 5 _____

[Jesus dijo,] "Si tienen fe como
un granito de mostaza, le dirán a
ese árbol que esta ahí: Arráncate
y plántate en el mar, y
el árbol obedecerá.

LUCAS 17:6

En la película *The Empire Strikes Back*, Luke
Skywalker le pide al guru Yoda que lo ayude a
convertirse en un luchador Jedi. Luke quiere
ayudar a la galaxia a liberarse del malo Darth
Vader. Yuda empieza enseñándole a Luke a levantar
rocas con el poder de su mente. Luego un día Yoda
le dice a Luke que levante su avión suspersónico
que se había caído al pantano. Luke se niega,
diciendo: "Una cosa es levantar una roca y otra
muy distinta, es levantar un avión!" Por supuesto,
él falla en su intento. Luego Yoda levanta el
avión sin dificultad. Lucas le dice: "¡No lo
puedo creer!" Yoda le contesta, "Por éso es que
fallaste."

¿Cuán listo estoy a comprometerme con una
causa noble, así como lo hizo Luke? ¿Cuánto
miedo siento de cometer el mismo error
que cometió Luke?

A menos que dentro de nosotros se encuentre
aquello que está por encima de nosotros,
muy pronto cederemos a lo que somos nosotros.
PETER TAYLOR FORSYTH

*El, que dispone de todas las cosas
como quiere, nos eligió para ser su
pueblo, para alabanza de su Gloria.*
EFESIOS 1:11

"Calvin and Hobbes" es una tira cómica sobre un
duo dinámico: un niño y su tigre. Una día, la
tira cómica muestra a Calvin haciéndose un
comentario sobre una pregunta de Paul Gaugin,
quien dice: "¿De dónde he venido? ¿Quién soy?
¿A dónde esoy yendo?" Entonces, Calvin responde
a esas preguntas: "Bueno, yo solo hablo por mí.
Yo vengo de mi cuarto, soy un niño con muchos
planes, y ahora me estoy yendo afuera a jugar."
Las respuestas simples de Calvin a las preguntas
profundas de Paul Gaugin, son como las respuestas
típicas que muchas personas dan a preguntas
importantes acerca de su existencia en este
mundo.

¿Qué respuestas daría yo a la segunda y
tercera pregunta de Paul Gaugin? ¿Cuán bien
refleja mi vida estas respuestas?

*Antes de morir, todo ser humano debe
saber, de qué esta huyendo,
a dónde está corriendo, y por qué.*
JAMES THURBER

SEMANA 6
Día 7 _____

[Jesús dijo a sus discípulos]
"Ustedes son luz para el mundo. No
se puede esconder una ciudad edificada
sobre un cerro . . . Así pues, debe brillar
su luz ante los hombres, para que vean
sus buenas obras y glorifiquen al Padre
de ustedes que está en los Cielos."
MATEO 5:14–16

Antes de la era de la electricidad, las calles
eran alumbradas con lámparas a gas. Los que las
prendían, lo hacían con una antorcha encendida.
Una noche un anciano estaba parado al otro lado
de la ladera. El podía ver la antorcha que iba
prendiendo las lámparas, pero por la oscuridad
que había, no podía divisar al hombre que cargaba
la antorcha de lugar en lugar. Solo veía las
luces de la antorcha. Entonces el anciano le dijo
a un amigo que estaba allí cerca, "Esos que
prenden las antorchas son un buen ejemplo para
los cristianos. Quizás nunca se les vea, pero tú
sabes que han estado allí por la estela de luces
que dejan a su paso."

¿Cuál es la estela de luces que estoy dejando
a mi paso?

La gente dudará de lo que decimos,
pero creerá lo que hacemos.
LEWIS CASS (adaptado)

REUNION SEMANAL
Compartiendo la Agenda

_____

1   ¿Alguna vez me alejo para pensar sobre
    el propósito de mi vida y para preguntarme
    por qué me creó Dios? ¿Con qué respuestas
    regreso?

2   ¿Hasta qué punto es Dios primero en mi vida,
    mis amigos segundo, y yo tercero?

3   ¿Cómo descubriré el plan de Dios para mí?
    ¿Lo escojo a la luz del plan de Dios para la
    salvación del mundo? O es que Dios lo
    escoje para mí y me invita a vivirlo?

4   ¿Cuál es la imagen que tengo yo de mi mismo?
    ¿Qué es lo que me impide tener una imagen
    más positiva—especialmente en vista del
    hecho que fuí creado a imagen y semajanza
    de Dios?

5   ¿Cuán listo estoy a comprometerme con una
    causa noble, así como lo hizo Luke?
    ¿Cuán temeroso estoy de que mi fe no es lo
    suficientemente fuerte para hacer tal
    compromiso?

6   ¿Cómo respondo yo a la segunda y tercera
    pregunta de Paul Gaugin? ¿Cuán bien refleja
    mi vida estas respuestas?

7   Si yo muriese mañana, ¿qué diría Dios de
    la estela de luces que yo dejaría a mi paso?
    ¿Qué le respondería yo a Dios?

7 ¿Cuán abierto estoy yo al plan que Dios tiene para mí?

(Principio y Fundamento)

Un hombre y una mujer naufragaron en una isla desierta y se quedaron allí muchos años. Un día, un barco divisó las señales de humo de ellos y les envió un bote salvavidas. Pero en vez de rescatarlos, los tripulantes del bote les entregaron varios periódicos y les dijeron: "El capitán quiere que ustedes vean lo que está sucediendo en el mundo, antes de decidir si regresan o no."

Habrá momentos en la vida en los cuales usted sentirá que desea irse a una isla desierta. Pero usted sabe que eso no es posible. Dios lo puso a usted en el mundo para hacer de éste un lugar mejor. Usted tiene una función que cumplir en el plan de salvación de Dios. Aunque, al fin y al cabo, usted es el que decide. Usted puede responder afirmativamente e involucrarse en el plan de Dios, o puede responder negativamente y hacer lo que le plazca.

El objetivo de la reflexión de esta semana es meditar sobre el precio que usted deberá pagar si decide decir Sí al Señor y aceptar su plan salvífico. La gracia que usted pedirá durante esta reflexión es:

Señor, pon en mi corazón el deseo de involucrarme en tu plan, sin que me importe cuánto me va a costar.

Pautas para la Semana

Las reflexiones de esta semana son muy
importantes. Usted puede pedirle a Dios
una gracia especial para realizarlas bien,
haciendo un pequeno sacrificio, como por
ejemplo, dejar de comer entre comidas. Esto
es solo una sugerencia. Haga lo que el
Espiritu lo llama a hacer.

Lectura Diaria

Acuérdese que el leer la Biblia es sólo
una sugerencia. Si usted decide hacerlo,
lea sólo los capítulos y versículos
indicados. Asegúrece de hacer una pausa
antes y después de cada lectura, como
se lo indicamos anteriormente.

De vez en cuando, las lecturas de la
semana anterior se repiten. Esto no es
un error, sino que es parte del formato.

1	Atleta espiritual	1 Cor 9:24–27
2	La vid y las ramas	Jn 15:1–17
3	El único objetivo	Fil 3:7–11
4	Sigue tocando	Lu 11:5–8
5	Corona duradera	2 Cor 4:16–18
6	Paradoja extraordinaria	2 Cor 6:5–10
7	Juventud rica	Mt 19:16–24

SEMANA 7
Día 1 _____

*Como los atletas que se imponen un
régimen muy estricto . . . Solamente que
ellos lo hacen por una corona de laureles
que se marchita . . . mientras que nosotros,
por una corona que no se marchita.*
1 CORINTIOS 9:25

En su autobiografía titulada *Nigger* (Negro),
Dick Gregory, el atleta, comediante, y
activista social, nos cuenta como él
disciplinaba su cuerpo a fin de correr
por varias horas todos los días, inclusive
en el invierno. El escribe: "No no creo que
hubiese podido terminar mi secundaria sin
haber corrido. Nunca sentí hambre mientras
corría, aunque en casa no tomaba desayuno y
muchas veces, no tenía dinero para el
almuerzo . . . Yo estaba orgulloso de mi cuerpo . . .
y nunca descansaba." Dick Gregory es un ejemplo
viviente de lo que Pablo nos dice en la lectura
de hoy.

¿Hasta qué punto estoy persiguiendo la corona de
laureles que se marchita en esta vida, poniendo
más esfuerzo y empeno en esa que en la otra, que
no se marchita y me da vida eterna?

*Lo que la mayoría de las personas tienden
a olvidar es que todos tenemos un control
increíble sobre nuestros propios destinos.*
BILL GOVE

*[Jesús dijo,] "Si alguien permanece en mí,
y yo en él, produce mucho fruto."*

JUAN 15:5

Una mujer estaba visitando una fábrica de
pianos. Primero, el guía le enseñó un cuarto en
donde los trabajadores estaban cortando la madera.
Luego, el guía la llevo a otro cuarto en donde
otros trabajadores estaban construyendo los
armazones para los pianos. Luego a otro, en donde
los estaban lijando y barnizando. Más adelante,
la mujer visitó un cuarto en donde los trabajadores
estaban colocando las cuerdas y las teclas de
marfil en los armazones. Finalmente, la mujer
entró a un cuarto en donde un músico estaba
sentado frente a un piano y tocaba unas melodias
preciosas. Después la mujer se puso a pensar:
La diferencia entre el primer cuarto y el último
es la diferencia entre la bellota y el árbol. Es
la diferencia entre lo que soy hoy y en lo que
me puedo convertir.

¿En cuál de los cuartos a los que se refiere
la historia me encuentro yo en mi jornada
espiritual? ¿Hay algo, en particular, que esté
demorando o impidiendo mi progreso espiritual?

*Que pena me dan aquellos que no cantan
pues se mueren con la música por dentro.*
OLIVER WENDELL HOLMES

SEMANA 7
Día 3 _____

Entonces Yahvé me dirigió su palabra:
"Antes de formarte en el seno de tu madre,
ya te conocía; antes de que tú nacieras,
yo te consagré."

JEREMIAS 1:4–5

Imagínese que usted está a punto de nacer.
Dios lo llama y le da a escoger dos vidas
distintas para vivirlas en la tierra. La
primera sería una vida corta, llena de
enfermedades, pobreza y burla de parte de
la gente. Esta es la mejor forma de alcanzar
la labor que Dios tiene reservada para usted.
La segunda es todo lo contrario, pues se
trata de una vida llena de salud, riquezas,
y honor. Sin embargo, Dios le dice que
cualquiera que sea su selección, él lo amará
igual. Al darse cuenta de lo difícil de esta
selección, Dios le pregunta si desea tomarse
un par de días para decidirlo. Por otra parte,
Dios quiere que usted sea honesto. El hecho
de tomarse dos días para pensarlo, ¿sería esto
sólo una formalidad, ya que usted va a preferir
la segunda opción?

¿Cuán receptivo estaría usted a la primera
opción que le presenta Dios? Explíquese.

La decisión de hoy es la realidad de mañana.
AUTOR DESCONOCIDO

[Jesús dijo,]
"El Reino de los Cielos es semejante a un
tesoro escondido en un campo. El hombre que
lo descubre lo vuelve a esconder y, de tanta
alegría, vende todo lo que tiene para comprar
ese campo." MATEO 13:44

Una revista publicó una historia sobre unos
adolescentes que pertenecen al Club de
Natación de Santa Clara. Ellos se levantan
a las 5:30 A.M. y se encaminan a la piscina en
medio del aire frío. Allí ellos nadan como por
dos horas. Luego de ducharse y comer algo, se
visten y se van al colegio. Después de las clases,
regresan a la piscina y nadan un par de horas más.
Luego, apurados, llegan a casa, comen, estudian,
y caen exhaustos a dormir. A la mañana siguiente,
la alarma vuelve a sonar a las 5:30 a.m. y toda
esta rutina vuelve a empezar. Cuando a una de las
jovencitas le preguntaron por qué hacía tantos
sacrificios, ella dijo: "Mi meta es llegar a los
Juegos Olímpicos. Si el ir a fiestas arruina mi
meta, ¿entonces para qué ir? Cuantas más millas
nade, mejor para mí. La cosa es sacrificarse."

¿Qué meta tengo en estos momentos? ¿Cuánto más
estoy sacrificando para alcanzarla?

El enemigo de lo mejor no es lo peor,
sino el "más o menos." L. P. JACKS

SEMANA 7
Día 5 _____

¿Qué le daré al Señor
por todos los favores que me ha hecho?
SALMO 116:12

Los Ejercicios Espirituales de San Ignacio nos
dan una serie de pautas para la vida. Dice así:
"Yo creo que fuí creado para compartir mi vida
y mi amor con Dios y con los demás, para siempre.
Yo creo que Dios creó todas las demas cosas para
ayudarme a alcanzar este propósito. Por lo tanto,
creo que debo usar las demás cosas que Dios ha
creado, si es que me van a ayudar a alcanzar mi
objetivo y descartar aquellas que me lo van a
impedir. Y por lo mismo, eso también quiere
decir que yo no debo preferir algunas cosas
sobre otras. Por ejemplo, no debo valorar
de inmediato, la salud sobre la enfermedad,
la riqueza sobre la pobreza, el honor sobre
el deshonor, o una vida larga sobre una corta.
Yo creo que la única medida para valorar y
preferir alguna cosa debe ser: ¿En qué forma
me ayuda esto a alcanzar el propósito para
el cual Dios me creó?"

¿Estaría yo dispuesto a adoptar este pensamiento
como una guía para el resto de mi vida?
¿Si nó, en qué forma lo cambiaría para
hacerlo más aceptable?

La vida es la novela de Dios. Dejemos que él
la escriba. ISAAC BASHEVIS SINGER

En efecto, la "locura" de Dios es
más sabia que la sabiduría de los hombres."
1 CORINTIOS 1:25

La siguiente reflexión fue encontrada en los
bolsillos de un soldado de la Confederación.
El había muerto: "Yo pedí salud para
ver si lograba cosas grandísimas; y se
me dió enfermedad, y quizás haga cosas
mejores . . .
Yo pedí riquezas para ser feliz, y
se me dió pobreza, y quizás sea más
sabio . . .
Yo pedí poder para ver si conseguir las
loas de los hombres; y se me hizo frágil,
y quizás sienta la necesidad de Dios . . .
No se me dió nada de lo que yo pedí,
pero sí se me dió todo lo que ansié.
Casi, a pesar de mi mismo,
mis mudas oraciones fueron contestadas.
De todos los hombres, yo soy el que ha
recibido las bendiciones más ricas."

¿Cuál es el punto de esta reflexión?
¿Cómo se relaciona a las "pautas para la
vida" de la reflexión anterior?

Los problemas son usados por Dios
para moldear a las personas en
algo mejor de lo que ya son.
ANONIMO

SEMANA 7
Día 7 _____

*[Jesús pidió a su Padre,] "Que no
se haga mi voluntad, sino la tuya."*
LUCAS 22:42

"Le pedí a Dios que se llevara mi orgullo /
y Dios dijo, 'No,' / El dijo que no estaba en él
llevarse mi orgullo / sino que está en mí
renunciar a él. / Le pedí a Dios que sanara a mi
hija tullida / y Dios me dijo, 'No,' / El dijo:
Su espíritu está curado, es su cuerpo el
que está enfermo y eso es temporal.' / Le
pedí que me diera paciencia, y Dios dijo,
'No,' / El dijo que la paciencia es el derivado
de las tribulaciones / Eso no se da, eso se
logra. / Le pedí a Dios que me diera felicidad,
y Dios dijo, 'No,' / El dice que él da
bendiciones; / la felicidad me toca a mi, /
Le pedí a Dios que no me dejara sufrir, /
y Dios dijo,'No,' / El dijo, 'El sufrimiento
te aleja de las preocupaciones mundanas /
y te acerca mas a mí' . . . / Le pedí a Dios
que me ayuda a amar a los demás tanto como
él me ama a mí, y Dios dijo, 'Ah, recién
se te ha ocurrido una buena idea . . ."
AUTOR DESCONOCIDO

Vuelva a leer el poema, deleitándose en
cada pensamiento.

*Cuando yo desee lo que Dios desea,
entonces sabré que mi corazón tiene razón.*

REUNION SEMANAL
_____ Compartiendo la Agenda
_____

Trate de escribir su respuesta a algunas de
las preguntas que están aquí abajo para que
las comparta con el grupo. Muchas personas
encuentran esto de mucha ayuda. Los miembros
del grupo también piensan así.

1   ¿Estoy persiguiendo la corona de laureles
    que se marchita en esta vida, con más esfuerzo
    y empeño que la otra, que no se marchita y
    da la vida eterna? ¿Cómo explico esto?

2   ¿Hay algun obstáculo, en particular, que
    impide mi progreso espiritual? Si es
    así, ¿cómo lo puedo vencer?

3   En la escala de uno (cerrado) al diez
    (abierto), ¿cuán receptivo estoy a la primera
    opción, a esa que Dios se refirió en el Día 3?

4   ¿Cuál es mi objetivo principal en estos
    momentos? ¿Cuál es el sacrificio más grande
    que estoy haciendo para alcanzarlo? ¿Qué es
    lo que me motiva para hacer este sacrificio?

5   ¿Cuán receptivo estoy para adoptar "las
    pautas para la vida" a las que nos
    referimos en el Día 5? ¿Cómo lo explico?

6   ¿Cómo interpreto la reflexión encontrada en
    los bolsillos del soldado muerto? ¿Qué relación
    tiene esto con "las pautas para la vida"?

7   ¿Cuán listo estoy para darle a Dios un
    cheque en blanco para que él lo llene
    para mí? ¿Cómo explico esto?

8 ¿Cuán consciente estoy yo de la presencia del pecado en mi vida?

Las imágenes de la pantalla del televisor
deben su existencia al aparato de televisión.
Cuando este se enciende, se les ve. Cuando se
le apaga, ya no se les ve.
Imagínense que ellas quisieran revelarse y
decirle al aparato, "No te necesitamos más.
Queremos declarar nuestra independencia de ti."
Tal declaración sería muy ridícula. Sería como
si el eco le dijera a la voz, "No te necesito.
Quiero declarar mi independencia de ti."

En un sentido, eso es lo que pasa cuando
pecamos. Es un intento de declarar nuestra
independencia de Dios. Para decirlo de otra
forma más clara, es como decirle no a Dios y
al plan que él tiene para nosotros.

Las reflexiones de esta semana nos ponen en
contacto con el poder del pecado—un poder que
puede destruirnos a nosotros y al mundo. La
gracia que usted pedirá antes de cada reflexión es:

Senor, ilumina mi mente
para ver cuán pecaminoso soy.
Conmueve mi corazón
para que sienta asco cuando vea esto.
Toca mi alma
para gritar de vergüenza y de dolor.

Pautas para la Semana

Usted quizás quiera recitar la siguiente
oración antigua al final de cada reflexión,
justo antes de decir el Padre Nuestro:

Alma de Cristo, santifícame.
Cuerpo de Cristo, sálvame.
Sangre de Cristo, embriágame.
Agua del costado de Cristo, lávame.
Pasión de Cristo, vigorízame
Oh Buen Jesús, escúchame.
Entre tus heridas, escóndeme.
No dejes que me separe de ti.
De la maldad, defiéndeme.
Y en la hora de mi muerte, llámame
y has que venga a ti,
para que con todos los santos,
te alabe por los siglos de los siglos. Amén.

Esta semana usted también puede pensar en
recibir el sacramento de la Reconciliación.
Quizás hasta desee hacer una "confesión
general" de toda su vida. Si es así,
pregúntele al sacerdote como hacerla.

Lectura Diaria

1	Puro alarde, ningún alma	Mt 23:1–12
2	Cómo empezó	Gen 3:1–3
3	He pecado	Sal 51:1–13
4	Pecado sobre pecado	Am 2:6–8
5	Sepulcros bien pintados	Mt 23:23–28
6	Todos han pecado	Sal 14
7	Perdón amoroso	Sal 32

SEMANA 8
Día 1 _____

*"Graba en tu corazón los mandamientos
que yo te entrego hoy."*
DEUTERONOMIO 6:6

"Si tú consigues lo que quieres en tu
lucha para ti mismo, / Y el mundo te hace
rey por un día, / Mírate al espejo, / Y ve
qué es lo que te dirá esa persona. / Porque
no será tu padre, ni tu madre, ni tu
hermano, / Quien te vaya a juzgar. / La
persona cuyo veredicto cuenta más que el
de nadie es la que te mira del otro lado
del espejo. / . . . / Esa es la persona que hay
que complacer—¡que no te preocupen los
demas! / Esa persona que quedará contigo
hasta el final de tus dias. / Y ya has
pasado tu prueba mas difícil, / Si la imagen
del espejo es tu amiga. / Quizás puedas
engañar al resto del mundo a lo largo de
los años, / Y, en el camino, recibir palmadas
en el hombro, / Pero tu recompensa final
serán dolores de cabeza o lágrimas, / Si es
que tú has engañado a la imagen del espejo."
AUTOR DESCONOCIDO

¿De qué manera puedo estar en peligro de
engañar a la "imagen del espejo"?

*Ningún hombre puede hacer grandes hazañas
si es que no es sincero
consigo mismo.*
JAMES RUSSELL LOWELL

*"Protégeme con amor y lealtad,
porque me cercan desgracias innumerables."*
SALMOS 40:12

Hace muchos años había un programa de televisión llamado *The Mork and Mindy Show*. Mork era un ser de otro planeta quien tenía poderes increíbles. Un día, él compartió sus poderes con algunos de sus amigos en la tierra. Tocándoles los dedos con las puntos de los suyos, él les transfirió un poco de ese poder. Inmediatamente ellos empezaron a usarlo para hacer que la gente hiciese cosas ridículas, como por ejemplo, tirarse volantines y brincar por las calles. Mork estaba horrorizado y empezó a gritar, "Paren, ustedes no están usando el poder como debe hacerse. Devuélvanmelo!" Ese episodio es un buen ejemplo de lo que es el pecado. Es el uso erróneo del poder y talentos que Dios ha compartido con nosotros.

¿Me he dado cuenta que estoy usando erróneamente los talentos y dones que me ha dado Dios? ¿Qué ejemplos concretos podría dar?

*Mi sentido del pecado
está ligado a mi sentido de Dios.
Cuanto más cerca estoy de Dios,
más me doy cuenta de mi carácter pecaminoso.
Esto es así, pues la distancia de Dios
reduce el contraste necesario para que
yo reconozca mi verdadera condición.*

SEMANA 8
Día 3 _____

*Crea en mí, oh Dios, un corazón puro,
un espíritu firme en mí.*

SALMO 51:12

Thomas Merton se acababa de graduar de la
secundaria y estaba viajando solo por Europa.
Una noche, en su cuarto, a Tom le sucedió
una experiencia conmovedora. Esta le hizo
darse cuenta de la naturaleza pecaminosa
de su vida. Más adelante escribió en *The
Seven Storey Mountain*: "Todo mi ser se
levantó con asco y horror de lo que estaba
dentro de mí, y hasta mi alma quiso
escapar . . . de todo esto con una intensidad
y urgencia que nunca antes había conocido.
Y creo yo que, por primera vez en mi vida,
realmente empecé a rezar . . . rezándole al
Dios que yo no conocía, pidiéndole que se
acercara a mí y me sacara de esta oscuridad
y de las miles cosas terribles que me
tenían cautivo."

¿En qué momento de mi vida me he
encontrado en una situación parecida?

*Una cosa es lamentar el pecado
porque nos expone a ir al infierno,
y otra es lamentarlo
porque es una maldad infinita.*
GARDINER SPRING

"Venden al inocente por dinero . . .
Pisotean a los pobres en el suelo . . .
y les impiden a los humildes conseguir
lo que desean."   AMOS 2:6–7

Muy pocos esperarían que el decano de
siquiatría en Estados Unidos hablara sobre
el pecado. Pero eso es lo que escribe el
doctor Karl Menninger en su libro *Whatever
Became of Sin?* A él le preocupan aquellos
individuos quienes no creen que están pecando.
También le molestan aquellos "pecados de
responsabilidad colectiva"—aquellos pecados
cometidos por algunos grupos o naciones, tales
como la desatención a los pobres, contaminación
del ambiente, explotación de los trabajadores
migrantes. Lo más trágico de estos "pecados de
responsabilidad colectiva", dice el doctor
Menninger, es que las personas, individualmente,
no se consideran responsables por eso.

¿Cuán difícil es para mi admitir que estoy
pecando? ¿Cuánta responsabilidad siento
por los "pecados de responsabilidad colectiva"?

Estamos avanzando bastante.
Ya no robamos, sólo "nos llevamos" algo de las tiendas.
Ya no mentimos, sólo "damos información equivocada."
Ya no fornicamos, sólo "estamos pasando un buen rato."
Ya no matamos, sólo estamos "terminando el
embarazo."   ANONIMO

SEMANA 8
Día 5 _____

Si decimos nosotros no tenemos pecado . . .
sería afirmar que Dios miente.

1 JUAN 1: 8, 10

En su libro *In His Presence*, Louis Evely escribe:
"La peor maldad no está en cometer la maldad, pero
en cometerla pretendiendo que se esta haciendo
algo bueno . . .
Es mejor pecar con sinceridad,
que mentirse a uno mismo para sentirse virtuoso.
Uno se arrepiente mas rápido de un pecado sincero
que de uno envuelto en dudas.
No ensucies las aguas en las que vas a pescar
nuevamente." Muy emocionado, Evely concluye:
"Cometan pecados sinceros, claros e inegables,
de los cuales más tarde se van a arrepentir con
la misma sinceridad con que los cometieron . . .
Si usted es lo suficientemente débil para pecar,
que su orgullo no le impida reconocerlo."

¿Qué consejo le daría a las personas que
encuentran muy difícil admitir que han pecado?

Hay dos clases de personas:
los virtuosos
que se creen pecadores;
y el resto
quienes se creen virtuosos.
BLAISE PASCAL

Se me echan encima mis culpas
y no puedo huir . . .
me falta el valor.

SALMO 40:13

Imagínese lo que pensaron el primer hombre
y la primera mujer cuando pecaron. Trate de
imaginarse el dolor y el sufrimiento que ese
pecado desencadenó en el mundo. Trate de
recordar todas las personas que han pecado
desde esa primera vez. Piense en cómo sus
pecados han aumentado el sufrimiento del mundo.
Mire con horror lo que es el pecado: no sólo
es un rechazo a Dios y al plan de Dios para
nosotros, sino también un instrumento de
destrucción y sufrimiento. En su mente,
imagínese a Jesús colgado en la cruz—
sufriendo por los pecados. Luego háblale a
Jesús y dígale por qué sufrió todo este dolor.
Luego piense en estas tres preguntas:

¿Qué he hecho por Jesús en el pasado?
¿Qué estoy haciendo por Jesús en el presente?
¿Qué es lo que debo hacer por Jesús en
el futuro?

Oh, Señor, reforma nuestro mundo—
empezando por mí.

ORACION CRISTIANA CHINA

90

SEMANA 8
Día 7 _____

*"El soportó el castigo
que nos trae la paz y por sus
llagas hemos sido sanados."*
ISAIAS 53:5

Nosotros debemos admitir dos cosas. Primero,
que somos pecadores. Segundo, que a pesar de
esto, nuestro Padre del cielo nos ama. Julian
de Norwich, el famoso místico inglés, explica
que inclusive los pecados del pasado se
pueden convertir en algo positivo, si es que
los reconocemos como pecados. Julian dice,
por ejemplo: "Si nunca nos caemos, nunca
sabríamos cuán débiles y despreciables somos;
ni tampoco apreciaríamos el increíble amor de
nuestro Creador . . . Nosotros pecamos gravemente,
sin embargo, a pesar de todo esto, no dejamos
de ser preciosos a los ojos de Dios. Por el
simple hecho de caer, ganamos la comprensión
de lo que significa el amor de Dios."

¿Hasta que punto he experimentado
aquello a que se refiere Julian de Norwich?

*Voz de Jesús, tú me llamaste
cuando me aleje de ti,
Brazos de Jesús, tu me levantaste
cuando me resbale y caí.
Corazón de Jesús, tú me amaste
hasta cuando pequé.*

1   ¿De qué manera tiendo a engañar a la
    "imagen del espejo"?

2   ¿Cuál es ese regalo de Dios al que
    yo le doy mal uso? Por qué este?

3   ¿En qué momento de mi vida me he
    encontrado en una situación parecida
    a la de Merton?

4   ¿Cuán difícil es para mi admitir mis
    fracasos, mis imperfecciones y mi
    carácter pecaminoso?

5   ¿Qué consejo le daría a las personas que
    encuentran muy difícil admitir su
    carácter pecaminoso?

6   ¿Qué he hecho por Jesús en el pasado?
    ¿Qué estoy haciendo por Jesús en el
    presente? ¿Qué es lo que debo hacer por
    Jesús en el futuro?

7   ¿Hasta qué punto he experimentado
    aquello a que se refiere Julian de
    Norwich?

9 ¿Cuán consciente estoy yo que voy a tener que rendir cuentas por lo que hago en la vida?

Un día un hombre muy mal trajeado se paró en una esquina muy transitada en Chicago. Cuando los oficinistas empezaron a pasar camino a su refrigerio, él levantaba el brazo y apuntando al más cercano, gritaba: "¡Culpable!" Luego, bajaba el brazo por uno o dos minutos y volvía a hacer lo mismo con otra persona.

Esto tuvo un efecto atemorizante en los oficinistas. Miraban al hombre, le quitaban la vista, luego lo volvían a mirar, y apresuraban el paso.

Aunque la historia es un poco chistosa, tiene un punto importante: Como toda persona viviente, cada uno de nosotros es culpable de algún pecado, y algún día seremos juzgados por Dios. Las reflexiones de esta semana están centradas en esa realidad. La gracia que usted pedirá antes de cada reflexión es la siguiente:

Señor,
ayúdame a vivir en tal forma hoy día
que yo me regocije en tu juicio mañana.

Pautas para la Semana

Los directores espirituales recomiendan que usted tenga como hábito el hacer un "juicio" diario de sus acciones. Una forma de hacerlo, es tomando tres minutos cada noche para lo siguiente:

Primer minuto. Revise lo que hizo en el día. Encuentre lo mejor del día—algo bueno que haya hecho, como por ejemplo, hacer más de lo debido para tratar de ayudar a alguien. Luego háblele a Dios de eso y dele gracias por haberle dado la oportunidad de hacerlo.

Segundo minuto. Revise lo que hizo en el día otra vez. Ahora, encuentre lo peor del día—algo malo que usted haya hecho, como por ejemplo, apocar a alguien quien necesitaba ser animado. Luego háblele a Jesús de eso y pídale perdón por responder como lo hizo.

Tercer minuto. Mire hacia adelante, hacia mañana y a algún punto crítico que tenga que enfrentar, como por ejemplo, lidiar con un problema personal. Luego, háblele al Espíritu Santo sobre esto, pidiéndole ayuda para resolverlo.

Lecturas Diarias

1 Tonto rico — Lc 12:13–21
2 Dos opciones — Sal 1
3 Hechos: buenos/malos — 1 Tim 5:24–25
4 Parábola de las monedas — Lc 19:11–27
5 Parábola de la maleza — Mt 13:36–43
6 Parábola de la red — Mt 13:47–50
7 Ovejas y cabras — Mt 25:31–46

SEMANA 9
Día 1 _____

*Y puesto que los hombres mueren una sola
vez, y después viene para ellos el juicio.*
HEBREOS 9:27

Hay una antigua obra teatral llamada *Everyman*
(Todo Hombre). Al empezar la obra, sale un
"mensajero" detrás de la cortina y mirando al
público fíjamente, dice: "Escuchen esto con
reverencia. . . . Miren bien y pongan atención . . .
Ya que verán como nuestro Padre Celestial va
a llamar a Todo Hombre al juicio final."
Luego, en la obra se ve a la Muerte que viene
a decirle a Todo Hombre que sus días en la
tierra ya han terminado y que es tiempo que
se prepare para entrar a la eternidad. Cuando
Todo Hombre se recupera del susto, le pide a
la Muerte que le deje preguntar a tres de sus
compañeros mas queridos a ver si quieren ir
a la eternidad con él—ellos son Poder,
Prestigio, y Placer. La muerte le dice que
lo haga. Sin embargo, para su consternación,
ellos rehusan a irse con él.

¿Puedo yo nombrar a "tres de mis compañeros
más queridos", quienes rehusarían ir conmigo
a la eternidad?

*Los poquísimos años que pasamos aqui en
la tierra, son sólo la primera escena de
el Drama Divino que se extiende hasta la
eternidad.*   EDWIN MARKHAM

*Sepan, pues, que cada uno de nosotros
dará cuenta a Dios de si mismo.* ROMANOS 14:12

El héroe de la novela *The Man Who Lost Himself*
persigue a un sospechoso a un hotel de París.
A modo de conseguir—sin levantar sospechas—
el número del cuarto de este, el héroe le da
su propio nombre al recepcionista y le
pregunta si esa persona está alojada allí.
Nuestro héroe piensa divisar el número del
cuarto del sospechoso, mientras el recepcionista
busca en la lista de huéspedes. Para sorpresa
del héroe, el recepcionista le dice, "Si, el
está en el cuarto 40 y lo esta esperando." El
héroe sigue al botones del hotel hasta el
cuarto No. 40. Cuando la puerta se abre, él
ve que dentro del cuarto está un hombre igualito
a él, sólo que éste es un poco más viejo y gordo.
En realidad, es el héroe mismo, sólo que veinte
años mas tarde. La historia es pura ciencia
ficción, pero contiene una importante verdad:
Existe una persona en el futuro de todos nosotros.
Es la persona en la que nos estamos convirtiendo.

¿En qué clase de persona me estoy convirtiendo?
¿Cuánta seguridad tengo yo de esto?

*Lo mejor de este mundo,
no es tanto en dónde estamos, pero
en que dirección nos estamos moviendo.*
OLIVER WENDELL HOLMES

SEMANA 9
Día 3 _____

No juzguen antes de tiempo,
hasta que venga el Señor . . .
El pondrá a las claras las
intenciones secretas.   1 CORINTIOS 4:5

John era el contratista de una compañía de
construcción. A modo de aumentar sus ingresos,
él continuamente compraba material de inferior
calidad y lo usaba en las casas que construía.
El se había acostumbrado tanto a engañar en
los costos, a "simplificar", que bromeando le
decía a un amigo que ni el mismo podía detectar
las fallas en las casas por lo bien que engañaba.
En el último proyecto de construcción que John
hizo antes de jubilarse, fue donde usó más de ese
material inferior y dónde más "simplificó".
Se suponía que esta iba a ser una casa lujosísima.
Hasta John se preocupó que quizás esta vez se le
había pasado la mano. ¡Imagínense su sorpresa
cuando la compañía constructora le regaló esa
casa como premio por sus años de servicio!

¿De qué manera es esta historia como una
parábola de la vida? ¿En qué forma podría
"simplificar" lo que hago sin que nadie se de
cuenta?¿Por qué no lo hago?

Primero, nosotros formamos nuestros hábitos,
luego ellos nos forman a nosotros.
Conquista tus malos hábitos, o ellos,
tarde o temprano, te conquistarán a ti.
                              DR. ROB GILBERT

"[El Señor] vigiló mis crímenes,
los juntó y los ató;
Su yugo pesa sobre mi cuello
ha hecho flaquear mis fuerza.
LAMENTACIONES 1:14

Hay una historia muy conmovedora que ha
sobrevivido por siglos. Se trata de Pietri
Bandinelli, un joven muy atractivo, de ojos
claros y rostro bondadoso. Leonardo di Vinci
lo escogió a él para que posara como Jesús en
la pintura de La Ultima Cena. Años después,
Leonardo todavía no había terminado la pintura.
Sin embargo, un día sintió que el espíritu lo
llevaba a los barrios mas paupérrimos de Milán
en busca de alguien que sirviese de modelo para
pintar a Judas. Luego de buscar por más de una
hora, encontró al hombre perfecto. Sus ojos
estaban nublados y su rostro era muy duro.
Leonardo le preguntó, "¿Nos hemos conocido
anteriormente?" El hombre le respondió, "Sí,
yo fuí el que sirvió de modelo para Jesús. Pero
mi vida ha cambiado mucho desde ese entonces."

¿Cuál es el punto de esta historia? ¿Qué
lección puedo sacar para mi propia vida?

Yo pude haber tenido clase,
Yo pude haber sido un luchador,
Yo pude haber sido alguien,
En vez de eso, soy un vago, eso nomás soy.
ACTOR MARLON BRANDO en *On the Waterfront*

SEMANA 9
Día 5 _____

*Todo queda desnudo y al descubierto
a los ojos de Aquel al que debemos
dar cuentas.* HEBREOS 4:13

En abril de 1989, el famoso beisbolista
Mickey Mantle se enfermó cuando volaba en
un avión y lo tuvieron que llevar de emergencia
al hospital. Luego Mickey le contó a un
periodista de la *Associated Press* sobre un sueño
que él había tenido en el hospital. Y conto así,
"Soñé que había muerto y que cuando llegué al
cielo, San Pedro me recibió y yo le dije 'Soy
Mickey Mantle' y él me contestó, "¿Asi?". . . .
Entré a ver a Dios y Dios me dijo. "No podemos
recibirte aquí por la manera en que te has
comportado en la tierra, pero hazme un favor, y
fírmame estas seis docenas de pelotas de beisból."
Cuando se esfuma el humor de este cuento,
la verdad empieza a verse claramente. Nadie se
va a escapar del juicio de Dios. Nadie va a
recibir un trato de VIP (persona muy
importante).

¿Cuál es la preocupación principal que tengo
respecto al juicio de Dios cuando yo muera?

*Cuando el Apuntador del Puntaje Mayor se ponga
a escribir al lado de tu nombre,
el escribirá—no si perdiste o ganaste—
sino en qué forma jugaste el partido.*

GRANTLAND RICE

Los pecados de algunos hombres
son conocidos
antes de ser examinados. 1 TIMOTEO 5:24

El doctor Wilder Penfield del Instituto
Neurológico de Montreal hizo un descubrimiento
increíble. La revista *Time* lo publicó de la
siguiente manera: "El cirujano Wilder Penfield . . .
al azar encontró ciertos lugares en el cerebro
que, estimulados electrónicamente, pueden llevar
al paciente a escuchar una tonada . . . y en otro,
a revivir la experiencia de haber dado a luz."
Las investigaciones de Penfield han convencido
a algunos científicos que toda acción de nuestra
vida queda grabada en el cerebro. Penfield
también encontró que lo que sentimos en esos
momentos (ya sea bueno o malo) también queda
grabado. En otras palabras, existe hoy un
apoyo fisiológico sólido acerca de las
enseñanzas de la Biblia sobre el juicio
después de la muerte.

Alberto Camus dijo una vez,
"Te contaré un secreto, mi amigo,
No esperes hasta el día del juicio final.
Este sucede cada día de nuestra vida.
¿Qué nos quiso decir Camus?

Dios no buscará en ti medallas, grados
o diplomas, sino más bien cicatrices.
ELBERT HUBBARD

SEMANA 9
Día 7 _____

Cada uno fue juzgado
según sus obras.   APOCALIPSIS 20:13

La capilla de San Jorge en Londres, fue
construída como un memorial a las víctimas
de los ataques aéreos durante la Segunda
Guerra Mundial. Dentro de la capilla se
encuentran cuatro libros grandes, los cuales
contienen los nombres de las de 60,000
víctimas. Cada día el libro está abierto
mostrando una página. Y cada día, se voltéa
una página mostrando una nueva lista de
nombres. No hay forma de saber si estas
personas fueron ricas o pobres, bonitas o
feas. Eso no importa. Todo lo que importa es
lo que estas personas hicieron con el tiempo
que Dios les dió en la tierra. La poetisa
Phyllis McGinley dice: "Cuando yo tenía siete
años . . . quería ser bailarina en la cuerda floja.
A los quince años, quería ser actriz. Ahora que
me encuentro en mis años otoñales, daría
cualquier cosa . . . por ser santa!"

¿De qué manera han ido cambiando mis objetivos
y mis ambiciones con el pasar de los años?
¿Si pudiese vivir mi vida nuevamente,
qué es lo que cambiaría? ¿Por qué?

No solo rendiremos cuentas
por lo que hicimos, sino también
por lo que dejamos de hacer.   MOLIERE

REUNION SEMANAL
Compartiendo la Agenda

1   ¿Puedo nombrar a "tres de mis compañeros más queridos"—tales como Poder, Prestigio y Placer—a quienes valoro grandemente hoy, pero quienes rehusarian ir conmigo a la eternidad? ¿Qué pienso respecto a esto?

2   Hoy en día, ¿hasta que punto ayudo y perdono más de lo que hacía hace un año?

3   ¿En qué forma podría yo "simplificar" lo que hago sin que nadie se diese cuenta? ¿Por qué no lo hago?

4   ¿Cuál es el mensaje (ya sea simbólico o de otra índole) de esta historia de Pietri Bandinelli?

5   En una escala del uno (casi nada) al diez (muchísimo), ¿qué impacto tiene en mi diario vivir la idea del juicio después de mi muerte? ¿Cómo puedo explicar esto?

6   ¿Qué mensaje nos da Albert Camus y cómo este puede echar luz a la naturaleza del juicio después de la muerte?

7   ¿Han sido afectados mis objetivos y ambiciones en alguna manera después que he empezado mis reflexiones? ¿De qué manera? Si yo pudiese empezar mi vida nuevamente, ¿qué cambio haría en la manera que he estado viviendo mi vida hasta este momento?

10 ¿Qué impacto tiene mi idea de la muerte en la forma como vivo?

El famoso aviador francés Antoine de Saint-Exupery tuvo que hacer un aterrizaje forzoso en el desierto del Sahara, miles de millas lejos de la civilización. El sólo contaba con una poquitísima cantidad de agua.

Mientras que trataba de arreglar el motor de su avión, Saint-Exupery vió a la muerte cara a cara. Como dos boxeadores, se miraron fijamente a los ojos.

El estar frente a frente con la muerte, como en el caso de Saint-Experu, nos recuerda las palabras de John McLelland en *The Clown and the Crocodile*: "Un día un grupo de personas irán al cementerio, tendrán un servicio breve y luego regresaran a casa. Todos menos uno, ese seras tú."

"Que pena que lo último que uno hace es morirse," dice Robert Herhold, "ya que podría enseñarnos tanto acerca de la vida."

La reflexión de esta semana se enfoca en la muerte. La gracia que usted le pedirá a Dios antes de cada reflexión es:

Señor,
enséñame acerca de la muerte,
para que ésta me enseñe acerca de la vida.

Pautas para la Semana

Un problema que usted puede encontrar luego de meditar por varios meses, es una especie de sequedad. Esto es, se hace difícil rezar. Usted siente que nada está pasando y que Dios parece estar a muchas millas de distancia.

La causa de esta sequedad puede ser desde el pecado o la negligencia espiritual, hasta el cansancio mental o físico. A veces Dios permite que esto suceda—o a veces usa esto—para profundizar nuestra fe y nuestra fidelidad.

Usted debe resistir la tentación de acortar la reflexión cuando esto suceda. Al contrario, algunos directores espirituales recomiendan extender la reflexión por algunos minutos más cuando usted sienta esta sequedad.

Lectura Diaria

1	Muchos cuartos	Jn 14:1–6
2	Esté preparado	Mt 25:1–13
3	Dios da/Dios quita	Job 1:13–22
4	El hijo de la viuda	Lc 7:11–17
5	Polvo eres	Sál 90:1–6
6	En casa en el cielo	2 Cor 5:1–10
7	No teme ningún mal	Sal 23

SEMANA 10
Día 1 _____

[Jesús dijo,]
"No se turben: ustedes creen en Dios;
crean también en mí. En la Casa de
mi Padre hay muchas mansiones y voy
allá a prepararles un lugar . . .
Volveré y los llevaré junto a mí, para que,
donde yo estoy, estén también ustedes."

JUAN 14:1–3

El rey le dió una varita mágica a su bufón
favorito y le dijo, "Quédate con esto hasta
que encuentres uno que sea más tonto que tú."
Años más tarde, el rey se encontraba moribundo.
Llamó a su bufón favorito y le dijo, "Me estoy
yendo a un lugar muy lejano." El bufón le
preguntó, "¿A dónde te vas?" El rey le dijo,
"No estoy seguro." El bufón le preguntó,
"¿Cuándo vas a regresar?" Y el rey le dijo,
"Nunca." "¿Estás preparado para el viaje?" le
dijo el bufón, a lo que el rey contestó, "No,
no lo estoy." "Entonces, toma esta varita
mágica," le dijo el bufón, "te pertenece a ti."

¿Cuán listo estoy para el viaje al cual se
estaba refiriendo el rey? ¿Qué le puedo decir
a Dios acerca de cuán preparado estoy para
la muerte?

¡No existe la muerte!
Las estrellas se caen
para levantarse en orillas más bellas.

J. L. MCCREERY

"Pero Dios le dijo:
'Tonto, esta misma noche
te reclaman tu alma.'" LUCAS 12:20

Tres estudiantes para diablos estaban
preparándose para ir a la tierra a fin de
adiestrarse en su trabajo. El profesor les
preguntó qué estrategia habían decidio usar
para conseguir que las personas cometan
pecados. El primer diablo dijo, "Yo creo
que usaré ese método que ya hemos probado.
Le diré a la gente 'No existe Dios, así que
gocen de la vida.'" El profesor asintió
complacido. Luego volteó hacia el segundo
diablo y le dijo, "¿Y, tu?" El segundo diablo
dijo, "Yo creo que voy a usar un método más
moderno. Yo les diré, 'No existe el infierno,
así que gocen de la vida.'" Nuevamente, el
profesor asintió complacido. Entonces volteó
hacia el tercer diablo y le dijo, "¿Y, ahora,
tu . . . ?" El tercer diablo dijo, "Yo voy a
usar un método mas terrenal. Les diré, "No
hay apuro, así que gocen de la vida.'"

¿Cuál de estos métodos me tienta más?

No puedo prepararme para la muerte muy pronto
porque no puedo estar seguro
cuando muy pronto será muy tarde.

ANONIMO

SEMANA 10
Día 3 _____

"Cuidado que vengo como un ladrón!"
APOCALIPSIS 16:15

Un mercader en el antiguo Bagdad envió a su sirviente al mercado a comprar provisiones. Minutos más tarde regresó el sirviente y venía temblando. Le dijo, "Maestro, maestro, cuando estaba en el mercado, sentí que alguien me empujó y cuando miré para ver quién era, ví que era la Muerte. Esta me miró amenazadoramente. Por favor, déjeme llevarme su caballo más veloz para escaparme e irme lejos hasta Samarra. La Muerte nunca pensará en buscarme alla. El mercader accedió. Luego el mercader se dirigió al mercado y, ¿a quién cree que encontro? Pues nada menos que a la Muerte. El mercader le preguntó, "Oye, y tú por qué miraste en forma tan amenazante a mi sirviente?" La muerte contestó, "Yo no lo miré con ojos amenazantes, más bien fue con ojos de sopresa. Me quedé atónito de verlo aquí en Bagdad, pues tenemos una cita esta noche, muy lejos, en Samarra."

¿Cómo reaccionaría yo si supiese que esta noche tengo una cita con la muerte?

El trasfondo oscuro que
nos proporciona la muerte
saca a relucir los bellos colores de
la vida en toda su pureza. GEORGE SANTAYANA

*[Jesús dijo,] "Siento una
tristeza de muerte."* MATEO 26:38

Al Dewlen estaba parado frente a la mesa en
su taller, decidiendo cuál de los trabajos
iba a hacer antes de la cena. En eso escuchó
su nombre. Cuando levantó la vista, vió a su
esposa y al pastor de su iglesia. Al se
asombró y preguntó, "¿Qué es lo que pasa?"
"Mike ha muerto," le dijo su esposa. Al
instante, Al perdió contacto con la realidad.
Su mente regresó a años atrás, cuando su hijo
Mike era chiquito y jugaba en la liga chica
de beisból. Luego lo vió como capitán del
equipo de futbol de su colegio. Finalmente,
lo vió con su uniforme de infantería de
marina. El estaba tan orgulloso de su hijo.
Más tarde Al dijo, "La noticia me dejó tan
atónito que ni siquiera pude hablarle a mi
esposa, ni tomarla en mis brazos."

¿Puedo imaginarme la reacción de mi familia
a la noticia de mi muerte?

*El jardinero preguntó,
"¿Quién arrancó esta flor?"
El Maestro dijo,
"Yo la arranqué para mí,"
y el jardinero guardó silencio.*
EN LA TUMBA DE UN NINO, EN INGLATERRA

SEMANA 10
Día 5 _____

Al llegar al mundo no trajimos nada,
ni tampoco nos llevamos nada.

1 TIMOTEO 6:7

En *As You Like It*, William Shakespeare
revisa la siete edades de la vida: "Al
principio es el infante / quien lloriquea
y vomita en los brazos de su nodriza . . . /
Luego, es el estudiante quejoso, con su
cartapacio y su radiante rostro mañanero,
avanzando con paso lento sin querer
ir a la escuela. / Y luego viene el amante, /
quien suspirando como un horno, canta
baladas lastimeras . . . / Después es el soldado,
lleno de juramentos extraños . . . / Buscando
la gloria que se escapa como espuma . . . / Y
luego la justicia . . . Con sus ojos severos y
barba de corte formal . . . La sexta edad llega
siendo un bufón con zapatos y con voz de
hombre, / Luego se vuelve a la niñez, con
voz de flauta y sonidos agudos / Y la última
escena, / Con la que termina esta historia
estraña, / La segunda niñez y el olvido /
Sin dientes, sin vista, sin gusto, sin nada."

¿Cómo interpreto el punto de Shakespeare
al describir la vida como lo hace?

¿Por qué el hombre seguro de su inmortalidad,
deba siquiera pensar en su vida?

JOSEPH CONRAD

Del mismo modo pasa con la
resurrección de los muertos.
1 CORINTIOS 15:42

Henry van Dyke habla de la muerte así:
"Estoy parado a la orilla del mar. Un bote
de vela que está allí cerca, despliega sus
blancas velas y se aleja hacia el mar azul,
empujado por la brisa mañanera. El bote es
objeto de belleza y fortaleza y yo, desde
donde estoy parado, veo que se aleja y se
convierte en un punto en el horizonte, allí
donde se juntan mar y cielo. En eso,
alguien que está parado a mi lado, dice,
"¡Allí se va! ¡Desapareció!" Desapareció, ¿a
dónde se fué? Desapareció de mi vista, eso es
todo. El bote sigue siendo tan majestuoso y su
mástil tan alto como cuando estaba a mi lado.
Y sigue siendo capaz de transportar a todos
sus tripulantes hasta llegar a su destino. La
pequeñez de su tamano está en mí, no en él.
Y en el preciso momento que alguien a mi lado
dice "Allí se va," hay otros ojos que lo ven
venir y con alegría dicen, "Allí viene."

¿Qué explicación le doy a esta parábola de
van Dyke?

¿Se han dado cuenta que todo el mundo quiere
irse al cielo, pero nadie quiere morir?
AUTOR DESCONOCIDO

SEMANA 10
Día 7 _____

"Padre,
En tus manos encomiendo mi espíritu."
LUCAS 23:46

En *Through the Valley of Kwai*, Ernest Gordon
describe la muerte de un joven prisionero de
guerra. Al principio, el joven luchaba contra
la idea de la muerte. Gordon escribe: "Yo
había traído mi Biblia conmigo . . . y bajo una
luz muy tenue en mi cabaña, empecé a leerla . . .
'Aunque pase por quebradas muy oscuras no
temo ningun mal, porque tú estás conmigo,
tu bastión y tu vara me protegen.' Cuando
Gordon terminó de leer, miró al soldado
moribundo y luego escribió: "Sus ojos grises
estaban muy lejanos. Se estaba escuchando a
sí mismo—al mensaje que esas palabras le
habían traído." Luego el soldado miró a Gordon
y le dijo calmadamente, "Todo va a salir bien."
El muchacho estaba listo para encontrarse con
el Señor.

Usando mi imaginación, ¿qué tipo de muerte
me gustaría tener?

Yo no tengo miedo de morir, amorcito,
yo sé que el Señor
tiene sus brazos alrededor de
este gorrioncito gordo y grande.
SINGER ETHEL WATERS

1   ¿Qué vez estuve cerca a la muerte?
    ¿Cuándo? ¿Dónde? ¿Cómo?

2   ¿Cuán preparado estuve para morir esa
    vez? ¿Cuan preparado estoy ahora si me
    fuese a morir en cinco minutos?

3   Si yo supiera que me voy a morir en
    cinco minutos, ¿a quién o que me doldría
    dejar más? ¿Por qué?

4   ¿A cuál miembro de mi familia escogería
    yo para decirle adiós, si sólo pudiese
    escoger uno solo? ¿Qué mensajes le daría
    para que llevara a los demás?

5   ¿Cuál es el punto que quiere hacer
    Shakespeare en la revisión de "las
    siete edades de la vida?" ¿Por qué Dios
    hizo la vida así?

6   Cuando pienso en la muerte, ¿la veo
    principalmente como que voy a dejar
    la tierra o como que voy a ir a Dios?
    ¿Por qué?

7   ¿He estado presente cuando ha muerto
    alguna persona? ¿Quién? ¿Cuándo? ¿Qué es
    lo que me impresionó más de esta
    experiencia?

11 ¿Cuán consciente estoy de que Dios me va a perdonar?

Richard Pindell escribió una historia corta titulada *"Somebody's Son."* Esta empieza cuando un niño que se había escapado de su casa, le escribe una carta a su mamá. El le expresa su esperanza de que su padre, quien es muy chapado a la antigua, lo perdone y lo acepte nuevamente como hijo. El muchacho escribe:

"En unos cuantos días estaré pasando por casa. Si mi papá quiere que regrese, dile que amarre un trapo blanco en el árbol de manzano que está junto a la casa."

Días más tarde, el muchacho está viajando en tren y ve que se está acercando rápidamente a su casa. Muy pronto podrá ver el árbol, pero se da cuenta que no va a tener el valor para mirar. Tiene miedo que el trapo blanco no esté amarrado al árbol. Junto a él está sentado un señor y le pide a éste que le haga el favor de mirar. Le dice, "Apenas pasemos la próxima curva, usted verá un árbol. ¿Podría decirme si hay un trapo blanco amarrado a sus ramas?"

El hombre, sorprendido, responde, "¡Pero muchacho, hay un trapo blanco amarrado a cada una de sus ramas!"

Esta historia es una parábola acerca del gran perdón de Dios hacia nosotros. La reflexión de esta semana nos pide concentrarnos en el perdón. La gracia que usted pedirá es:

Señor, ayúdame a ver
que la inmensidad de tu perdón
es como la inmensidad del océano.

Pautas para la Semana

En la octava semana se le mencionó que el Espíritu Santo podría inspirarle el deseo de celebrar el sacramento de la Reconciliación. Si eso no ocurrió, esté atento a cualquier inspiración del Espíritu Santo en esta semana.

Lectura Diaria

1	Dispuesto a perdonar	Is 55:3–11
2	Dispuesto a entender	Jn 8:1–11
3	Setenta veces siete	Mt 18:21–35
4	Dame un espíritu nuevo	Sal 51:1–10
5	Me has liberado	Rom 6:15–23
6	Perdonaste mis pecados	Sal 32:1–7
7	El hijo pródigo	Luc 15:11–24

SEMANA 11
Día 1 _____

"¿Cómo voy a dejarte abandonado?"
OSEAS 11:8

El profeta Oseas habla del amor de Dios
y de su perdón en una forma conmovedora.
Hablando en nombre de Dios, él dice:
"Cuando *Israel* era niño, yo lo amé
y de Egipto llamé a *mi hijo* . . .
Pero mientras los llamaba yo,
más se alejaban de mí . . .
Yo, sin embargo, le enseñé a caminar
a Efraim . . .
¿Cómo voy a dejarte abandonado, Efraim?
Mi corazón se conmueve y
se remueven mis entrañas.
No puedo dejarme llevar por mi indignación . . .
Pues soy Dios y no hombre
Yo soy el Santo que está en medio de ti,
y no me gusta destruir."
OSEAS 11:1–3, 8–9

¿Qué impacto tiene en mí este pasaje
cuando lo vuelvo a leer como un en susurro,
imaginándome que Dios está diciendo mi
nombre en vez del de Israel?

*[Señor] Me acompaña tu bondad y tu favor
mientras dura mi vida,
mi mansión será la casa del Señor
por largo, largo tiempo.*
SALMO 23:6

_____

*"Pero, puede una mujer olvidarse del niño que
cría, o dejar de querer al hijo de sus entrañas?
Pues bien, aunque se encontrara alguna que lo
olvidase, ¡Yo nunca me olvidaría de tí!"*

ISAIAS 49:15

A una mujer se le cayó de las manos un bello
jarrón color naranja y se le hizo añicos en el
piso. Ella recogió los pedazos y los echó en
la basura. Más tarde, ella vió que su hijita
había sacado los pedazos de la basura y los
había pegado en un pedazo de cartón. Luego,
usando un lapiz de color verde, había dibujado
tallos y hojas, convirtiendo todo en un
bouquet de lindas flores. La mujer se conmovió
hasta las lágrimas. Donde ella había visto
desperdicios, su hija había visto un tesoro.
En forma similar, Dios nos recoje de la basura
del pecado y nos convierte en algo bello.

¿Conozco yo a alguien quien esté un poco
confundido, pero que tenga un tesoro por
dentro? ¿Qué puedo hacer para ayudar a esta
persona a dar fruto?

*La raza humana estaría mucho más pobre
si no hubiese sido por esos hombres y mujeres
quienes decidieron tomar riesgos
en contra de viento y marea.*

BERNARD BARUCH (adaptado)

SEMANA 11
Día 3 _____

"Porque yo he perdonado su culpa
y no me acordaré más de su pecado.
Así se expresa Yahvé." JEREMIAS 31:34

Una de las jugadas más extrañas en la historia
del *Rose Bowl*, sucedió en 1929 en el primer día
del año. El jugador Roy Riegels, de California,
recogió la pelota que se le había caido a un
jugador de Georgia Tech, y corrió con ella 65
yardas—en dirección equivocada. Sus propios
compañeros de equipo finalmente lo atajaron.
Cuando California quiso patear la pelota,
Georgia Tech bloqueó la patada y con esta jugada
subieron dos puntos, lo cual le daba a Georgia
Tech un margen de victoria. En el intermedio,
Riegels esperaba lo peor de parte del entrenador
Price, pero él ni siquiera le mencionó la
carrera que había hecho en sentido contrario.
Cuando terminó el medio-tiempo, Price puso su
mano en el hombro de Riegels y le dijo, "El
juego solo está a la mitad. ¡Anda, dales con
todo lo que tienes!"

La clemencia de Price hacia Roy y la
de Dios hacia mí, me hace preguntar,
¿Cuán dispuesto a perdonar estoy cuando alguien
arruina uno de mis sueños, así como lo hizo Roy
con el sueño de Price durante el *Rose Bowl*?

Perdón es la fragancia que la violeta suelta
cuando se levanta el zapato que la aplastó.
MARK TWAIN

"Rocíame con agua y seré limpio." SALMO 51:9

Un periodista escribió en un diario acerca
de un programa para remover tatuajes en los
muchachos—en especial aquellos relacionados
con las pandillas. Y sucedió una cosa muy
interesante. Llegaron miles de cartas de
distintas partes del país, pidiendo más
información sobre este programa. Debido a
esta tremenda reacción, el Distrito Escolar
de Los Angeles y una estación de televisión
local, produjeron una película titulada
"Untatoo You" (Sácate el Tatuaje). Esta
contaba acerca de los peligros que suponía
hacerse tatuajes con personas inexpertas y
lo difícil que era deshacerse de ella.
Los protagonistas de la película eran los
mismos jóvenes, quienes hablaban con
franqueza acerca de por qué se tatuaron
en primer lugar y por qué ahora querían
deshacerse de esos tatuajes.

Todos hemos hecho cosas que nos gustarían
borrar. Esto es posible, gracias a la misericordia
de Dios. ¿Qué me impide borrar el pasado
mediante el sacramento de la Reconciliación?

Crea en mí, oh Dios, un corazón puro,
un espíritu firme pon en mí . . .
Dame tu salvacion que regocija,
manten en mí un alma generosa. SALMO 51:12, 14

SEMANA 11
Día 5 _____

Ustedes han sido liberados del pecado.
ROMANOS 6:22

Un soldado en Indonesia compró un mono para
tenerlo de mascota. Al poco tiempo se dió
cuenta que el mono tenía mucha sensibilidad
alrededor de la cintura. Un día, lo miró bien
y se dió cuenta que éste tenía como una roncha
levantada en esa zona y levantándole el pelo,
vió lo que le había pasado. Cuando el mono era
bebito, alguien le había amarrado un alambre
alrededor de su cintura y se habían olvidaron
de sacárselo. EL alambre se había incrustado en
la carne del mono. Esa noche el soldado afeitó
el pelo que había alrededor del alambre y con
mucho cuidado, se lo sacó. Durante todo este
tiempo, el mono estuvo echado, abriendo y
cerrando sus ojos y mostrando una paciencia
infinita. Apenas hubo terminado la operación,
el mono brincó de alegría y saltando a los
brazos del soldado, lo abrazó muy fuerte.

El dolor de confesar los pecados no es
nada comparado al dolor de cargarlos a cuestas
y sentirse atado por ellos. ¿Puedo acordarme
de alguna vez en la cual Dios me libró de los
pecados que me ataban y dolían? ¿Hasta qué
punto mi reacción se pareció a la del mono?

*Los pecados no se pueden deshacer, sólo
se pueden perdonar.*   IGOR STRAVINSKY

En silencio, mis huesos se acababan,
gimiendo todo el día . . .
Te confese mi falta,
no te escondí mi culpa . . .
Y tú, tú mi pecado perdonaste.   SALMO 32:3, 5

Hace algunos años, la revista *This Week*
publicó una historia muy conmovedora acerca
de un muchacho holandés de 17 años. El era
un prisionero que se había escapado de un
campamento Nazi durante la Segunda Guerra
Mundial. Lo habían capturado y sentenciado
a muerte. Poco después, él le escribió a
su padre: "Lee esta carta a solas, y luego
dile todo a mamá cuidadosamente . . . En unos
momentos, a las cinco de la tarde, va a
suceder . . . un solo momento, y luego estaré
con Dios. . . . ¿Es acaso, ésta, una transición
espantosa? . . . Siento la cercanía de Dios
de una manera tan fuerte . . . Estoy listo
para morir . . . Ya he confesado mis pecados . . .
y que he quedado muy quieto.
[Firmado] Klees"

Bendita sea la persona que puede decir
a la hora de morir lo que Klees dijo. Si
yo muriese en estos instantes, ¿podría yo
decir lo que él dijo?

Aquellos que más perdonan
serán los más perdonados.   PROVERBIO INGLES

SEMANA 11
Día 7 _____

Me sacaste el vestido de penitencia
y me vestiste de alegría.

SALMOS 30:12

El violinista inglés Peter Cropper fue invitado
a Finlandia para un concierto especial. Como
favor personal, la Academia Real de Música le
prestó a Peter un valiosísimo y antiguo violín
Stradivarius que tenía más de 285 años. Ese
violín era conocido por el mundo entero por su
increíble sonido. Durante el concierto, sucedió
una desgracia. Al salir al escenario, Peter se
tropezó y cayó, rompiendo el violin en muchos
pedazos. Peter regresó a Inglaterra en estado
de shock. Un maestro artesano, Charles Beare,
pasó innumerables horas tratando de reparar el
violín. Luego llegó la hora de la verdad. ¿Qué
sonido tendría el violín? Los presentes no
podían creer sus oídos. El sonido del violín
era mucho mejor que antes.

La historia de ese violín es mi historia.
El pecado casi me destruye, pero Dios,
el maestro artesano, me reparó. Mi sonido
es mucho mejor de lo que era antes. ¿Qué le
puedo dar a Dios a cambio de lo que él me
ha dado?

El verdadero arrepentimiento es cesar de pecar.
SAN AMBROSIO

REUNION SEMANAL
_____ Compartiendo la Agenda

1   ¿Qué impacto tuvo en mi reflexión el
    suplir mi nombre en el pasaje de Oseas?

2   ¿Conozco yo a alguien quien esté un poco
    confundido, pero que tenga un tesoro por
    dentro? ¿Qué puedo hacer para ayudar a
    esta persona a dar fruto?

3   ¿Puedo acordarme de cuando alguna persona
    me humilló delante de mis amigos? ¿Qué
    consejo le daría a mi hijo o hija para que
    pudiesen resolver en una manera cristiana
    una situación parecida?

4   ¿Con cuanta ansiedad y frecuencia recurro
    al sacramento de la Reconciliación a fin de
    "borrar" el pasado?

5   ¿Hasta qué punto he sentido el sacramento
    de la Reconciliación como un encuentro
    amoroso con el Dios indulgente?

6   ¿Cuándo he experimentado esa paz armoniosa
    que experimentó Klees?

7   ¿En qué forma la experiencia de haber
    pecado y haber sido perdonado, ha hecho
    "mi sonido mucho mejor que antes"?

12 ¿Cuán agradecido estoy de que Dios me va a perdonar?

Daddy Long Legs es la historia de una huérfana que recibe regalos de una persona desconocida. Ella pasa su niñez y su adolescencia rodeada de oportunidades que le da su "padre" secreto. Ella trata de imaginarse cómo será esta persona tan maravillosa.

Luego un día, ella descubre la identidad de su benefactor. ¡Su alegría es desbordante! Y al compartir su alegría, usted piensa, "Qué triste hubiese sido para ella pasarse la vida sin haber conocido o agradecido a esta bondadosa persona."

La historia de Daddy Long Legs es la parábola de Dios y cada uno de nosotros. Dios nos dió el regalo de la vida y Dios continúa dándonos regalo tras regalo. Qué triste sería que nos pasásemos la vida sin haber conocido ni agradecido a nuestro Benefactor.

La reflexión de esta semana se basa en la gratitud a Dios. La gracia que usted pedirá antes de cada reflexión está expresada bellamente en estas palabras de George Herbert:

Oh Tú que me has dado tanto,
por misericordia dame una cosa más—
un corazón agradecido.

(ligeramente adaptado)

Pautas para la Semana

Durante esta semana, recite susurrando la
oración de cierre de cada reflexión ("Padre
Nuestro . . ."). Haga una pausa después de cada
frase o pensamiento para que pueda absorber
su significado. Preste atención especial a
las siguientes palabras de la oración:

Perdona nuestras ofensas
así como nosotros perdonamos
a quienes nos ofenden.

Lectura Diaria

Karl Barth comparó leer la Biblia con el
mirar, desde una ventana en lo alto de un
edificio, al mar de gente que se encuentra en
la acera. Ellos están mirando atentamente a
algo que está fuera de nuestra vista, en el techo.

Al desarrollar esta imagen, Frederick Buechner
compara el interpretar la Biblia con el
tratar de leer los rostros de la multitud y,
mediante ellos—con la ayuda del Espíritu
Santo—descubrir lo que ven.

1 Dónde están los otros   Lc 17:11–19
2 Da gracias a Dios   Col 3:12–17
3 Regocíjate en el Señor   1 Tes 5:16–28
4 Proclama la Gloria del Señor   Sal 69:30–34
5 El Señor me ayudó   Sal 30:4–12
6 Agradezco a Dios por ti   Col 1:3–14
7 Cantándole al Señor   Sal 100

SEMANA 12
Día 1 _____

[Jesús le dijo a diez leprosos,]
"Vayan a presentarse a los sacerdotes."
Mientras iban, quedaron sanos . . .
[Uno de ellos volvió de inmediato]
Llegó alabando a Dios. LUCAS 17:14, 18

En su libro titulado *Who Needs God?*, Harold
Kushner nos cuenta sobre un hombre que se
había acostumbrado a escribir "gracias" en
la parte inferior izquierda de los cheques
que usaba para pagar sus cuentas. El escribía
ésto en el cheque para el mercado, la
compañía de teléfonos, la compañía de gas,
la compañía de energía eléctrica—hasta en
los cheques con que pagaba sus impuestos. El
no lo hacía para impresionar a las compañías.
El sabía que no era así. El lo hacía
simplemente a modo personal, para recordarse
a si mismo a ser agradecido por vivir en un
país libre y por todos los servicios que
esta libertad traía consigo.

¿Qué sistema tengo yo para agradecer por todas
las benciones que Dios y otros me conceden
todos a diario? ¿Qué sistema puedo crear para
esto?

Una gratitud no expresada
es como guiñar el ojo a alguien en la
oscuridad. Usted sabe lo que siente por
la otra persona, pero ella no. ANÓNIMO

Con el corazón agradecido,
canten a Dios.

COLOSENSES 3:16

El corredor de maratón Bill Rodgers fue un
objetor de conciencia durante la guerra de
Viet Nam. Como una alternativa para el
servicio, él fue destacado a trabajar con
hombres que sufrían algún retraso mental.
Uno de esos hombres era llamado Joe. El
tenía la habilidad de enfocarse en lo bueno
de la vida y en ser agradecido. Bill dice,
"Siempre que yo veía a Joe, él parecía estar
recibiéndome con una sonrisa de oreja a oreja.
Cuando lo veía en las sesiones de terapia,
Joe siempre estaba participando de corazón,
ansioso de aprender y de crecer . . . Cualquier
acto de bondad . . . lo hacía llenarse de
gratitud. Joe siempre encontraba razones
para estar agradecido, inclusive en las
situaciones más difíciles."

¿Cuánto más me enfoco en las cosas buenas
que en las cosas malas de la vida? ¿Qué puedo
hacer para mejorar en este sentido?

Algunos se quejan
que Dios puso espinas en las rosas;
otros dan gracias
porque Dios puso rosas entre las espinas.

ANÓNIMO

SEMANA 12
Día 3 _____

En toda ocasión, den gracias a Dios.
1 TESALONICENSES 5:18

A Corrie ten Boom y su hermana Betsie las pusieron
atrás de unos alambres de púas durante la Segunda
Guerra Mundial por haber ayudado a unos judíos
holandeses. Un día se las llevaron a un refugio
completamente infestado de pulgas. Corrie se
deprimió mucho, pero Betsie recordó un pasaje de
San Pablo: "En toda ocasión, den gracias a Dios."
Así que se arrodillaron y agradecieron a Dios,
por su nuevo refugio, por las pulgas y por todo.
En las semanas siguientes, ellas gozaron de una
tremenda falta de supervisión de parte de los
guardias. Ellas podían hablar libremente—y hasta
podían leer y discutir la Biblia con los otros
prisioneros. Un día Corrie supo por qué. Alguien
llamó a los guardias para que pusieran fin a
una disputa, pero ellos se negaron a entrar,
diciendo, "No, ustedes háganlo. Nosotros no
vamos a entrar allí donde hay tantas pulgas."
Entonces Corrie entendió por qué los prisioneros
gozaban de tanta libertad. Y se puso a pensar
de aquel día en que ella y su hermana Betsie
dieron gracias a Dios por su refugio, las
pulgas y todo lo demás.

¿Puedo acordarme de algún momento en el que
lo que parecía ser una cruz para mí se
convirtió en una gran bendición?

La gratitud es señal de almas nobles.   AESOP

Celebraré con cantos el nombre del Señor,
y lo alabaré en acción de gracias.   SALMO 69:31

Cuando uno menciona a *Bugs Bunny,* la gente
sonríe. Cuando se menciona a Charlie Jones,
la gente frunce el ceño. Pero Bugs Bunny le
debe su popularidad de Charlie Jones. En la
década de 1930, Jones era un artista que
estaba tratando de abrirse paso en el estudio
de la *Warner Brothers.* El tomó a su cargo el
proyecto de Bugs Bunny y lo convirtió en la
tira cómica más querida de Hollywood. Casi
al mismo tiempo, Walt Disney creó los famosos
"Tres Chanchitos." Jones le escribió a Disney
una carta, felicitándolo. Disney estuvo tan
agradecido, que le escribió una nota para
darle las gracias. Años más tarde, Disney se
encontraba moribundo en el hospital y Charlie
lo visitó. Durante la visita, Disney recordó
la carta que Jones le había escrito treinta
años atrás. Le agradeció muchísimo y le dijo,
"Yo he atesorado tu carta, pues fuiste
el único productor de dibujos animados que
me escribiera en toda mi vida."

¿Cuándo fué la última vez que felicité o
agradecí a algún colega o compañero de trabajo?

Dios tiene dos moradas.
Una es en el cielo;
la otra en los corazones buenos y agradecidos.
                                    IZAAK WALTON

SEMANA 12
Día 5 _____

Que sus fieles canten
al Señor y den gracias
a su santo Nombre.
SALMO 30:4

Una profesora preguntó a sus estudiantes,
"¿Cuál es más importante—el sol o la luna?"
"¡La luna!" dijo la pequeña María, "¿Por qué
dices eso?" preguntó la profesora. "Bueno,"
dijo Maria, "la luna nos da luz en la noche,
cuando realmente lo necesitamos, ¡mientras
que el sol nos alumbra de día, cuando no
lo necesitamos!" Luego de pensar en la
respuesta de María, nos damos cuenta que
la actitud de ella hacia el sol, es como
nuestra actitud hacia Dios. María toma la
luz del día como un hecho, olvidándose que
ésta viene del sol. En igual forma,
nosotros tomamos el don de la vida como
un hecho, olvidándonos que viene de Dios.

¿Cuál es una de las cosas que Dios me ha
dado—o que Dios no me ha dado—
que yo haya tomado como un hecho
y me halla olvidado de agradecerle?

Cuando nos duela cada hueso de nuestro cuerpo,
debemos, por lo menos, darle gracias a Dios
que no nos hizo arenque.

QUIN RYAN (adaptado)

*Dando gracias a Dios Padre, en nombre
de Cristo Jesús, nuestro Señor,
siempre y por todas las cosas.*   EFESIOS 5:20

Henry Ward Beecher nos dice: "Imagínese que
alguien le diese un plato lleno de arena,
en la cual está mezclada una fina viruta
de fierro. Luego, imagínese que usted
tuviese que buscar la viruta con la vista
y palparla con los dedos. Pero no la puede
encontrar. Ahora, imagínese que tuviese
un imán y lo pasase por encima de la arena.
Seguro que saldría llenecito de la viruta
de fierro. Beecher termina diciendo: "Las
personas ingratas son como los dedos que
peinan la arena. Ellas encuentran muy poco en la
vida por qué estar agradecidas. Sin embargo, la
gente agradecida es como el imán que peina la
arena. Ellas encuentran cientos de cosas."

Si Dios me pidiera que escogiera las tres
cosas de mi vida por las que estoy muy
agradecido, ¿cuáles serían? ¿Por qué estas tres?

*Por todas las flores
que brotan a nuestro alrededor
Por el cesped fresco, tierno, y dulce,
Por el canto de las aves y el zumbido de la abeja;
Por todas esas cosas que oímos y vemos,
Padre del Cielo, gracias te damos.*

RALPH WALDO EMERSON

SEMANA 12
Día 7 _____

Te doy gracias, Señor, con toda mi alma . . .
Señor, tu amor perdura para siempre . . .
No abandones la obra de tus manos.
SALMO 138:1, 8

Esta reflexión es la última de la "Primera
Semana" de Los Ejercicios Espirituales de San
Ignacio. Durante esta Primera Semana, usted ha
tenido tiempo para ver cuán bien está viviendo
su vida, de acuerdo al propósito para el cual
lo creó Dios. San Ignacio presenta sus
"ejercicios espirituales" de tal manera que
usted puede detenerse aquí o continuar con la
"Segunda Semana." La Segunda Semana se concentra
en la forma como vivió Jesús, de acuerdo al
propósito para el cual El fue enviado a la
tierra. Como dicen las palabras de la obra
de Broadway *Godspell*, la Segunda Semana
lo invita a conocer a Jesús más *claramente*,
a amarlo más *profundamente* y a seguirlo más
cercanamente.

¿Siento que Dios me está pidiendo que me
detenga, que prosiga con la Segunda Semana,
o que tome unas semanas de descanso y luego
decida qué es lo que Dios quiere de mí?

El hacer lo mejor en este momento
lo coloca a usted en el mejor lugar
para el próximo momento.
OPRAH WINFREY

1   ¿Qué sistema tengo yo para no dar por hechas todas las benciones que Dios y otros me conceden a diario? ¿Que sistema puedo concebir para ésto?

2   ¿Cuán bien estoy manteniendo mi enfoque en las cosas buenas de la vida en vez de las malas? ¿Qué sistema puedo idear para mejorar en esto?

3   ¿Puedo acordarme de algún momento en el cual una cruz en mi vida se convirtió en bendición disfrazada?

4   ¿Cuándo fué la última vez que felicité o le di un cumplido a algún colega o compañero de trabajo?

5   ¿Cuál es una de las cosas que Dios me ha dado— o la que Dios no me ha dado—que yo haya tomado como un hecho y que yo no haya agradecido?

6   ¿Cuáles son las tres cosas de mi vida por las cuales siento mucho agradecimiento? ¿Por qué estas tres?

7   ¿Siento que Dios me está pidiendo que me detenga, que prosiga con la Segunda Semana, o que tome unas semanas de descanso y luego decida qué es lo que Dios quiere de mí?

II
LA DECISION

La "Segunda Semana" de
Los Ejercicios Espirituales de San Ignacio
se enfoca en este gran misterio:
La segunda persona de la Trinidad,
en la persona de Jesús,
se hizo carne y habitó entre nosotros.

Este increíble misterio nos inspira a
rezar con San Ricardo de Chichester
aquellas palabras que inspiraron la
canción de la obra musical *Godspell*.

Señor, yo sólo te pido tres cosas:
Verte más claramente,
Amarte más profundamente,
Seguirte más cercanamente.
Día a día.

13 ¿Por qué Jesús vivió entre nosotros?
(Encarnación)

Mark Twain escribió una historia llamada
The Terrible Catastrophe. Se trata de un grupo de
personas quienes están atrapadas en una situación
terrible. Todas están predestinadas a morir. No
hay escapatoria.

Mark Twain no quería que esta historia tuviese un
fin infeliz, pero tampoco sabía como iba a salvar
a estas personas. Asi que concluyo la historia
con estas palabras: "Yo he metido a estos
personajes en tal lío que ni siquiera yo los voy
a poder sacar de este embrollo. Cualquier persona
que crea poder hacerlo, por favor, hágalo.

Hace dos mil años, la raza humana estaba atrapada—
como los personajes de Mark Twain. El pecado se
había adueñado del mundo y se encontraba por
doquier. Dios vió esta situación y no quería que
terminara trágicamente. Dios nos amaba mucho para
permitir esto. Por eso la segunda persona de la
Trinidad, vino a salvarnos.

Este es el misterio en el cual usted meditará
esta semana. La gracia que pedirá será:

Señor, yo sólo te pido tres cosas:
Verte más claramente,
Amarte más profundamente,
Seguirte más cercanamente.

Pautas para la Semana

El primer paso en el plan de Dios era escoger a la persona quien iba a ser la madre de Jesús. Dios escogió a la Virgen María.

En honor a María, usted podría terminar cada reflexión esta semana con "Dios Te Salve Reina." Los marineros que vinieron con Cristobal Colón, cada noche en cubierta, cantaban cuando caía el sol:

Dios te salve, Reina y Madre de misericordia,
vida y dulzura y esperanza nuestra,
Dios te Salve.
A ti llamamos los desterrados hijos de Eva.
A ti suspiramos gimiento y llorando,
en este valle de lágrimas.
Ea, pues Señora, abogada nuestra,
vuelve a nosotros esos tus ojos misericordiosos,
y después de este destierro,
muéstranos a tu hijo, Jesús.

Lectura Diaria

1	Dios escoje a María	Lc 1:26–38
2	Jesús en el vientre de María	Lc 1:39–45
3	Jesús nace entre nosotros	Jn 1:1–14
4	Jesús es nuestro pastor	Jn 10:1–10
5	Jesús es el hijo de Dios	Heb 1:1–3
6	Jesús es nuestra luz	Mt 4:12–16
7	Jesús dejó su ejemplo	1 Pe 2:21–25

SEMANA 13
Día 1 _____

*[Dios envió un ángel a Nazaret
donde una joven llamada María] El ángel dijo . . .
"Vas a quedar embarazada y darás a luz a un
hijo, al que pondrás el nombre de Jesús."*
LUCAS 1:30–31

Un estudiante universitario escribió: "Hoy
vi crecer un lirio de agua (nenúfar) en un
estanque. Era del color amarillo más puro que
he visto en mi vida. Al lirio—un tesoro
precioso—no le importaba si alguien se
percataba o no de su increíble belleza.
Mientras que yo contemplaba como la flor iba
abriendo sus pétalos silenciosamente, pensé
cuando María llevaba a Jesús en su seno.
Ella, también, era un tesoro precioso. A ella
tampoco le importaba si alguien se percataba
o no de su increíble belleza. Pero ella
compartió su secreto con aquellos que sí se
dieron cuenta. Su belleza no venía de ella,
sino de la vida de Jesús, que iba abriendo
sus pétalos silenciosamente, dentro de ella."

Si yo fuese Dios, ¿qué es lo que buscaría en
quien va a ser la madre de mi Hijo?

*¡Miremos y recibamos todas las maravillas!
¡La eternidad en un momento!
¡Verano en invierno, el día en la noche!
¡El cielo en la tierra, y Dios hecho hombre!*
RICHARD CRASHAW

*[El Emperados Agusto ordenó que toda la
gente regresara a su pueblo de origen para
inscribirse pues se les iba a censar. José
llevó a María a Belén en donde] ella dió a
luz su primogénito, lo envolvió en pañales
y lo acostó en una pesebrera, porque no había
lugar para ellos en la sala común.* LUCAS 2:7

El autor Morton Kelsey escribe: "A mi me alegra
mucho el hecho que el niño divino haya nacido
en un pesebre, ya que mi alma se parece mucho a
un pesebre, llena de raros anhelos insatisfechos,
con sentimientos de culpa e impulsos
animalísticos . . .
Si el más Santo puede haber nacido en un lugar
así, entonces el más Santo
puede nacer dentro de mi.
Yo no quedo excluído.

¿Tengo yo alguna razón especial
para estar "contento de que el niño divino
haya nacido en un pesebre"?
¿Por qué razón Dios escogería un lugar así
para nacer?

*La Navidad es un tiempo
en el que uno se vuelve medio loco.
Después de todo, Dios lo hizo.
Dios se convirtió en hombre.
Eso es un estar medio loco.*
JIM AUER

137

SEMANA 13
Día 3 _____

Lo que existía desde el principio,
lo que hemos oído, lo que hemos visto . . .
lo que nuestras manos han palpado
acerca del Verbo que es la Vida.

1 JUAN 1:1

En su poema *"A Kind of Prayer"* (Un Tipo de Oración),
Ciryl Egan describe a una persona quien busca
algo desesperadamente. La persona tiene
muchos altibajos. Un día un amigo le pregunta,
"Dime, ¿qué es lo que buscas?" La persona le
responde, "Estoy buscando a Dios."
E inmediatamente agrega: "No me digas que lo
voy a encontrar en mi corazón (Aunque en cierta
forma eso es verdad); Y no me digas que lo voy a
encontrar en mi prójimo (aunque en cierta forma,
eso también es verdad);
lo que busco es un Dios
que penetre en los cinco sentidos de la humanidad."
El Dios que él busca llegó hace 2,000 años al
pueblo de Belén.

¿Cuáles son las razones por la que estoy
contento que Dios haya "penetrado en los
cinco sentidos de la historia humana?

Lo que necesitamos son personas que
conozcan a Dios más que de oídas.

THOMAS CARLYLE (adaptado)

*Siendo de condición divina . . . se despojó . . .
tomando la condición de servidor, y
llegó a ser semejante a los hombres.*
FILIPENSES 2:7

Una mujer estaba sentada cerca a una chimenea,
pensando acerca de la Navidad. Todo eso le parecía
absurdo. ¿Por qué razón Dios se haría carne y
habitaría entre nosotros? En eso, escuchó que
afuera había mucho ruido. Cuando fue a ver lo
que pasaba, se dió cuenta que había como una
docena de gansos que caminaban inciertos en la
nieve—estaban confundidos y con mucho frío.
Entonces, ella salió para tratar de encaminarlos
hacia un garaje calientito, pero cuanto más
trataba de hacerlo, más se desbandaban.
Finalmente, se dió por vencida. En eso, se le
vino un pensamiento muy estraño: "Si yo pudiese
convertirme en ganso y hablarles en su idioma,
les podría explicar lo que yo estaba tratando de
hacer para hacerlos más felices." ¡Entonces, alli
se dió cuenta de lo què era la Navidad! Fue que Dios
se hizo hombre para enseñarnos a ser más felices.

De todas las cosas que Jesús nos enseñó, ¿cuál
es la que yo cuestiono más? ¿Por qué?

*Una vela navideña es una cosa linda;
No hace nada de ruido y lentamente se da
a sí misma; Mientras que, en forma desprendida.
va haciéndose más chiquita.*   EVA K. LOGUE

SEMANA 13
Día 5 _____

[Jesús] es el resplandor
de la Gloria de Dios.
HEBREOS 1:3

En una de las tiras cómicas de *Peanuts*, se ve a
Linus diciéndole a Charlie Brown, "¡Eso es
ridículo!" Charlie le contesta, "Quizás, pero ven
a verlo con tus propios ojos." Se van a la sala,
en donde Snoopy está sentado frente al televisor.
Sus orejas están paradas como dos antenas. Charlie
dice, "¿Ves como la imagen de la televisión está
mucho más clara?" Linus, sin salir de su asombro,
le dice, "¡Tienes razón!" Una estudiante
universitaria, refiriéndose a esta tira cómica,
dice, "Si Jesús estuviese viviendo hoy día, podría
usarla como parábola para explicar su relación con
el Padre." El punto que quiere hacer es este: Así
como Snoopy les dió a Charlie y a Linus una imagen
mucho más clara en la pantalla del televisor, así
Jesús nos da una imagen más clara de Dios. El
Evangelio nos lo dice de esta forma: [Jesús] es el
resplandor de la Gloria de Dios y en él expresó
Dios lo que es en sí mismo" (HEBREOS 1:3).

¿En que manera especial me da Jesús una
imagen más clara de Dios?

El despierta deseos que nunca te vas a
olvidar; El te muestra estrellas
que nunca antes vieron tus ojos.
ALFRED LORD TENNYSON

"Yo soy la luz del mundo . . .
El que me sigue no caminará en tinieblas,
sino que tendrá luz y vida."

JUAN 8:12

El libro *Night Flight* (Vuelo Nocturno) nos habla
de los primeros días de la aviación. Describe las
aventuras de los aviadores que solían volar sin
radar ni radio. El libro en sí no sólamente nos
habla de las interesantísimas historias de esos
años iniciales de la aviación, sino que nos muestra
como en parábola, la situación que vivían las
personas antes de la llegada de Jesús. La vida era
un misterio. No se sabía de dónde veníamos ni a
dónde íbamos. Eramos como aviadores nocturnos,
perdidos en la oscuridad y en la neblina. Entonces
vino Jesús al mundo. Jesús no nos quitó la
oscuridad o la neblina. El hizo algo mucho más
increíble aún. El se metió en el avión con nosotros
y ya no estamos volando a ciegas en medio de la
oscuridad y la neblina. Tenemos a nuestro copiloto
con nosotros.

¿Con qué frecuencia y especialmente, sobre qué
cosas, consulto con mi copiloto a mi lado?

¡Sol de mi alma! Tu, mi querido Salvador,
Nada es oscuro, si tú estás cerca.

JOHN KEBLE

SEMANA 13
Día 7 _____

[Cristo] sufrió por ustedes, dejándoles
un ejemplo con el fin de que sigan sus huellas.

1 PEDRO 2:21

Un príncipe tenía la espalda torcida, lo cual le
impedía ser el tipo de príncipe que quería ser.
Un día el rey hizo que un escultor esculpiera una
estatua del príncipe con la espalda recta. Luego
la puso en el jardín. Cuando el príncipe la vió,
se puso a contemplarla y deseó ser como ella. La
gente pronto empezó a decir, "La espalda del
príncipe se está enderezando." Cuando el príncipe
escuchó estos comentarios, se pasó más horas
estudiando la estatua. Luego, un día se puso de
pie y vió que estaba tan recto como la estatua.
Esta historia es una parábola sobre usted y sobre
mi. Nosotros también hemos nacido para ser
príncipes y princesas, pero un defecto nos
impide alcanzar el propósito para el cual hemos
venido al mundo. Luego Dios envió a Jesús para
enseñarnos que podemos alcanzar el propósito
para el cual hemos sido creados.

¿Qué significado tienen el rey, el príncipe,
la espalda torcida del príncipe, la estatua,
y el estudiar la estatua en esta parábola?

Un Carpintero nos hizo y sólo un
Carpintero nos puede rehacer.

DESIDERIUS ERASMUS

1   Si yo fuese Dios, ¿qué buscaría en quien
     va a ser la madre de mi Hijo? ¿Por qué?

2   ¿Cuáles serían las razones por las que Jesús
     escogió el lugar donde nació?

3   ¿Cuáles son las razones por las que estoy
     contento que Dios haya "penetrado en los
     cinco sentidos de la historia humana?

4   De todas las cosas que Jesús nos enseñó
     para hacernos feliz, ¿cual de ellas encuentro
     más difícil de aceptar?

5   ¿En qué manera especial me da Jesús una
     imagen más clara de Dios?

6   De los cuatro pasos del proceso de la
     oración (leer, pensar, hablar, escuchar),
     ¿cuál es el que encuentro más satisfactorio
     cuando me comunico con Jesús? ¿Por qué?

7   ¿Qué fue lo que más me impresionó acerca
     del príncipe que tenía la espalda torcida?
     ¿Qué mensaje encuentro para mí?

14 ¿En qué forma se diferencia Jesús de otros líderes?

(Llamado del Rey)

La novela *The Apostle* (El Apóstol) se desarrolla en Roma, durante los primeros años del Cristianismo. Esta describe a un gran número de cristianos, quienes están presos en un calabozo oscuro. Allí se van a quedar indefinidamente, hasta que los saquen por una claraboya y los lleven para ser ejecutados por haber declarado su fe. Todos están muy tristes.

Un día, se abre la claraboya y un rayo de luz entra en el calabozo cuando otro cristiano es bajado para esperar la muerte. Para sorpresa de todos, él está cantando muy alto. "¿Quién es este hombre?" se preguntan todos. Luego se van pasando la voz para contar que "es el apóstol Pablo."

La presencia jovial de Pablo es tan contagiosa que muy pronto todos empiezan a cantar. En unos segundos, el calabozo se convierte de un lugar triste a uno de alegría. Este es el cambio que la presencia de Jesús tuvo en nuestro mundo.

Las reflexiones de esta semana se enfocan en la presencia y liderazgo de Jesús en nuestro mundo. Específicamente, se concentran en la invitación que nos hizo Jesús para que nos unamos a él en la construcción del Reino de Dios en nuestro mundo. La gracia que usted va a pedir es:

Señor, da a mis oídos la sensibilidad
de escuchar la voz de Jesús,
y da a mi corazón la generosidad
para hacer todo lo que me pide Jesús.

Pautas para la Semana

Los directores espirituales nos sugieren que una de las mejores maneras para ponernos en presencia de Dios, es concentrándonos en nuestra respiración. El respirar nos hace fijarnos en la presencia de Dios dentro de nosotros. Por ejemplo, el Evangelio nos habla de un Dios que sopla en nuestras narices el aliento de vida (GÉNESIS 2:7).

Por lo tanto, diariamente esta semana, antes de empezar su reflexión, cierre los ojos y concéntrese en su respiración por un período de quince exhalaciones. Al final de la semana, decida si es que esto le ayudó a ponerse en la presencia del Señor. Si es que lo ayudó, entonces quizás usted quiera seguir haciéndolo.

Lecturas Diarias

1	La actitud de Jesús	Fil 2:5–11
2	El estilo de Jesús	Mc 10:35–45
3	El magnetismo de Jesús	Jn 7:32–46
4	La revelación de Jesús	Jn 14:1–14
5	La exhortación de Jesús	Jn 15:1–10
6	El impacto de Jesús	Jn 12:12–19
7	La invitación de Jesús	Lc 9:23–27

SEMANA 14
Día 1 _____

[Jesús,] Se humilló y se hizo
obediente hasta la muerte.
FILIPENSES 2:8

"Aquí hay un joven que nació de una mujer
campesina . . . El trabajó en el taller de un
carpintero hasta que cumplió los treinta años . . .
Nunca fue propietario de una casa. Nunca tuvo
familia. Nunca fue a la universidad . . . No tenía
otra credencial más que su persona. Mientras que
aún era joven, la ola de opiniones de la gente se
volvió en contra de él. Sus amigos lo dejaron . . .
El fue clavado en la cruz, rodeado de dos
ladrones . . . Cuando murió, lo pusieron en una tumba
prestada. . . .
Han pasado diecinueve siglos y hoy, él es el líder
del pilar del progreso. Y estoy en lo cierto
cuando digo que todos los ejércitos que han
marchado y todos los reyes que han reinado, todos
ellos juntos, no han afectado la vida del hombre
en esta tierra como lo ha hecho esta Sola Vida."
AUTOR DESCONOCIDO

¿Cómo puedo explicar el impacto de Jesús en
la historia?

La gente quiere saber cuánto te importa todo
antes de importarle cuánto es lo que sabes.
JAMES E. HIND

*[Jesús dijo,] "El Hijo del Hombre no vino
para que lo sirvieran, sino para servir."*
MARCOS 10:45

The Watermelon Hunter (El Cazador de Sandías),
es una parábola islámica sobre un viajero que
cayó en "La Tierra de los Tontos." En las
afueras de un cacerío, él vió que el pueblo
corría despavorido, gritando como locos,
"¡Hay un monstruo en nuestras tierras!" El
viajero se fue acercando y vió que el monstruo
era solamente una sandía, algo que los tontos no
habían visto antes. Para demostrarles cuán
valiente era, el viajero cortó la sandía y se la
comió. Cuando la gente del cacerío vió esto, se
alocaron más y gritaban enloquecidos, "El es peor
que el monstruo!" Meses adelante, otro viajero
cayó por esos lares y fue a parar a "La Tierra de
los Tontos," y se repitió la misma escena. Esta
vez, el viajero no se hizo el héroe, sino que se
quedo a vivir entre los tontos y les enseñó todo
lo que sabía acerca de las sandías. Con el
tiempo, ellos las estaban cultivando y comiendo.

¿En qué forma muestra esta historia la
diferencia entre Jesús y muchos otros líderes?

*[Jesús dijo,] "Aprendan de mí,
que soy paciente de corazón y humilde."*
MATEO 11:29

SEMANA 14
Día 3 _____

[Hasta los opositores de Jesús decían],
"Nunca un hombre ha hablado como éste."
JUAN 7:46

Al señor H. G. Wells le pidieron que escogiera
al líder más grande de la historia. Aunque él
no era cristiano, Wells escogió a Jesús. El dice
que mucha gente piensa que Jesús es divino, pero
como historiador, él no puede darle importancia
a eso. Este tiene que guiarse por hechos
indiscutibles. Wells escogió a Jesús por las dos
grandes ideas que él puso delante de nosotros:
la Paternidad de Dios (todos tenemos un origen
común) y el Reino de Dios (todos tenemos un
destino común). Wells dijo que estas ideas
ocasionaron "uno de los cambios más
revolucionarios del . . . pensamiento humano. . . .
Las preguntas que se hace el historiador para
determinar la grandeza de un individuo es
'Cuál ha sido su legado? Dió este a la humanidad
ideas frescas que tienen un vigor persistente
aún después de él?' Respondiendo a esta prueba,
Jesús queda como el número uno."

¿Qué desafío me presenta Jesús?

¡Se discípulo!
Cuida a otros más de lo necesario.
Confía en otros más de lo debido.
Sirve a otros más de lo conveniente.
Espera más de lo que otros piensan es posible.
ANÓNIMO

"Yo soy el Camino, la Verdad y la Vida."
JUAN 14:6

Napoleón y el General Bertrand estaban discutiendo
acerca de Jesús. Bertrand decía que Jesús era
sólamente un gran líder humano. Napoleón, que no
estaba de acuerdo, decía: "Yo conozco a los hombres
y yo te puedo decir que Jesús no es hombre . . . Yo he
inspirado a miles de personas quienes darían hasta
sus vidas por mí . . . Una palabra mía y el ardor en
sus corazones se enciende. Yo, en verdad, poseo el
secreto de este mágico poder que levanta el
espíritu, pero yo no se lo puedo impartir a nadie.
Ninguno de mis generales ha aprendido eso de mí;
ni tampoco tengo los medios para hacer que el amor
de sus corazones hacia mi sea eterno." El punto
que trataba de hacernos ver Napoleón era uno bueno.
Otros líderes nos entusiasman, pero no pueden
penetrar a sus adentros, sacar parte de ellos
mismos y meterse dentro de nosotros. Jesús si lo
hizo. Y es en esto, en lo que Jesús se diferencia
del resto de los líderes humanos.

¿Qué parte del espíritu de Jesús debo buscar?

Es el Cristo en ti quien vive tu vida,
quien ayuda al pobre, quien dice la verdad,
quien lucha las batallas, y
quien gana la corona.

PHILLIPS BROOKS

SEMANA 14
Día 5 _____

[Jesús dijo,]
"Yo soy la vid y ustedes las ramas.
Si alguien permanece en mí, y yo en él,
produce mucho fruto."

JUAN 15:5

Jesús es diferente a los otros líderes humanos del
mundo en una forma muy singular. Otros líderes nos
impactan sólo sicológicamente. Esto es, ellos nos
pueden inspirar. Pero Jesús no sólo nos impacta
sicológicamente, sino también místicamente. ¿Qué es
lo que esto significa? Significa que otros líderes
solo avivan nuestras emociones y encienden nuestra
imaginación. Ellos no nos pueden transfundir su
espíritu, fuerza y poder personal. Y esto es
precisamente lo que Jesús sí puede hacer. Jesús
puede poner su espíritu dentro de nosotros. El
puede compartir su poder con nosotros. El puede
penetrar nuestras mentes y nuestros corazones y
nos puede ayudar a convertirnos en lo que nunca
podríamos alcanzar por nosotros mismos.

¿Cómo puedo ser más abierto con el espíritu y
el poder transformador de Jesús?

"Mira que estoy en la puerta y llamo;
si alguien escucha mi voz y me abre,
entraré a su casa a comer, Yo con él
y él conmigo."

APOCALIPSIS 3:20

"Adonde tu vayas, iré yo;
y donde tu vivas, viviré yo."   RUT 1:16

Imagínese lo siguiente: Un líder dinámico
aparece en nuestro mundo. El carisma de este
líder cruza fronteras nacionales y sociales.
Todos confían en esta persona y reconocen que
"la mano de Dios" descansa sobre esta persona.
Ahora, imagínese a este líder dando un
discurso. Lleno de compasión y comprensión, el
líder explica detalladamente sobre los programas
para detener la corrupción, reducir el crimen y
el tráfico de drogas y, revitalizar las áreas
pobres en los ghettos, reformar el sistema de
prisiones, y erradicar la pobreza. Hasta los
políticos más objetivos están impresionados
con este líder y la forma en que comprende los
problemas y lidia con ellos. El líder termina
su presentación preguntando si hay voluntarios
entre los presentes para que se ofrezcan a
trabajar en cada nivel y cada área de los
programas propuestos.

¿Qué es lo que me impide ofrecerme como
voluntario? ¿Qué es lo que me impulsaría a
ofrecerme como voluntario?

Usted ve las cosas como son;
y se pregunta, ¿por qué?
Pero yo sueño con cosas que nunca fueron;
y me pregunto, ¿por qué no?   GEORGE BERNARD SHAW

SEMANA 14
Día 7 _____

"Si alguno quiere seguirme,
que se niegue a si mismo . . .
y que me siga."
                    LUCAS 9:23

Alan Paton sostiene una conversación muy
inspiradora en *Oh, But Your Land is Beautiful*
(Ay, Pero su Tierra es Preciosa). Están
conversando una persona de raza blanca y otra
de raza negra. Las dos han arriesgado su vida
para alcanzar la justicia social en África del
Sur. Cuando uno de ellas siente que van a
terminar con muchas cicatrices en el cuerpo, la
otra le dice: "Bueno, yo lo veo de esta manera.
Cuando yo llegue a mi final, el gran Juez me
preguntará: "¿Dónde están tus cicatrices?" Y si
no tengo ninguna, me dirá: "¿Acaso no hubo
alguna causa merecedora de tus cicatrices?"

¿Cuál es la cicatriz que yo haya conseguido
por alguna causa noble y que el gran Juez
verá "cuando yo llegue a mi final"?

Es mucho mejor
arriesgarse a hacer cosas extraordinarias
y alcanzar triunfos gloriosos,
aunque sean salpicados de derrotas,
que estar a la par de esos pobres de espíritu,
quienes ni gozan mucho, ni sufren mucho
porque viven en un ocaso gris
que no ve victoria, ni derrota.   THEODORE ROOSEVELT

1 Aparte del hecho de creer que Jesús es el Hijo de Dios, ¿cómo puedo explicar el impacto positivo que Jesús ha tenido en la historia?

2 ¿En qué forma *The Watermelon Hunter* (El Cazador de Sandías) nos muestra la diferencia entre Jesús y muchos otros líderes?

3 ¿Qué es lo que tiene Jesús que me motiva a "cuidar a otros más de lo necesario" o a "esperar más de lo que otros piensan es posible."

4 ¿Qué pedazo de su espíritu quisiera yo que Jesús pusiera dentro de mi? ¿Por qué precisamente ese?

5 ¿Qué es lo que debería hacer para ser más abierto al espíritu y al poder transformador de Jesús?

6 ¿Cuán libre estoy para ofrecerme de voluntario para cualquier función que el "líder dinámico" quisiera que yo cumpliera en los programas propuestos?

7 ¿Cuál cicatriz, que haya adquirido por alguna causa noble, verá Jesús en mi cuando esté frente a él en mi hora final? ¿Por qué no tengo más cicatrices?

15 ¿Por qué Jesús siguió ese estilo de vida?
(Dos Estándares)

En un viaje a la Tierra Santa, James Martin compró un pequeño nacimiento. Cuando llegó al aeropuerto de Tel Aviv, de regreso a casa, la seguridad era estricta. Los funcionarios pasaron cada figurita por Rayos X—inclusive al Niño Jesús. A modo de explicación, le dijeron que tenían que estar seguros que no hubiesen explosivos en ninguna de las pequeñas estatuas.

Luego Martin pensó, "Si esos funcionarios se imaginaran el poder explosivo que encierran esas figuras! Martin se estaba refiriendo al "mensaje"—que el Hijo de Dios escogió tomar la naturaleza humana, nacer en un establo, y vivir entre nosotros—

- una *persona pobre* ("Las aves del cielo tienen sus nidos, pero el Hijo del Hombre no tiene donde descansar la cabeza" [Lucas 9:58]),
- una *persona deshonrada* ("El Hijo del Hombre . . . tiene que . . . ser rechazado" [LUCAS 17:24–25]),
- una *persona humilde* ("Aprendan de mí . . . soy paciente de corazón y humilde" [MATEO 11:29]).

El sorprendente *estilo de vida* que escogió Jesús difiere totalmente del estilo con el cual nos trata de tentar el demonio. Por ejemplo, en una ocasión el demonio hizo esta propuesta: "Te daré poder sobre estos pueblos y te entregaré sus riquezas" (LUCAS 4:6).

La reflexión de esta semana se enfoca en el
estilo de vida de Jesús—y la razón por la
cual él lo escogió—en contraste con el estilo
de vida que el diablo propone a las personas.
La gracia que usted pedirá es:

*Señor, ayúdame a entender por qué el diablo
propone un estilo de vida de apego,
y ayúdame a apreciar por qué Jesús
escogió un estilo de vida de desapego.*

Pautas para la Semana

Detrás del estilo de vida que el diablo propone
hay una *estrategia de apego* (a las riquezas,
honores, y orgullo vano). El objetivo de Satanás
es de *esclavizar a las personas* al hacerlas
apegadas a las cosas mundanas en vez de cosas
celestiales. El estilo de vida de Jesús es todo lo
contrario. Detrás de este estilo hay una *estrategia
de desapego* (a las riquezas, honores, y orgullo vano).
El objetivo de Jesús es el de *liberar a las personas*
de un apego a las cosas mundanas a fin de que
puedan concentrarse en las cosas celestiales.

Lectura Diaria

1	Riquezas en el cielo	Mt 6:19–21
2	Eras un obstáculo	Mt 16:21–27
3	Serían seguidores	Lc 8:57–62
4	Corazón y tesoros	Lc 12:22–34
5	¿De quién soy amigo?	Jas 4:4–10
6	Ven, mi amigo	Lc 14:7–14
7	Has tu selección	Lc 16:13–15

SEMANA 15
Día 1 _____

[Jesús oró por sus discípulos
al Padre]
"No te pido que los saques del mundo,
pero sí que los defiendas del Maligno." JUAN 17:15

En el famoso incendio de Chicago del 8 de
octubre de 1871, fallecieron más de 300 personas.
Esa misma noche, el pueblo maderero de Peshtigo,
Wisconsin, se quemó por completo y en ese incendio
fallecieron más de 1,300 personas. La noticia
sobre este último incendio no llegó a los
periódicos inmediatamente, pues las líneas
telegráficas quedaron calcinadas también. El
columnista L.M. Boyd dice: "Cuando la noticia de
Peshtigo llegó a nuestros oídos, los periódicos
estaban tan absortos con lo del incendio en
Chicago, que no había espacio para este holocausto,
el cual se había llevado cuatro veces más vidas."
La historia de estos dos incendios nos muestra
que, a veces, el criterio de nuestros semejantes
no siempre es objetivo o justo.

¿Hasta qué punto me preocupa más el criterio de
mis semejantes que el de Dios?

En el Día del Juicio Final
todos recibiremos nuestra recompensa.
Pudiese ser que aquellas personas que fueron
aclamadas por el mundo, se quedasen atrás; mientras
que las que no recibieron honores, resultasen
siendo las primeras.

[Jesús les dijo que iba a,]
"ser condenado a muerte . . .
[Pedro le contentó,] "¡Dios le libre,
Señor!" . . . Pero Jesús se volvió y le
dijo . . . "Tu me harías tropezar. No
piensas como Dios, sino como los hombres."
MATEO 16:21–23

En la última página de su libro *The Magic Maker*
(El Fabricante de Magia), el poeta E.E. Cummings
cita un párrafo de una carta que le escribió a
un editor en un colegio de secundaria. Este
editor le había pedido que describiera las
dificultades que podría encontrar la persona
que estuviese interesada en proseguir una
carrera en poesía. Cummings describió la
dificultad más grande: "El ser uno mismo, nadie
más, en un mundo que batalla, día y noche, en
hacerte otro—significa que tienes que luchar
la batalla más dura que ningún ser humano pueda
luchar, y batallarla hasta el final."

Cómo estoy luchando esta batalla que Cummings
describe en su carta—esto es, a la persona que
Dios creó y no a la que el mundo quiere que sea?

Nos negamos tres cuartas partes de nosotros
mismos por ser como otras personas.
ARTHUR SCHOPENHAUER

SEMANA 15
Día 3 _____

Cuando igan de camino, alguien le dijo:
"Te seguiré adondequiera que vayas."
Jesús le respondió: "Los zorros tienen
sus madrigueras y las aves del cielo tienen
sus nidos, pero el Hijo del Hombre no tiene
donde descansar la cabeza." LUCAS 9:57-58

Rudyard Kipling ganó el Premio Nobel de
literatura. Su histo; ia corta *The Man Who Would
be King* (El Hombre Que Sería Rey), es una de
las mejores historias que se hayan escrito. Muchos
todavía memorizan su poema *If* (Si). Y uno de
sus libros hecho película, *Jungle Book* (El Libro
de la Selva), lo muestran seguido en la televisión.
Uno de sus discursos más extraordinarios fue
durante la ceremonia de graduación de la
Universidad de McGill, en Montreal. Allí les dijo
a los alumnos acerca de la preocupación de
alcanzar altos honores y riqueza, "Algún día
ustedes conoceran a una persona a quien no le
importa nada de estas cosas. Entonces ustedes
comprenderán cuan pobre son realmente."

Qué evidencias concretas tengo de estar más
preocupado por honores y riqueza de lo que
podría estar preocupado Jesús hoy?

Es bueno tener dinero y las cosas que ello puede
comprar, pero también es bueno comprobar de vez
en cuando que usted no ha perdido
aquello que el dinero no puede comprar.
                          GEORGE HORACE LORIMER

*[Jesús dijo,] "Donde está tu tesoro,
ahí también estará tu corazón."*
LUCAS 12:34

El ex-jugador de futbol O.J. Simpson escribió
una vez: "A veces me siento en mi casa en
Buffalo y se siente tan solo que es increíble.
La vida me ha tratado bien, tengo una esposa
maravillosa, unos hijos buenos, dinero, y tengo
salud—pero me siento solo y aburrido. . . . Muchas
veces me pregunto, por qué tanto gente rica
se suicida. El dinero no compra todo." De igual
manera, luego que un incendio destruyera la
casa de Kareem Abdul-Jabbar, jugador de los
Lakers de Los Angeles, éste dijo: "Toda mi
perspectiva cambió después del incendio. Ahora
creo que es más importante pasar más tiempo
con mi hijo Amir y apreciar otras cosas aparte
del basketball. Hay muchísimas otras cosas que
son más importantes."

Cuál es mi "filosofía" en lo que se refiere a
honores y bienes mundanos? Por qué?

*Las riquezas son las cosas menos valiosas
que Dios le puede dar a una persona.
Qué son éstas . . . comparadas a
aptitud, sabiduría y comprensión?
Sin embargo, luchamos por ellas día y noche.*
MARTIN LUTHER

SEMANA 15
Día 5 _____

"Dios resiste a los orgullosos y
concede sus favores a los humildes . . ."
Humíllence delante del Señor
y él los levantará"

SANTIAGO 4:6, 10

Charles Colson era un ayudante del Presidente
Nixon quien fue a prisión por el escándalo de
Watergate. De ese tiempo acá, Colson tuvo
una conversión religiosa y está trabajando a
tiempo completo como predicador del Evangelio,
especialmente en las prisiones y en las
ciudades universitarias. A Colson lo
impresionó tremendamente este pasaje del libro
de C.S. Lewis titulado *Mere Christianity* (Mera
Cristianidad): "El orgullo conduce a todos
los vicios: es un estado mental que es
completamente opuesto a Dios . . . Mientras que
seas orgulloso no puedes conocer a Dios. Un
hombre orgulloso siempre mira de menos a las
demás cosas . . . Y mientras miras hacia abajo,
nunca podrás ver lo que está por encima tuyo."

Cuán grande es el problema del orgullo—y su
compañera, la envidia—en mi vida? Algún
ejemplo?

Nada nos produce más orgullo que el buscar
humillarnos desmesuradamente!
Y a veces, no hay humildad más verdadera que
tratar de hacer cosas grandes para Dios.

ABBE DE SAINT CYRAN

[Jesús dijo,]
"Porque el que se eleva
será humillado
y el que se humilla
será elevado."   LUCAS 14:11

El muñequito de la tira cómica Charlie Brown
está basado en un personaje real. El trabajó
con delincuentes juveniles, a quienes
frecuentemente alojaba en su casa. Luego de
que el verdadero Charlie Brown falleciera en
1983, un amigo le dijo, "El vió su propia
vida como un trabajo diario de caridad
imitando a Cristo y a los santos." Charles
Schulz—dibujante de Charlie Brown—fue
amigo del verdadero Charlie. A veces, él
le ofrecía una porción de las ganancias
que obtenía de la tira cómica, algunas
camisetas y otras cosas, pero Charlie
siempre las rechazaba. El no tenía gran
interés en el dinero. Ni siquiera iba diciendo a la
gente que él era el verdadero Charlie Brown.

Puedo acordarme de las veces que me he
elogiado a mi mismo o haya buscado
reconocimiento de parte de los demás?
Hasta qué punto todavía lo hago? Por qué?

Hasta que no nos perdamos
no nos vamos a poder encontrar.
                                    HENRY MILLER

SEMANA 15
Día 7 _____

*[Jesús dijo,] "Ningún sirviente
puede quedarse con dos patrones."*
LUCAS 16:13

La película *Rosemary' Baby* (El Bebe de Rosemary),
se trata sobre la venida al mundo de Satanás.
Imagínese que realmente Satanás haya nacido en
este mundo. Cómo nos tentaría Satanás para
seguirlo? San Ignacio nos da una respuesta en
su reflexión "Los Dos Estándares." Primero,
Satanás nos llevaría de la noble búsqueda de
seguridad hacia la errónea acumulación de
bienes *(riquezas)*. Segundo, Satanás nos llevaría
de la noble búsqueda de aceptación hacia la
errónea búsqueda de reconocimiento *(honores)*.
Finalmente, Satanás nos llevaría de la noble
apreciación de nuestro propio valor a la
errónea indulgencia de amarse a si mismo
(orgullo). La estrategia de Jesús es el
protegernos de las estrategias de Satanás.
Jesús nos invita a imitarlo y a distanciarnos
de las riquezas, el honor y el orgullo.

Cuáles de los dos estilos de vida y estrategia
me están influenciando más en estos momentos—
la de Jesús o la de Satanás?

*Es tan tonto que la civilización moderna
haya dejado de creer en el diablo, cuando
[el diablo] es su única explicatoria.*
RONALD KNOX

1 Cuál es el aspecto de mi vida en el cual
   me tienta y me procupa más el criterio
   de mis semejantes que el de Dios?

2 En dónde me siento más presionado de ser
   la persona que el mundo quiere que sea,
   en vez de la persona que Dios quiere
   que sea?

3 Qué evidencias concretas tengo de estar más
   preocupado por honores y riqueza de lo que
   podría estar preocupado Jesús hoy?

4 Cuál es mi "filosofía" en lo que se refiere
   a honores y bienes mundanos? Por qué?

5 Cuán grande es el problema del orgullo—y su
   compañera, la envidia—en mi vida? Algún
   ejemplo?

6 Puedo acordarme de las veces que me he
   elogiado a mi mismo o haya buscado
   reconocimiento de parte de los demás?
   Algún ejemplo? Por qué?

7 Cuáles de los dos estilos de vida y
   estrategia me están influenciando más en
   estos momentos—la de Jesús o la de Satanás?
   Cómo me siento al respecto?

16 ¿Cuán libre estoy para seguir a Jesus?

(Tres Clases de Pueblo)

En *Winning by Letting Go* (Ganar al Liberar), Elizabeth Brenner nos cuenta como el pueblo en una parte rural de la India caza monos. Primero hacen un hueco en una caja. Luego colocan una nuez de rico sabor en la caja. El hueco es lo suficientemente grande para que el mono meta su mano en la caja, pero luego que agarra la nuez, el puño de la mano es muy grande para pasar por el hueco. Así que el mono tiene dos alternativas, soltar la nuez e irse en libertad, o prenderse de ella y quedar atrapado. Los monos usualmente se quedan prendidos de la nuez.

La situación de los monos es parecida a la nuestra cuando se trata de seguir a Jesús. Queremos seguir a Jesús más de cerca, pero al mismo tiempo nos aferramos a aquello que no nos permite acercarnos.

La reflexión de esta semana lidia con ese dilema. Su propósito es ayudarlo a lidiar con aquello que le está impidiendo seguir a Jesús como usted quisiera. La gracia que usted pedirá antes de cada reflexión es:

*Señor, haz que me libere
de aquello que no me
permite que te siga.*

Pautas para la Semana

Las reflexiones de esta semana son muy importantes. Usted podría pedirle a Dios que lo ayude y realizar algún servicio especial, como por ejemplo, ayudar a otros o haciendo un sacrificio especial, como, por ejemplo, no comer entre comidas.

Durante esta semana, haga un esfuerzo especial para anotar cualquier sentimiento o pensamiento que se le haya ocurrido mientras meditaba. No es necesario que haga largas anotaciones; usualmente dos o tres frases son suficientes. Por ejemplo, usted puede escribir:

Semana 16, Día 1: *Señor, hoy me has ayudado a ver que aquello de lo que necesito liberarme es "preocupación." También me has hecho ver que mi preocupación es más por el "que dirán" de los otros, que por lo que tu piensas de mí. Muchas gracias por este conocimiento.*

Lecturas Diarias

1	Persona rica y joven	Mt 19:16–22
2	Servicio amoroso	Lc 17:7–10
3	El costo del discipulado	Lc 14:25–33
4	Si el grano muere	Jn 12:20–24
5	Cuatro tipos de semilla	Lc 8:4–15
6	Me vestiste	Mt 25:31–40
7	Excusas, excusas!	Lc 14:15–24

SEMANA 16
Día 1 _____

[Jesús dijo,]
"Por eso, si tu ojo derecho es ocasión de
pecado para ti, sácátelo y tíralo lejos;
porque es más provechoso para ti perder una
parte de tu cuerpo y que no seas arrojado
entero al infierno."

MATEO 5:29

La medusa es una malagua que habita en la
Bahía de Nápoles, en las costas de Italia.
El caracol nudibranquio también habita en
esas aguas. De vez en cuando, la medusa se
traga al caracol, pero cuando eso sucede,
pasa algo increíble. La concha protectora
del caracol impide que la meduza lo digiera.
Es en estos momentos en que el caracol le
voltea la jugada a la meduza. Se la empieza
a comer desde adentro y, a menos que la
expulse de sus adentros, el caracol se
termina comiendo a la meduza.

Tengo algún "caracol" que esté dentro de
mi, que me carcome y que debo expulsar,
si es que voy a seguir a Jesús más intimamente
y seguir con los designios que Dios tiene
para mí?

Aquellos que conocen a otros son eruditos.
Aquellos que se conocen a mi mismos son sabios.

LAO-TSZE

*[El Señor dijo,] "Mis caminos se elevan por
encima de sus caminos, y mis proyectos son
muy superiores a los de ustedes."*

ISAÍAS 55:9

Bill Havens, uno de los cuatro miembros de la
tripulación del equipo norteamericano de canoa,
iba a competir en las Olimpiadas de 1924. El
doctor que veía a su esposa, le dijo que ella
daría a luz justo al tiempo de las competencias.
Luego de pensarlo bien, Bill decidió que su
lugar era estar al lado de su esposa. Y sin
mucho ruido, se retiró del equipo de canoa.
El resultado fue que el equipo ganó la medalla
de oro y la esposa de Bill se demoró en dar
a luz al hijo de ambos, Frank. Bill hubiese
podido competir y llegar a tiempo para ver
nacer a su hijo. Pasaron los años y en julio
de 1952, le llegó un telegrama a Bill. Venía
de Helsinki, en donde se estaban llevando a
cabo las Olimpiadas en ese año. El cable
decía: "Papá, estoy trayendo la medalla de
oro que tu perdiste al quedarte y esperar que
yo naciera."

Puedo acordarme de haber renunciado a algo con
lo que siempre soñé, pues estaba en oposición
a mi obligación con un ser querido?

*El deber nos hace hacer las cosas bien,
pero el amor nos las hace hacer maravillosamente.*
E. C. MCKENZIE

SEMANA 16
Día 3 _____

*[Jesús dijo,] "Quien sacrifique su vida
por mí y por el Evangelio, se salvará."*
MARCOS 8:35

George Burns hizo una película llamada
Oh, God! (Oh, Dios). En ella, el hace el
papel de Dios y uso lentes gruesos y un
sombrerito muy gracioso. John Denver hizo
el papel de un empleado del supermercado.
Un día Dios se le aparece al empleado y le
da un mensaje para el mundo. Por supuesto,
que fue casi imposible que la gente tomara
al empleado y al mensaje en serio. El
empleado por poco no pierde el empleo.
Casi desesperado, le dice a Dios, "El
predicar tu palabra casi me está costando
mi empleo." A lo que Dios contestó, "Ese
no es un mal trueque, verdad? Pierdes tu
trabajo, pero salvas al mundo." Es tan
fácil sólo ver nuestro pequeño mundo y
nuestros problemas. Es fácil pensar sólo
en nosotros y no pensar en el bien de todos.

Hasta qué punto tiendo a perderme en mi
pequeño universo y dejo que mis pequeños
problemas me enceguescan y no me dejen ver
los que tiene la gente a mi alrededor?

*Cuando uno calma el dolor ajeno,
uno se olvide del suyo.*
MALCOLM MUGGERIDGE

*[Un amigo le dijo a David,] "Sea para morir
o para vivir, allí también estaré yo, tu
servidor."*

2 SAMUEL 15:21

A lo largo de treinta años, Abraham Lincoln
sufrió varios fracasos. Una lista de estos son:
1832 perdió en la elección al poder legislativo.
1833 fracasó en los negocios.
1836 sufrió una crisis nerviosa.
1843 perdió la candidatura para el Congreso.
1854 fue derrotado en la elección al Senado.
1856 perdió la postulación a la vice-presidencia.
Cuando fue elegido presidende en 1860, Lincoln
estaba preparado para la penosa experiencia de
la Guerra Civil. Otro hombre se hubiese sentido
abatido por todas estas tribulaciones. Pero no
Abraham Lincoln. El había aprendido a aceptar
los designios del Señor: enfermedad en vez de
salud, pobreza en vez de riqueza, deshonor en
vez de honor. En el Viernes Santo de 1863,
Lincoln aceptó opción final: una vida corta
en vez de una larga. El fue asesinado.

Cuán abierto estoy a la opción de decir si a
las cosas que Lincoln aceptó, si es que eso
es lo que Dios ha escogido para mí?

*Amar es conocer los sacrificios
que la eternidad exige de la vida.*
JOHN OLIVER HOBBES

SEMANA 16
Día 5 _____

[Jesús dijo,] "Los que están sobre la roca
son lo que, cuando oyen la Palabra,
la acogen con alegría . . . Pero . . .
fallan en la hora de la prueba."

LUCAS 8:13

Dos hermanos, Clarence y Roberto dedicaron
sus vidas a Jesús desde niños. Cuando creció
Clarence se convirtió en un activista de
derechos civiles. El trabajar en esto en
la década de los años 60 era algo difícil.
Las tensiones raciales estaban muy tirantes.
La gente hacía manifestaciones de protesta
y la policía usaba perros y mangueras de
agua para dispersarla. Robert se convirtió
en abogado. Un día Clarence le pidió ayuda
legal a Robert en un caso sobre derechos
civiles. Robert se nego, pues dijo que
podía arruinarle su futuro político. Cuando
Clarence le preguntó sobre su compromiso
con Jesús, Robert dijo, "Yo sigo a Jesús,
pero yo no me voy a dejar crucificar."
Clarence le contestó, "Robert, tu no eres
un seguidor de Cristo, solo eres un admirador."

En qué sentido soy más "admirador" de Jesús
que un seguidor?

La única cosa que se necesita para que
triunfe la maldad es que la gente buena
no haga nada.   EDMUND BURKE

*[Jesús dijo,] "Anduve sin ropas . . .
y me vistieron . . . Cuando lo hicieron con
alguno de estos más pequeños . . . lo
hicieron conmigo!"* MATEO 25:35–36, 39

Con el fin de buscar un sucesor, un rey que
no tenía herederos, hizo un llamado para invitar
a un grupo de jóvenes calificados para una
entrevista. Un muchacho muy pobre sintió un
llamado interno que lo empujaba a presentarse.
El trabajó día y noche para comprar las
provisiones para el viaje y ropa para la entrevista.
Luego de muchas semanas de viaje, se presentó
en el palacio del rey. Sentado frente a la entrada
del palacio, estaba un pordiosero con una ropa
muy raída, quien le dijo, "Ayúdame, hijo." Lleno
de compasión, el joven le dió al mendigo su ropa
nueva y el dinero que había ahorrado para su
viaje de regreso. Luego, con el corazón
temeroso, entró al palacio. Cuando la escolta lo
acercó al trono, el joven sufrió un sobresalto. Allí,
sentado en el trono, estaba el pordiosero
vistiendo las ropas que el joven le acababa de
dar. El rey sonrió y le dijo, "Bienvenido, hijo."

Qué es lo que me impide responder de la misma
forma que respondió el joven al pordiosero?

*Los príncipes de nuestro alrededor son
aquellos quienes se olvidan de si mismo
y sirven [a otros].* WOODROW WILSON

SEMANA 16
Día 7 _____

[Jesús dijo,] "Un hombre daba un gran
banquete, e invitó a mucha gente . . .
Pero todos . . . comenzaron a disculparse."
LUCAS 14:16, 18

En el ejercicio de meditación de San Ignacio
llamado *Three Classes of People* (Tres Clases
de Personas), él describe a tres grupos de
personas. Cada grupo desea seguir a Jesús
fielmente, pero cada uno está aferrado a algo
que les impide cumplir con su cometido.
Al primer grupo, los llamaremos los
"soñadores." Como están tan apegados, no
hacen nada al respecto. Al segundo grupo, los
podemos llamar los "evasivos." Ellos están
muy apegados, pero deciden solo llegar a la
mitad del camino. Y rezan todos los días
para que esto no les impida seguir a Jesús.
Al tercer grupo le podemos llamar los
"hacedores." Ellos también tienen un apego,
pero a diferencia de los dos primeros
grupos, ellos deciden hacer lo que sea
necesario para liberarse de ese apego.

En la mayor parte del tiempo, ¿a cuál
grupo de personas me parezco más?

Lánzate a las profundidades sin miedo—
y con la alegría de la primavera en tu
corazón.

RABINDRANATH TAGORE

REUNION SEMANAL
Compartiendo la Agenda

1   Existe algún "caracol" que esté dentro de mi sistema y que necesito expulsar, si es que voy a seguir a Jesús más fielmente y seguir con los designios que Dios tiene para mí? Puedo identificar al "caracol"?

2   Puedo acordarme de haber renunciado a algo con lo que siempre soñé, pues estaba en oposición a mi obligación con un ser querido?

3   Hasta qué punto tiendo a perderme en mi pequeño universo y dejo que mis pequeños problemas me enceguescan y no me dejen ver los que tiene la gente a mi alrededor?

4   Cuán abierto estoy a la opción de decir si a las cosas que Lincoln aceptó, si es que eso es lo que Dios ha escogido para mí?

5   En qué sentido soy más "admirador" de Jesús que un seguidor?

6   Qué es lo que me impide responder de la misma forma que respondió el joven al pordiosero?

7   En la mayor parte del tiempo, a cuál grupo de personas en el ejercicio de San Ignacio me parezco más?

17 ¿Por qué Jesús se sometió al bautismo y a la tentación?

No muy lejos del Mar Muerto hay un lugar poco profundo en el Río Jordán. Este fue usado como punto de cruce para las caravanas de todos los lugares del Cercano Oriente. La gente solía reunirse allí para intercambiar noticias mundiales.

Un día una nueva atracción congregó a la gente allí cerca al cruce. Un hombre, vestido como los profetas de antaño, empezó a predicar allí. Su nombre era Juan y él les dijo a la gente "que cambiaran su manera de vivir para que se les perdonaran sus pecados" (LUCAS 3:3).

De pronto vieron venir a Jesús, quien pidió que lo bautizaran. Juan quiso detenerlo, diciéndole, "Yo soy el que necesito tu bautismo . . ." Pero Jesús le respondió, "Déjame hacer por el momento" (MATEO 3:14–15).

Y entonces, Juan bautizó a Jesús. Luego Jesús salió de Jordan y caminó en el desierto, "y fue tentado por el diablo" (LUCAS 4:2).

Las reflexiones de esta semana se concentran en el bautismo de Jesús por Juan y en las tentaciones del diablo. Esto le envita a preguntar, si Jesús no tenía pecado, por qué quiso bautizarse? Si el era el Hijo de Dios,

por qué permitió al diablo que lo tentara? La
gracia que usted pedirá será:

Señor Jesús, muéstrame
por qué fuiste bautizado y tentado,
para que yo pueda amarte más dulcemente
y pueda seguirte más cercanamente.

Pautas para la Semana

En este punto, sería bueno hablar sobre las
distracciones. ¿Qué debe hacer usted si éstas
ocurren durante la oración? San Francisco de
Sales responde:

"Has venir a su casa a tu desobediente
corazón, calma y calladamente.
Regrésalo tiernamente al lado del Señor,
Si nomás hiciste eso durante la oración,
regresar tu corazón fiel y pacientemente
a lado del Señor, entonces usaste bien
tu tiempo de oración."

Lectura Diaria

1	Es El	Mt 12:17–21
2	En paz con Dios	Rom 5:1–4
3	Alimento que no conocen	Jn 4:31–38
4	Todo lo demás es basura	Fil 3:7–11
5	Qué ganancias saco	Mc 8:31–38
6	Jesús entiende	Heb 4:14–16
7	Se paciente	Stgo 5:7–11

SEMANA 17
Día 1 _____

[Luego que Jesús fuera bautizado,]
se abrieron los cielos,
y el Espíritu Santo bajó sobre él
y se manifestó exteriormente con una
aparición como de paloma. Y del cielo
llegó una voz: "Tú eres mi Hijo, el
Amado; eres mi Elegido."

LUCAS 3:21–22

La narración de Lucas acerca del bautismo
de Jesús, contiene una preciosa referencia
a Dios como Trinidad:
• Padre ("del cielo llegó una voz"),
• Hijo ("Tu eres mi Hijo"),
• Espíritu Santo (aparición como de paloma).
El misterio de la Trinidad dice que en Dios
hay *tres personas*: Padre, Hijo y Espíritu
Santo. El Padre es Dios, El Hijo es Dios y
el Espíritu Santo es Dios. Sin embargo, no
hay tres Dioses, *sino uno solo.*

San Patricio usó el trébol
(una hoja de tres pétalos)
para ilustrar el misterio de la Trinidad.
Un teólogo moderno usó
el componente químico H_2O.
Esta es una sustancia que existe
en tres formas separadas:
líquido (agua), sólido (hielo), y vapor
(vaho).

Se asoma Dios desde el cielo. . . .
No queda ni un hombre honrado, ni uno
de muestra siquiera.   SALMO 53:3–4

La gente pregunta, "¿Por qué bautizaron a
Jesús?" Obviamente, no fue porque el era
un ser pecador que necesitaba perdón. Más
bien, fue porque él formaba parte de la
familia humana pecadora que necesitaba del
perdón. Jesús pidió que lo bautizaran pues
se había identificado completamente con la
familia humana. El no podía apartarse de
ella—ni siquiera de sus pecados. Las
acciones de Jesús nos recuerdan que también
nosotros somos parte de esa familia humana
pecadora. Nosotros tampoco podemos
apartarnos de ella, sobre todo por sus
pecados "familiares"—descuido por los
pobres, desatención por el ambiente,
destrucción de la vida humana.

Estos pecados "familiares," ¿tienden a
deprimirme o a desafiarme?
Personalmente, ¿cuán involucrado estoy yo
en ellos?

El racismo es tuyo, acábalo.
La injusticia es tuya, corrígela.
La ignorancia es tuya, desaparécela.
La guerra es tuya, deténla . . .
El ideal es tuyo, reclámalo.   WALTER FAUNTROY

SEMANA 17
Día 3 _____

*[Después que fue bautizado, Jesús] lleno
del Espíritu Santo, se dejó guiar al
desierto, donde estuvo cuarenta días y fue
tentado por el diablo. En esos días no
comió nada, y al fin tuvo hambre . . . El diablo
le dijo entonces, "Si eres Hijo de Dios,
manda a esta piedra que se convierta en pan."
Pero Jesús le contestó: "Dice la Escritura,
'El hombre no vive solamente de pan.' "* LUCAS 4:1-4

Mary Jo Tully describe como era la vida
durante la Gran Depresión. Ella dice,
"Vivíamos de pago a pago. Mi mamá casi
siempre esperaba a mi papá en los días de
pago, para poder ir al mercado y comprar
los víveres para nuestra siguiente comida.
Aun, en lo que él llamaba su "sabiduría
irlandesa," papá nunca llegaba a casa en
los días de pago sin traernos algo que el
consideraba iba a llenar una "necesidad
más profunda." Un día podía ser un ramito
de margaritas. En otra ocasión, podía ser
una caja de chocolates. Una vez, inclusive
nos trajo otra boca que mantener—un
perrito chiquito."

¿Qué "necesidades profundas" tengo yo fuera
del pan de cada día? ¿En qué forma las satisfago?

Cuando el espíritu se eleva, mi cuerpo cae de rodillas.
                                    GEORG CHRISTOPH LICHTENBERG

*El diablo llevó a Jesús a un lugar más
alto; en un instante le mostró todas las
naciones del mundo. "Te daré poder sobre
estos pueblos y te entregaré sus riquezas . . .
si te arrodillas delante de mí." Jesús le
replicó: "La Escritura dice: 'Adorarás al
Señor, tu Dios, y a El solo servirás.'"* LUCAS 4:5–8

Joan Mills nunca conoció a su papá. El murió
cuando ella todavía era muy niña. La única
cosa palpable que la conectaba a él, era
una caja con algunas de sus pertenencias que
ella tenía en el ático. Un día sintió el deseo de ver
lo que había en esa caja. Ella escribe: "Empecé a
leer el diario que mi papá había escrito desde
que tuvo diecisiete años . . . él se fue de casa . . .
ingresó a la Universidad de Boston. Para
mediados de los meses de invierno, él había
gastado las suelas de su único par de zapatos y
había comprado libros en vez de frazadas. El
tomaba agua para calmar su hambre. Luego,
dedicó cuatro páginas de su diario cuando
descubrió a los grandes poetas, terminando la
página con, "no comí nada el día de hoy."

¿Cuán listo estoy para negar cosas a mi
cuerpo en favor del espíritu—y de
seguir el plan de Dios para mi?

*El cuerpo, solo está hecho de polvo;
el alma, es un capullo de la eternidad.*
NATHANIEL CULVERWEL

180

SEMANA 17
Día 5 _____

[Jesús dijo,], "El Hijo del Hombre
no vino para que lo sirvieran, sino
para servir y dar su vida como rescate
de una muchedumbre."

MARCOS 10:45

Las tentaciones de Jesús nos muestran como él
va a realizar su misión. Primero, rechazó
convertir las piedras en pan, mostrándonos que
él no va a usar su poder para su satisfacción
personal. Más bien, el iba a sudar, a pasar
hambres y a sufrir, al igual que nosotros.
Segundo, rechazó lanzarse del Templo para que
los ángeles lo recibieran, mostrándonos que
él no vino para que lo sirvan, sino más bien
para servir. Finalmente, rehusó arrodillarse
frente al diablo cuando éste le ofreció el
mundo entero; eso nos muestra que él no
transaba con la maldad. Dios es Dios; el bien
es bien; el mal es mal. Jesús prefiere morir
en las manos del mal que transar con él.

¿En qué manera, a veces, yo transo con la
maldad—o, por lo menos, me siento tentado de
hacerlo?

El rostro de Cristo . . . nos muestra
lo único que necesitamos saber—
el carácter de Dios.

P. CARNEGIE SIMPSON

*"Nuestro Sumo Sacerdote no se queda
indiferente ante nuestras debilidades,
por haber sido sometido a las mismas
pruebas que nosotros, pero que, a él,
no lo llevaron al pecado."* HEBREOS 4:15

En 1982, el Arzobispo Glemp de Warsaw urgió a
los jóvenes de Varsovia que no desistieran de
seguir luchando por cambios políticos en Polonia.
El les dijo que él simpatizaba con ellos, puesto que
él, en su juventud, había sido maltratado por la
policía cuando él había buscado la misma clase de
cambio. Así mismo, su padre había sido maltratado
por presionar para que hubiesen cambios políticos.
Así como el Arzobispo Glemp pudo comprender
las tentaciones de la juventud polaca, así también
Jesús comprende las tentaciones de cada una de
nuestras experiencias.

¿Qué tentación siento yo?
¿Qué diría Jesús acerca de ella?

*Nosotros no somos responsables
de los pensamientos pecaminosos
que pasan por nuestras mentes,
así como el espanta pájaros no es
responsable de las aves que vuelan
por encima del campo que está bajo su
cuidado. La única responsabilidad
en cada uno de estos casos, es prevenir
que estos hagan allí su morada.*
JOHN CHURTON COLLINS

SEMANA 17
Día 7 _____

Habiendo agotado todas las formas de tentación,
el diablo se alejó de él,
para volver en el momento oportuno.
Jesús volvió a Galilea con el poder del Espíritu.
LUCAS 4:13–14

Los nativo-americanos se iban de sus pueblos a
buscar *visiones*. Usualmente se iban solos, y se
dedicaban a orar y ayunar por varios días a fin
de encontrar un esclarecimiento de parte del
Espíritu. Un día un joven guerrero regresó de
buscar visiones, pero sin haberlo logrado. Otro
guerrero, más viejo, le dijo, "Tú has acechado
la visión como quien acecha un venado. El acechar
no te da la visión, ni tampoco te la da el ayuno
o tu fuerza de voluntad. El tener visiones es un
don que brota de la humildad, la sabiduría y la
paciencia. Si esto es lo que has aprendido al
buscar visiones, entonces la búsqueda no ha sido
en vano." Como resultado de lo que vivió en el
desierto, Jesús puede decirnos lo mismo que el
viejo guerrero le dijo al joven: "Cuando vayas en
búsqueda de la voluntad de Dios, recuerda que la
'visión" de esa voluntad es "un don que brota de
la humildad, de la sabiduría y la paciencia.' "

¿Estoy quizás acechando la voluntad de Dios al
igual que el joven guerrero que "acechó la visión"?

Con tiempo y paciencia, la hoja de la mora
se convierte en un vestido de seda.
PROVERBIO CHINO

1   ¿Con cuál de las tres personas de la
    Santísima Trinida tengo más relación:
    El Padre, el Hijo, o el Espíritu Santo?
    ¿Por qué? ¿Con quién tengo menos relación?
    ¿Por qué?

2   ¿Los pecados "familiares" tienden a
    deprimirme más que a desafiarme? ¿Cuán
    involucrado estoy yo en ellos?

3   ¿Qué "necesidades profundas" tengo yo
    fuera del pan de cada día? ¿En qué forma
    las satisfago?

4   ¿Cuán listo estoy para negar a mi cuerpo
    a fin de fortalecer mi espíritu—y de
    seguir el plan de Dios para mi?

5   ¿De qué manera transo a veces con la
    maldad—o, por lo menos, me siento
    tentado de negociar con ella?

6   ¿Cuál es la tentación que yo tengo?
    ¿Qué diría Jesús acerca de ella?

7   ¿Estoy quizás acechando la voluntad de Dios
    al igual que el joven guerrero que "acechó
    la visión"?

18 ¿Que fue lo que ensenó Jesús acerca de la manera en que debo vivir?

Tom Dooley capturó la imaginación del mundo en 1950. Se acababa de graduar de médico y acababa de terminar su servicio en la marina, para dirigirse al Asia a servir a la gente pobre.

La familia de Tom era adinerada, y él tenía una vida buena. Al comentar al respecto, en la revista *Guideposts,* él dijo: "Había mucho dinero; yo tenía mi propio caballo, fui al colegio en el extranjero, y había estudiado para dar conciertos como pianista."

Pero la familia de Tom era también profundamente religiosa. El escribió: "Nosotros éramos la familia que más rezaba . . . Rezábamos cuando nos levantábamos . . . cuando nos sentábamos a comer, cuando terminábamos de comer, cuando nos íbamos a dormir."

La familia de Tom también leía la Biblia. La lectura favorita de Tom eran las Bienaventuranzas en el Sermón de la Montaña. El escribió: "Me encantaban las Bienaventuranzas pues ellas me hablaban de lo que me interesaba más. *Felices* significa "contentos," y eso es precisamente lo que yo quería estar. Aquí estaban las pautas para ser feliz."

Los ejercicios para las reflexiones de esta
semana se enfocan en las Bienaventuranzas.
La gracia que usted pedirá es:

Padre, ayúdame a tomar a pecho
las enseñanzas de tu Hijo
para conocerlo más claramente
para amarlo más dulcemente
y para seguirlo más cercanamente.

Pautas para la Semana

Las lecturas de la Biblia para esta semana
son todas del Sermón de la Montaña (MATEO
5:1-7, 29). En caso desea leerlas, hágalo
creativamente.

Por ejemplo, imagínese que está sentado
en una montaña, con cientos de personas a
su alrededor. Algunos son cojos; otros son
ciegos; algunos son ancianos. Estudie sus
rostros mientras Jesús les habla a sus
corazones. Estudie el rostro de Jesús
cuando él toca sus corazones con su prédica.

Lectura Diaria

1	Las Bienaventuranzas	Mt 5:1–12
2	Sal y luz	Mt 5:13–16
3	Moisés y los profetas	Mt 5:17–20
4	Hacer las paces	Mt 5:21–24
5	Tomar revancha	Mt 5:38–42
6	Juzgando a otros	Mt 7:1–6
7	Vivir la palabra de Dios	Mt 7:24–27

SEMANA 18
Día 1 _____

[Jesús dijo,] "Felices los que lloran,
porque recibirán consuelo."

MATEO 5:4

Cuando aun estaba en la marina, Tom Dooley
se conmovió y empezó a trabajar con los pobres
de Asia. Un día su barco recogió a un gran grupo
de refugiados quienes estaban enfermos o heridos
e iban a la deriva cerca a las costas de Vietnam.
Tom se dió cuenta que el más sencillo tratamiento
médico que él les daba, traía sonrisas a los
rostros angustiados de estas personas. También
se dió cuenta que el ayudarlos, le daba a él un
gozo que nunca antes había sentido en su vida.
Después de cumplir su período militar con la
marina, Tom regresó al Asia. Un día le dijo a un
amigo que su Bienaventuranza favorita era:
"Felices los que lloran." El explicó que la
palabra "llorar" no quiere decir que sean
infelices. Significa que la persona está más
consciente del dolor que del placer." Agregó que
si uno trata de aliviar el dolor de una persona,
"uno no puede evitar sentirse feliz. Así es."

¿Qué tan susceptible soy al dolor de aquellos
que sufren a mi alrededor?
¿Cuándo fue la última vez que traté de
aliviar el dolor a alguien?

Quien vive para si solo, está propenso
a ser corrupto por la compañía que lleva.

AUTOR DESCONOCIDO

[Jesús dijo,]
"Felices los que tienen espíritu de pobre,
porque de ellos será el Reino de los Cielos."

MATEO 5:3

La película *Quo Vadis*, con la estrella Deborah
Kerr, se trata de la persecusión de los
cristianos en la antigua Roma. Un día, luego
de un día de filmación un poco peligroso, un
reportero le preguntó a Deborah, "No sentiste
miedo cuando los leones te persiguieron en la
arena?" Deborah respondió, "De ninguna manera,
yo ya había leído el guión y sabía que iba a
ser rescatada." Esta es la clase de confianza
infantil que los "pobres de espíritu" tenían
en Dios en el tiempo de Jesús. Ser "pobre de
espíritu" significaba estar *desligado* de las
cosas materiales y *ligado* a Dios solamente.
Significaba poner toda la confianza de uno
en Dios en vez de ponerla en cosas materiales.
El ser "pobre de espíritu significaba el
tener y valorar solo una posesión: Dios.

¿Hasta qué punto—y por qué—tiendo a
buscar la felicidad y a poner mi confianza
en cosas en vez de ponerlas en Dios?

Somos ricos
en proporción al número de cosas
sin las cuales podemos vivir.

HENRY DAVID THOREAU (adaptado)

SEMANA 18
Día 3 _____

[Jesús dijo,]
"Felices los que trabajan por la paz,
porque serán reconocidos como hijos de Dios."

MATEO 5:9

Jim McGinnis nos cuenta como dos hermanos se
gritaban mientras que jugaban en la vereda,
frente a su casa. Uno estaba en un triciclo;
el otro estaba bloqueándole el paso al
triciclo. Jim les preguntó si se estaban
divirtiendo. Ellos le respondieron que no.
Entonces les preguntó qué es lo que les
haría feliz. "Podríamos montar el triciclo
por turnos, como unos diez minutos cada uno,"
dijo uno de los muchachos. Cuando Jim les
ofreció tomar el tiempo en las vueltas de
triciclo, ellos sonrieron y se entusiasmaron
bastante. El má pequeño inclusive le cedió
la primera vuelta al hermano mayor.

Cuando dos personas están gritando,
¿uso yo la ocasión para hacerles
ver que yo también puedo gritar?
¿O uso la ocasión para hacerles ver que existe
una mejor forma de arreglar las diferencias?

Toma ambas partes
Para lograr la paz duradera,
Pero sólo toma una
para dar el primer paso.

EDWARD M. KENNEDY

[Jesús dijo,] "Felices los compasivos,
porque obtendrán misericordia."
MATEO 5:7

Un norteamericano y un japonés se abrazaron
en el aeropuerto de Tokyo. La última vez que se
habían visto fue en una cueva en Okinawa, cuarenta
años atrás. En aquella vez, Ponich, el
norteamericano, llevaba en sus brazos a un niño
quien había sido herido en ambas piernas.
Ishiboshi, el japonés saltó en medio de la
oscuridad y, con su rifle, apuntó a Ponich. Como
no había nada que Ponich pudiese hacer, éste
depositó al niño en el suelo, sacó su cantimplora
y empezó a lavarle las heridas. Sorprendido,
Ishiboshi bajó su rifle. Al terminar, Ponich le
hizo una venia en gratitud a Ishiboshi y llevó
al niño al hospital de campaña de los
norteamericanos. En 1985, Ponich escribió una
carta a un periódico de Tokyo para agradecer a
ese soldado desconocido, quien, misericordiosamente
le perdonó la vida cuarenta años atrás. Ishiboshi
leyó la carta y el periódico hizo los arreglos
para la reunión.

¿Qué oportunidad tengo, ahora mismo,
de mostrar misericordia a otro?

No podemos, de ninguna manera, dar como Dios,
pero si podemos perdonar como Dios.
LAURENCE STERNE

SEMANA 18
Día 5 _____

*[Jesús dijo,] "Dichosos ustedes cuando por
causa mía . . . los persigan y levanten toda clase
de calumnias; Alégrense y muéstrense contentos,
porque será grande la recompesa."* MATEO 5:11

El comandante del submarino alemán Martin
Niemoller recibió la Cruz de Hierro por sus
servicios en la Primera Guerra Mundial.
Después de la guerra, estudió para el
ministerio y recibió las sagradas órdenes.
Antes de la Segunda Guerra Mundial, Niemoller
respaldaba al partido Nazi. Pero cuando se dió
cuenta en qué dirección iba éste, lo denunció
públicamente, fue arrestado y enviado a un campo
de concentración. Milagrosamente, sobrevivió
ocho años de prisión. Después de la guerra, él
daba charlas sobre la paz mundial. En unos de
sus discursos, fue insultado y atacado
verbalmente por pedir perdón para los judíos.
El reaccionó imitando a los discípulos de
Jesús, quienes estaban "muy gozosos por haber
sido considerados dignos de sufrir por el nombre
de Jesús" (HECHOS 5:41).

¿Cómo reacciono cuando me apocan o insultan?
¿Qué es lo que me impide reaccionar como
Jesús enseñó a reaccionar a los discípulos?

*Ignora a la gente que quiere empequeñecerte;
lo único que quieren hacer es
reducirte a su tamaño.* ANÓNIMO

*[Jesús dijo,] "Felices los que
tienen hambre y sed de justicia,
porque serám saciados.*
MATEO 5:6

El gran violinista de concierto de los
Estados Unidos, Fritz Kreisler dijo:
"Yo nací con la música dentro de mi cuerpo.
Esto fue un regalo de Dios. Yo no lo
conseguí. Así que ni siquiera merezco que
agradezcan mi música.
La música es muy sagrada y no debe venderse;
los precios exhorbitantes que cobran los
músicos célebres de hoy es realmente un
crimen en contra de la sociedad.
Yo nunca veo el dinero ganado como si
fuera mío. Este es un dinero público.
Son sólo unos fondos que han sido confiados
a mí para su desembolso adecuado.
Mi querida esposa piensa igual que yo . . .
En todos estos años de mi llamado suceso en
el campo de la música, no nos hemos construído
una casa. Entre la casa y nosotros, están todas
las personas desamparadas del mundo."

¿Estoy totalmente de acuerdo con Kreisler?

*Cada uno ha recibido un don espiritual
úsenlo para el bien de los demás.*
1 PEDRO 4:10

SEMANA 18
Día 7

*[Jesú dijo,] "Felices los de corazón limpio,
porque ellos verán a Dios."*

MATEO 5:8

Una noche de Halloween, Tom Lewis estaba
tratando—sin mucho éxito—de preparar una
charla. Constantemente, lo interrumpían
niños que venían a tocarle a la puerta,
pidiendo golosinas. Casi ya a finales de
la noche, se le acabaron los caramelos y
galletas. El rezaba para que el timbre de
la puerta no volviese a sonar. Pero si sonó
y al abrir la puerta, vió a su vecino con
su hijito de tres años. Muriéndose de
vergüenza, Tom les contó lo que le había
pasado. En eso, el chiquito de tres años,
de la manera menos egoísta y lleno de
compasión, abrió su bolsa de golosinas, y
dijo, "No importa, señor Lewis, yo le
regalo un poco de mis caramelos y galletas."

¿Soy yo más compasivo y menos egoísta de lo
que era antes? ¿Cómo puedo desarrollar estos
ingredientes básicos de un corazón puro?

*Las personas pueden provocar en ellos un
resplandor de compasión, no sentándose
frente a la chimenea con los pies en alto
y diciendo, "Señor, enséñame más compasión,"
sino yendo y buscando algo o alquien que
requiere de compasión."* HENRY WARD BEECHER

1   ¿Cuán susceptible soy al dolor de
    aquellos que sufren a mi alrededor?
    ¿Cuándo fue la última vez que traté de
    aliviar el dolor a alguien?

2   ¿Hasta qué punto—y por qué—tiendo a
    buscar la felicidad y a poner mi confianza
    en cosas en vez de ponerlas en Dios?

3   Cuando dos personas están gritando, ¿uso
    yo la ocasión para hacerles ver que yo
    también puedo gritar? ¿O uso la ocasión
    para hacerles ver que existe una mejor
    forma de arreglar las diferencias?

4   ¿Qué oportunidad tengo, en estos momentos,
    de mostrar misericordia a otro?

5   ¿Cómo reacciono cuando me apocan o insultan?
    ¿Qué es lo que me impide reaccionar como
    Jesús nos enseñó?

6   ¿Hasta qué punto esoy de acuerdo con Fritz
    Kreisler que "el dinero que he ganado . . .
    son sólo unos fondos que han sido confiados
    a mí para su desembolso adecuado"?

7   ¿Soy yo más compasivo y menos egoísta de lo
    que era antes? ¿Cómo puedo desarrollar estos
    ingredientes básicos de un corazón puro?

19 ¿Cuán listo estoy yo para amar como amó Jesús?

En la película *Shadow of the Hawk* (La Sombra del Halcón), una pareja joven y un guía indio están caminando por la ladera de una montaña. En eso, la muchacha se deja caer en el suelo y dice. "No puedo dar un paso más." El joven la levanta en sus brazos, la pone de pie, y le dice, "Pero, amorcito, tenemos que seguir. No nos queda otra cosa." Ella mueve la cabeza de un lado a otro y dice, "No lo puedo hacer."

Entonces el joven indio le dice al muchacho, "Acércala a tu corazón. Deja que tu fuerza y tu amor fluya de tu cuerpo al de ella." El joven hace eso, y en unos momentos, la joven sonríe y dice, "Ahora ya estoy lista. Ya puedo seguir."

Todos nos podemos identificar con este incidente. Ha habido veces en nuestra vida en las cuales habíamos pensado que no podíamos seguir. Entonces, alguien nos acercó a su corazón y dejó que su fuerza y su amor fluyera dentro de nosotros.

Las reflexiones para esta semana se concentrarán en el amor. La gracia que usted va a pedir es:

Padre, deja que tu sabiduría y amor
de tu Hijo fluya dentro de mí,
para que lo vea más claramente,
lo ame más tiernamente,
y lo siga más cercanamente.

Lectura Diaria

A modo de alternar el paso, quizás
usted pueda imaginarse esta semana
que las lecturas diarias son cartas
que Dios se las ha escrito personalmente.

Usted puede experimentar y leerlas en
voz queda o en forma de susurro. Algunas
personas encuentran que la forma como las
afecta este tipo de lectura, no la sienten
cuando se hace la lectura en silencio.

Después de terminar la lectura diaria,
haga una pausa para que todo penetre en su
corazón—como penetra el agua en tierra
reseca, luego de una refrescante lluvia.

1 Ama a tu prójimo   Lc 10:25–37
2 Amen como yo los amo   Jn 15:9–17
3 Ama a tus enemigos   Lc 6:27–36
4 La primacia del amor   1 Cor 13
5 Dios es amor   1 Jn 4:7–21
6 El amor de Dios   Rom 8:31–39
7 La prueba de su amor   Jn 3:14–15

SEMANA 19
Día 1 _____

No amemos
con puras palabras y de labios afuera,
sino verdaderamente
y con obras.

1 JUAN 3:18

Metamorphosis (Metamorfosis) es la historia de un hombre soltero llamado Gregor, quien vive con sus padres y con una hermana. Por muchos años, él ha trabajado de vendedor— esclavo de sus clientes y de su jefe. Aunque él ríe por fuera, llora por dentro. El se siente como un insecto. Cada noche, él sueña acerca de su vida de insecto. Una mañana, se despierta y ve que se ha convertido en lo que se siente: una cucaracha gigante. Lo trágico es que para volver a ser humano, lo único que tiene que hacer es ser amado por otros humanos, especialmente por su familia. Pero su apariencia hace esto imposible. La mayor parte de la historia se concentra en los esfuerzos patéticos que Gregor hace para expresar lo que siente a su familia. Al final, simplemente renuncia a ello y muere.

¿Quién, tal vez, sea un "Gregor" en mi vida?

No hay carga más pesada
para un ser humano que saber
que nadie lo entiende y a nadie le importa.

ARTHUR H. STANBACK

El amor es paciente, servicial . . .
El amor todo lo soporta.
1 CORINTIOS 13:4–7

Alan Loy McGinnis cuenta la historia del
escritor, doctor Norman Lobsenz. La esposa
del joven doctor estaba muy enferma y esa
seria situación lo tenía muy preocupado.
Una noche cuando sintió que estaba al borde
del colapso, súbitamente recordó un incidente
que sucedió en su niñez. Una noche, cuando
su mamá se había sentido muy enferma, Norman
se levantó a eso de la medianoche para ir
a tomar un vaso de agua. Cuando pasaba por
el cuarto de sus padres, Norman vió a su padre
sentado en una silla, cerca a la cama en
donde reposaba su mamá. Ella dormía plácidamente.
Norman, preocupado, rápidamente entró a la
habitación y le preguntó al papá, "Papi, ¿acaso
mi mamá se ha puesto peor?" "No, hijo," le susurró
el padre, "Estoy aquí sentado, cuidándola, y
por si se despierta y necesita algo." Ese
episodio de su niñez, el cual tenía casi
olvidado, le dió a Norman las fuerzas que
necesitaba para seguir adelante.

¿Qué episodio de mi niñez es una
fuente de inspiración para mi?

Los sufrimientos de amor son mucho más dulces
que ningún otro placer.   JOHN DRYDEN

SEMANA 19
Día 3 _____

El amor no . . . busca su propio interés.
El amor olvida las ofensas y perdona.
1 CORINTIOS 13:5

En una entrevista poco antes de los Premios
de la Academia Cinematogáfica, en 1986, Bárbara
Walters le preguntó al Presidente y señora
Reagan cómo habían podido mantener vivo el
amor que sentían a lo largo de sus treintaicinco
años de matrimonio. Mientras que pensaban en la
respuesta. Bárbara tratando de ayudarlos les
preguntó, "¿Quizás sería porque ambos querían
dar y recibir 50% cada uno?" La primera dama
soltó una pequeña carcajada y dijo,"Ay, no,
la vida de casados nunca es así de igual. A
veces es más bien un 90% a 10%. Muchas veces,
uno tiene que dar mucho más que el otro."
Este fue el momento crucial de esa entrevista.
Esta estableció un punto muy importante: Cuando
se trata del amor, no se puede estar contando
el puntaje. El día en el que la pareja dentro
del matrimonio empieza a contar el puntaje de
cada uno, es el día en que el amor de esa unión
empieza a morir.

¿Tengo tendencia a contar el puntaje—consciente
o inconscientemente—en mis relaciones amorosas?

El amor puro y la oración se aprenden
en la hora
cuando la oración se ha imposible
y el corazón se ha vuelto de piedra.   THOMAS MERTON

*"Lo mismo hizo
un Levita . . . pasó de largo."*
LUCAS 10:32

Una mujer estaba parada en una esquina,
esperando que cambiara la luz. Al frente,
estaba parada una adolescente. La mujer se
dió cuenta que la chica estaba llorando.
Cuando cambió la luz, cada una empezó a
cruzar la calle. Justo cuando ya iban a
cruzarse, el instinto maternal de la mujer
salió a flote y cada pedazo de su cuerpo
pedía consolar a la niña. Pero la mujer
pasó de largo, sin siquiera sonreirle.
Horas más tarde, la mujer seguía pensando en
la muchacha y en su llanto. Una y otra vez
se preguntaba, "¿Por qué no me acerqué y le
pregunté si es que necesitaba ayuda?" Claro,
quizás me hubiese dicho que no, ¡pero eso
qué importa! Solo hubiese perdido un minuto,
pero en ese minuto ella hubiese sabido que
alguien se había preocupado por ella. En
vez de eso, yo me seguí de largo, como si
la chica no hubiese siquiera estado allí."

¿Hay alguien, en estos momentos, a quien
yo debería acercarme con amor?
¿Cuál es el primer paso que debería dar?

*Es mejor haber amado y perdido
que nunca haber amado.*
ALFRED LORD TENNYSON

SEMANA 19
Día 5 _____

En presencia de ellos, Jesús cambió de
aspecto: su cara brillaba como el sol y
su ropa se puso resplandeciente como la luz.
MATEO 17:2

La estrella de la televisión británica,
Malcolm Muggeridge, viajó a la India a
filmar a las monjitas que trabajan con la
Madre Teresa, cuidando a enfermos moribundos.
Su equipo de filmación no sabía que había muy
poca luz en esos pabellones y no habían traído
más reflectores. Pensaron que iban a perder
tiempo tratando de filmar a las monjitas
haciendo su trabajo, pero uno de ellos dijo
que lo hicieran nomás. Quizás algo de lo que
filmaran se podría usar. Para sorpresa de todos,
el resultado de la filmación fue espectacular.
Esta estaba iluminada por una luz misteriosa.
Muggeridge cree que la luz era el resultado de
un "halo" de amor que irradiaba de los rostros
de las monjas. El mismo sintió ese resplandor
cuando entró al edificio por primera vez.
El lo describe como, "los halos que pintan los
artistas alrededor de las cabezas de los santos."
Y agrega, "No me sorprende que esa luminosidad
haya sido captada por la película fotográfica."

¿Puedo acordarme de alguien quien haya tenido
un "halo de amor"? ¿Qué es lo que causa ese
resplandor?

Donde está el amor, allí está Dios.   LEO TOLSTOY

*[Dios] ha dado a sus ángeles la order
de protegerte en todos tus caminos.*
SALMO 91:11

El actor Jimmy Stewart describe un incidente
que sucedió cuando su escuadrón de aviones de
bombardeo se estaba preparando para partir a
Europa durante la Segunda Guerra Mundial. En
los momentos antes de partir, él presentía
que su papá le quería decir algo, pero nada
le dijo. Finalmente, cuando partió, su papá
lo abrazó y él se fue. Luego, Jim descubrió
que su papá le había metido una carta en el
bolsillo y ésta decía así: "Poco después de
que leas esta carta, vas a estar en camino
hacia uno de los peores peligros. Tanto tú
como yo, debemos de contar con las promesas
que encontrarás en este salmo . . . Te quiero
mucho más de lo que tu te imaginas. [firmado]
Papá. Jimmy entonces leyó el salmo. Estas
son las palabras que resaltaron: "[Dios] ha
dado a sus ángeles la orden de protegerte
en todos tus caminos."

¿Qué es lo que me impide expresar mi amor,
especialmente a aquellos que están cerca
de mi? ¿Cuál de estas personas se beneficiaría
más si yo lo hiciera?

*No existe seguridad en esta tierra;
solo existen oportunidades.*
GENERAL DOUGLAS MacARTHUR

SEMANA 19
Día 7 _____

Estoy crucificado con Cristo . . .
y ahora no vivo yo, sino que
Cristo vive en mí.
GÁLATAS 2:19–20

La obra musical *Man of La Mancha* (El Hombre de
La Mancha) está basada en la novela de Miguel
de Cervantes "Don Quijote." Al final de la
obra musical, Don Quijote se está muriendo.
A su lado se encuentra Aldonza, una mujer
sin mérito, a quien él idealizó y llamó
Dulcinea. Don Quijote la amaba con un amor
puro, como ella nunca antes había sido amada.
Cuando Don Quijote lanza su último suspiro,
Aldonza canta "El Sueño Imposible." Cuando
ella termina, alguien la llama "Aldonza." Y
ella replica, "Ahora mi nombre es Dulcinea."
Gracias al amor de Don Quijote, la fea Aldonza
ha muerto, y la bella Dulcinea ha nacido.
El amor convirtió a una pobre desgraciada en
una mujer maravillosa.

¿En qué forma se asemeja el impacto que tuvo
el amor de Don Quijote por Aldonza y el
amor que Jesús tiene por mi? ¿Qué me dice
todo esto?

El dibujó un círculo y me dejó afuera,
Herético, rebelde, motivo de burlas,
Pero el amor y yo, con sabiduría, ganamos,
Pues lo incluímos en el círculo que dibujamos.
EDWIN MARKHAM

REUNION SEMANAL
_____ Compartiendo la Agenda

1 La trágica historia "Metamorfosis" me
   invita a preguntar: ¿Existe algún "Gregor"
   en mi vida? ¿Qué es lo que podría hacer
   al respecto?

2 ¿Qué episodio de mi niñez continús siendo
   una fuente de inspiración para mi—
   inclusive hoy?

3 ¿Tengo tendencia a contar el puntaje—
   consciente o inconscientemente—en mis
   relaciones amorosas?

4 ¿Hay alguien, en estos momentos, a quien
   yo debería acercarme con amor?

5 ¿Puedo acordarme de alguien quien haya,
   realmente, resplandecido con amor? ¿He
   sentido yo alguna vez ese resplandor?

6 ¿Qué es lo que me impide expresar mi amor,
   especialmente a aquellos que están cerca
   de mi? ¿Cuál de estas personas se
   beneficiaría más si yo lo hiciera?

7 ¿Qué mensaje tendría la historia de
   Aldonza en este momento de mi vida?

20 ¿Cuán listo estoy yo para orar como Jesús lo hizo?

En 1909 el padre Francis Keller hizo un largo viaje a Gillette, Wyoming. El había enviado una carta a los colonos católicos diciéndoles que él celebraría la Misa el domingo. Muchos de los colonos no habían visto a un sacerdote por años.

Después de la Misa, un hombre le dijo al padre Keller, "Su tren no sale hasta muy tarde esta noche, por qué no vamos a las montañas después de que termine con sus visitas. Las montañas son muy lindas en esta época del año."

Luego, los dos hombres cabalgaron hasta las montañas. Después de una hora de camino, divisaron a una mujer quien los estaba llamando con los brazos en alto. Cuando se acercaron, y la mujer vió que uno de ellos era sacerdote, le cambió la expresión a una de alivio. Ella le dijo, "Padre, mi hermano se está muriendo."

Su hermano estaba dentro de una carpa. Tendría unos treintaicinco años y se encontraba muy delgado. El padre Keller escuchó la confesión del enfermo y lo ungió. En esos tiempos, todos los sacerdotes en el Oeste llevaban una cápsula pequeña con los santos óleos en caso de cualquier emergencia. Apenas el sacerdote había terminado, el joven cerró los ojos y expiró en medio de una profunda paz.

Luego la mujer le dijo al padre Keller,
"Nadie me dijo que usted estaba en Gillette
hoy día. Pero mi hermano rezó toda su vida
porque hubiese un sacerdote a su lado al
momento de su muerte. Esta mañana rezamos
por última vez para alcanzar esta gracia."

Esta increíble historia nos trae a la mente
las palabras del poeta Alfred Lord Tennyson:
"Más cosas de lo que se piensa en este mundo
se han conseguido por medio de la oración."

Las reflexiones de esta semana se concentran
en la oración. La gracia que usted pedirá es:

Señor, enséñame a orar para que yo
te conozca más claramente,
te ame más tiernamente,
te siga más cercanamente.

Pautas para la Semana

The Three Hermits (Los Tres Hermitaños) es un
cuento ruso acerca de tres monjes que viven en
una isla. De acuerdo a Leo Tolstoy, quien
cuenta la historia, algunos milagros ocurrieron
mientras que rezaban estos tres monjes. Su única
oración era:

"Nosotros somos tres;
ustedes son tres;
tengan misericordia de nosotros."

Cuando esto llegó a los oídos del obispo,
él decidió visitar a estos tres monjes y
enseñarles a rezar más apropiadamente. Luego
de haberles dado algunas pautas acerca del
asunto, el obispo zarpó hacia tierra firme.

De pronto, el obispo vió que una bola de luz
perseguía a su bote. Eran los tres monjes
que venían corriendo encima del agua. Cuando
llegaron al bote, le dijeron, "Nos hemos
olvidado parte de sus instrucciones, y
queremos preguntarle otra vez."

El obispo meneó la cabeza y dijo humildemente,
"Olvídense de lo que yo les he enseñado y
continúen rezando como siempre lo han hecho."

Esta historia ilustra un punto muy importante
acerca de la oración: Mantenga su oración
sencilla. Cualquier cosa que confunda o
complique la oración es mejor que se olvide.
El padre Daniel Lord tenía razón cuando, en
sus últimos días de vida, le aconsejó a un
joven:

"Manten tu oración simple.
Háblale a Dios como a un padre,
a Cristo como a tu hermano,
y al Espíritu Santo
como tu constante compañero."

Lectura Diaria

Usted puede empezar las lecturas de esta semana con estas palabras del Primer Libro de Samuel:

"Habla, Yahve, que tu siervo te escucha."

1 SAMUEL 3:9

1	Como rezar	Lc 11:1–13
2	Perseverando en oración	Lc 18:1–8
3	Dos oraciones	Lc 18:9–14
4	Oración el en cerro	Lc 9:26–36
5	Oración del Señor	Mt 6:7–13
6	Oración de la Ultima Cena	Jn 17:1–25
7	Oración en Getsemaní	Mt 26:36–46

SEMANA 20
Día 1 _____

[Jesús dijo,] "Pidan y se les dará."
                                    LUCAS 11:9

Bill estaba convirtiendo a María, su joven
profesora, en un atado de nervios. Una mañana
antes de que empezaran las clases, María estaba
escribiendo algo en taquigrafía. Bill apareció
por allí y le preguntó, "¿Qué escribes?" María
le dijo, "Es una oración a Dios." Bill riéndose,
le preguntó, "¿Dios puede leer taquigrafía?"
Ella le respondió, "Dios puede hacer todo,
hasta leer esta oración." Diciendo esto, María
se levantó, puso la nota en su Biblia y se
volteó para escribir en la pizarra. Al voltearse
María, Bill le robó la nota y la puso en su
cuaderno. Años más tarde, al estar mirando en
una caja de libros viejos, Bill encontró la nota
aquella. Se la llevó a la oficina para que su
secretaria se la transcribiera. La nota decía:
"Querido Dios, ya no puedo controlar a esta
clase pues Bill siempre está molestando. Toca su
corazón. El es una persona que puede convertirse
en una persona muy buena o en una muy mala."
Bill se quedó atónito, pues sólo él sabía
cuán acertada había sido esa oración y cuán
bien había sido respondida.

¿Cómo me siento al pedirle ayuda a Dios?

*Rézale a Dios, pero sigue
remando hacia la orilla.*   PROVERBIO RUSO

[Jesús dijo,]
"Todo lo que pidan en la oración,
crean que ya lo han recibido y
lo tendrán."

MARCOS 11:24

A Jim Johnson lo habían enviado a salvar
un hotel al borde de irse a la quiebra. La
situación era tan mala que Jim tuvo que
recurrir a medidas extremas. Cada noche, él
manejaba a la cima de un cerro de donde
divisaba el hotel. El se detenía, y sentado
en el auto, se ponía a rezar por veinte minutos.
El rezaba por los huéspedes del hotel que se
encontraban detrás de los iluminados ventanales.
El oraba por sus empleados y sus familias. El
rezaba por si mismo. Poco a poco, las cosas
empezaron a cambiar en el hotel. Un nuevo
espíritu irradiaba de sus empleados. Un nuevo
calor acogía a cada huesped. Una nueva esperanza
se sentía por todos lados. En el espacio de un
año, el hotel volvió a levantarse. Norman Vincent
Peale, quien cuenta la historia, termina con este
pensamiento: Si la oración de una sola persona
puede traer nueva vida a un hotel, piense en lo que
las oraciones de una nación puede traer al mundo.

¿Cuál es mi reacción al pensamiento de Peale?

Las oraciones se trasladan con más vigor
si es que son dichas al unísono.   GAIUS PETRONIUS

SEMANA 20
Día 3 _____

Oren sin cesar.
1 TESALONICENSES 5:17

El filósofo francés Blaise Pascal señala que
Dios nos creó para que podamos compartir en su
poder divino, y no ser simplemente espectadores.
El compartir el poder divino es una manera de
compartir a "la imagen y semejanza" de Dios.
Pascal señala además que una de las formas
especiales en que compartimos ese poder divino
es mediante la oración. El hace este paralelo:
Así como Dios comparte el poder al hacernos
personas que pueden *pensar*, así también Dios
comparte el poder al hacernos personas que
pueden *orar*. Finalmente, pocas personas podemos
hacer cambios significativos en el mundo mediante
nuestros *pensamientos*, pero todos podemos hacer
cambios con nuestras *oraciones*.

¿En verdad creo yo que el descuidar el don de
Dios de la oración es tan serio como descuidar
el don de Dios de la inteligencia?

La oración es el tipo de energía más
poderoso que uno puede generar.
La influencia de la oración
en la mente y cuerpo humano
se puede demostrar tanto como
la de una glándula secretoria.
La oración es una fuerza
tan real como la gravedad de la tierra.
ALEXIS CARREL, Ganador del Premio Novel

[Jesús les dijo a sus discípulos
en el Huerto de Getsemaní,]
"Siento una tristeza de muerte . . .
Fue un poco más lejos y, tirándose
en el suelo hasta tocar la tierra
con su cara, oró."

MATEO 26:38–39

Un poco antes de la Batalla de Gettysburg, Abraham Lincoln se sintió sobrecogido por el miedo. Se arrodilló y rezó. Más adelante, él dijo, "Nunca antes había orado con tal seriedad. Como quisiera poder repetir mi oración. Yo sentí que debía poner toda mi confianza en el Altísimo, quien solo puede salvar a esta nación de la destrucción." Luego Lincoln se puso de pie y dijo, "Sentí que mis oraciones habían sido escuchadas. . . . No tengo ninguna duda acerca del resultado."

¿Alguna vez me he sentido tan sobrecogida de miedo o de preocupación, que me he echado a orar de rodillas?

Como un padre terrenal,
Dios nos va a socorrer cuando le pidamos ayuda,
pero en una forma en la que nos hagamos
más maduros y reales,
no en una forma que nos empequeñezca.

MADELEINE L'ENGLE

SEMANA 20
Día 5 _____

*[Jesús] buscaba siempre lugares tranquilos
y allí se ponía a orar.*

LUCAS 5:16

El poema "A Legend" (Una Leyenda), de Adelaide
Proctor cuenta acerca de un monje cuya prédica
atraía a multitudes y cambiaba vidas. Cada vez
que él predicaba, un anciano rezaba por él. Un
día el monje le estaba dando gracias a Dios por
el poder de afectar corazones, cuando se le
apareció un ángel y le dijo:
"Hijo mío, no es tu prédica la que enciende
corazones y cambia a la gente. Son las oraciones
del anciano que reza por tí." En otras palabras,
la prédica del monje se puede comparar al cordón
de una lampa eléctrica, y la oración del anciano,
puede compararse con la corriente que fluye a
través de ella. Ambos son necesarios si es que
la lámpara va a encenderse.

¿Alguna vez he rezado para que el sermón del
domingo "encienda corazones"?
¿Debo, quizás, empezar esta práctica?

*La oración es como
prender el interruptor de luz.
Eso no crea la corriente,
simplemente provee el canal
por el cual la corriente eléctrica
va a pasar.*

MAX HANDEL

[Jesús,] elevó los ojos al cielo.
JUAN 17:1

En *The Inner Game of Tennis* (El Juego Interno
del Tenis), W. Timothy Galwey señala que cuando
vemos un juego de tenis por televisión, sólo
vemos el juego *externo*: el *cuerpo* del jugador
en acción. No vemos el juego *interno*: la *mente*
del jugador en acción. Así como el tenis, la
oración también tiene dos acciones o dimensiones:
cuerpo (externo) y mente (interno). El evangelio
se refiere a las dos dimensiones de la oración
de Jesús: cuerpo y mente. Refiriéndose al cuerpo
de Jesús, dice que se arrodilló (LUCAS 22:41),
levantó los ojos al cielo (MARCOS 7:34), y oró
en voz alta (MATEO 26:42). Al referirse a su
mente, dice que uso pensamientos espontáneos
que venían del corazón (JUAN 17:1), así como
también pensamientos memorizados de los salmos.
(MARCOS 15:34).

¿Alguna vez he usado mi cuerpo en la oración:
arrodillándome, levantando mis ojos, rezando
en voz alta? ¿Qué cosas buenas he aprendido que
me ayudan a mejorar la calidad de mi oración?

El presidente egipcio, Anwar Sadat tenía
una marca visible en su frente. El adquirió
esta marca pues, al hacer sus oraciones
varias veces al día, él tocaba el suelo
con la frente.

SEMANA 20
Día 7 _____

*[Jesús dijo,]"Ustedes, pues, oren
de esta forma: 'Padre Nuestro . . .'"*

MATEO 6:9

Hay dos cosas que resaltan en la Oración del
Señor:

• la palabra *Padre* y
• la estructura de la oración.

La palabra que Jesús usó fue Abba, un nombre
de cariño, como nuestra palabra "Papi." Jesús
nos enseñó a tratar a Dios con afecto infantil
y con confianza. La estructura de la Oración
del Señor divide las súplicas en dos:

• tres "tus" peticiones—"Santificado sea tu
  Nombre," venga tu Reino," "hágase tu
  voluntad" y
• tres "nuestras" peticiones—"danos hoy el pan
  nuestro de cada día," "perdona nuestras ofensas,"
  "no nos dejes caer en la tentación."

"Tus" peticiones se refieren al Padre; "nuestras"
peticiones se refieren a nosotros. Ese es el
orden correcto de toda oración verdadera.

¿Cuán fiel soy a la práctica de terminar mis
reflexiones con la Oración del Señor? ¿Cuánto
me ayuda esto?

*Santificado sea tu nombre, no el mío.
Venga tu reino, no el mío.
Hágase tu voluntad, no la mía.*

DAG HAMMARSKJOLD

1   ¿Cómo me siento al pedirle ayuda a Dios
    en mis momentos de necesidad?

2   ¿Cuál es mi reacción a la oración y
    pensamiento de Peale, que si la oración de una
    sola persona puede traer nueva vida a un hotel,
    que podría traer las oraciones de una nación
    a nuestro mundo?

3   ¿Hasta qué punto estoy de acuerdo que descuidar
    el don de Dios de la oración es tan serio como
    descuidar el don de Dios de la inteligencia?

4   ¿Alguna vez me he sentido tan sobrecogida de
    miedo o de preocupación, que me he echado a
    orar de rodillas?

5   ¿Alguna vez he rezado para que el sermón del
    domingo "encienda corazones"? ¿Que es lo que
    pienso respecto a quizás empezar esta práctica?

6   ¿Alguna vez he usado mi cuerpo en la oración:
    arrodillándome, levantando mis ojos, rezando
    en voz alta? ¿Qué cosas buenas he aprendido en
    mi meditación diaria que me pueden ayudar a
    mejorar la calidad de mi oración?

7   ¿Cuán fiel soy a la práctica de terminar mis
    reflexiones con la Oración del Señor? ¿Cuánto me
    ayuda esto?

21 ¿Cuán listo estoy para servir como sirvió Jesús?

La doctora Elisabeth Kubler-Ross es una ex-profesora de siquiatría en la Universidad de Chicago. Ella escribió un libro que batió records de venta, titulado *Death and Dying* (La Muerte y el Morir). El libro surgió de unas entrevistas que hizo a cientos de pacientes, quienes habían sido dado por muertos y luego volvieron a la vida.

Una y otra vez, estas personas narraron que al sufrir estas experiencias, ellas pudieron revivir en forma instantánea, los hechos de sus vidas. Era como ver una película de todo lo que habían hecho en el pasado. ¿Cómo les afectó esto a cada una de ellas? ¿Reveló, acaso, algo significante?

Al comentar sobre esto, la doctora Kubler-Ross dice:

"Cuando uno llega a este punto
[el momento de dejar la vida],
uno ve que sólo existen dos cosas
que son relevantes: el servicio
que se presta a los demás y el amor.
Todas esas cosas que nosotros pensamos
que son importantes, como la fama, el
dinero, el prestigio, y el poder, son
insignificantes."

Las reflexiones de esta semana se enfocan en el servicio afectuoso. La gracia que usted

pedirá está recopilada bellamente en esta
oración atribuída a San Ignacio de Loyola:

Señor, enséñame a ser generoso,
Enséñame a servirte como te mereces;
a dar, sin ver lo que me ha costado;
a luchar, sin prestar atención a las heridas
a trabajar árduamente, sin buscar descanso;
a laborar, sin pedir recompensa,
sólo déjame saber
que estoy haciendo tu voluntad.

Pautas para la Semana

Usted quizás desee aprender de memoria
esta oración de San Ignacio y rezarla de
vez en cuando durante el día—mientras que
está esperando que el semáforo le de la luz
verde o cuando esté haciendo sus ejercicios.
También podría hacer una copia de la oración
y ponerla en su billetera o cartera.

Por supuesto, éstas son sólo sugerencias.

Lectura Diaria

1	Qué quiere Dios	Is 58:5–12
2	Quién es el más grande	Mc 10:35–45
3	Lavar los pies del otro	Jn 13:1–17
4	Cambio de suerte	Lc 16:19–31
5	Quién es mi prójimo	Lc 10:25–37
6	Lo que hizo la justicia	Is 1:10–17
7	Tuve hambre	Mt 25:31–46

SEMANA 21
Día 1 _____

"Tuve hambre y ustedes me alimentaron."
MATEO 25:35

Un monje anciano rezó por muchos años para
recibir una visión de Dios. Esta vino un
día, justo al momento en que el monje estaba
listo para dar de comer a los pobres que a
diario se reunían en la puerta del monasterio.
Si él no aparecía, los pobres se retiraban,
pensando que el monasterio no tenía nada que
ofrecerles ese día. El monje estaba debatiendo
entre su obligación a los pobres y la visión
celestial. Luego, con tristeza en el corazón,
tomó su decisión: Él daría de comer a los
pobres. Una hora después, el monje regresó a
su habitación. Cuando abrió la puerta, casi
no podía dar crédito a sus ojos. Allí estaba
la visión, esperándolo a él. Le sonrió y le
dijo, "Hijo mío, si no hubieses ido a dar de
comer a los pobres, yo no te hubiese esperado."

¿En qué sentido es esto pertinente a mi vida?

Dejemos que aquellos que buscan a Dios
visiten las prisiones
antes de ir al templo.
Dejemos que visiten los hospitales
antes de ir a la iglesia.
Dejemos que den de comer al hambriento
antes de leer la Biblia.
TOYOHIKO KAGAWA (adaptado)

"Tuve sed y ustedes me dieron de beber."
MATEO 25:35

Eddie Fischer sabía qué clase de preguntas le
harían los reporteros de la televisión: "¿Por
qué está usted caminando de Guatemala a
Pennsylvania?"
"Estoy tratando de levantar fondos para un
sistema de agua en Rabinal, en donde treinta
mil indios se han quedado sin un sistema de
agua potable desde el terremoto."
"Primeramente, ¿por qué razón un estudiante
universitario como usted viajó a Rabinal?"
"Yo me ofrecí de voluntario para reconstruir
el sistema de agua. Uno nuevo costaba $300,000
y ellos no tenían esa cantidad de dinero. Así
que cuando mi pasaje de regreso caducó, pedí
un reembolso y decidí tratar de levantar fondos
caminando de regreso a casa." Luego de seis
meses y cuatro mil millas, Eddie llegó a
casa. Su "Caminata por Agua" consiguió $300,000
en fondos.

¿Qué es lo que me impide ofrecerme de voluntario
para ayudar a personas menos afortunadas?

Usa todos los talentos que tengas:
los bosques estarían silenciosos
si solo cantaran allí
las aves que cantan mejor.
HENRY VAN DYKE

SEMANA 21
Día 3 _____

"Pasé como forastero y ustedes me recibieron."
MATEO 25:35

Roy Popkin cuenta la historia real de un anciano que perdió el conocimiento en una calle de Brooklyn y lo llevaron de emergencia al hospital de Kings County. Después de hacer algunas indagaciones, una enfermera de lugar pareció localizar al hijo del anciano, quien era un marino que trabajaba en Carolina del Norte. Cuando el marino llegó al hospital, la enfermera le dijo al anciano, "Su hijo está aquí." El pobre anciano, sosegado ya con tanta medicina, levantó su brazo tembloroso. El marino tomó su mano y la tuvo entre las suyas por varias horas. De vez en cuando, la enfermera le sugería al marino que se tomara un descanso, pero él rehusaba. Cerca de la madrugada, el anciano falleció. Luego que murió, el marino le preguntó a la enfermera, "¿Quién era ese hombre?" La enfermera le dijo, "¿No era ese su padre?" "No," dijo el marino, "pero vi que se estaba muriendo y en ese momento él necesitaba a un hijo desesperadamente y por eso me quedé."

¿Cuándo fue la última vez que hice algo extraordinario para acompañar a alguien, simplemente porque esa persona me necesitaba?

Si no tienen caridad en el corazón,
tienes la peor de las enfermedades del corazón.
BOB HOPE

"Anduve sin ropas y me vistieron."
MATEO 25:35

La hermana Emanuela vive entre miles de
recogedores de basura en el Cairo. Estas
personas viven rebuscándose los basureros de
la ciudad. El día normal de la hermana empieza
a las cuatro y treinta de la mañana cuando ella
se levanta en su choza que tiene un hueco en el
techo. Luego de lavarse en un balde, ella
camina dos millas para escuchar la Misa. Al hacer
la caminata ella tiene que pasar por basurales y
en medio de perros hambrientos. A las nueve de la
mañana ella empieza sus clases de Arabe, lo cual
enseña a cuarenta niños. Termina la clase
enseñándoles como rezar. Luego, visita a las
familias y en un cuaderno, apunta sus necesidades
más perentorias. La hermana Emanuela es una
persona muy gentil, dice la revista *Time*. Pero
"su gentileza se convierte en acero cuando tiene
que amendrentar a los burócratas y a los banqueros
para que ayuden a los recogedores de basura."

¿Alguna vez he considerado dar mi vida—o parte de
ella—al servicio de los pobres, así como lo
ha hecho la hermana Emanuela?

Los grandes espíritus no son aquellos
que tienen menos pasión y mayores virtudes
que otros espíritus,
sino más bien quienes tienen mejores designios.
FRANCOIS DE LA ROCHEFOUCAULD

SEMANA 21
Día 5 _____

"Estaba enfermo y fueron a visitarme."
MATEO 25:36

Un viejo nativo de Nueva Guinea solía leer
historias de la Biblia a los pacientes que
esperaban ser vistos o tratados en la clínica
misionera. Un día sintió que no podía leer
muy bien. El doctor le examinó la vista y
encontró que el hombre se estaba volviendo
ciego muy rápidamente. Al día siguiente, el
hombre no se apareció por el hospital. Alguien
comentó que lo había visto irse a las montañas
solo. Al cabo de una semana, un niño guió al
doctor al escondite del anciano. "¿Qué estás
haciendo aquí?" le preguntó el doctor. El
anciano replicó, "Mientras que todavía me
queda algo de vista, doctor, quiero aprenderme
de memoria las historias y pasajes de la
Biblia. Así, cuando pierda mi vista por
completo, podré regresar al hospital y seguir
contáandoles a los pacientes acerca de Jesús."

¿Qué es lo que me mantiene reacio a compartir la
Buena Nueva de Jesús con los demás, en forma
tan entusiasta como el anciano?

[Jesús dijo,]
"Yo les digo que si ellos
[mis discípulos] callan,
las piedras gritarán."
LUCAS 19:40

"Estuve en la cárcel y me fueron a ver."
MATEO 25:36

San Pedro Claver fue un sacerdote jesuita. El
trabajó con los esclavos negros durante el
siglo diecisiete en América del Sur. Pedro
escribió una misiva a un amigo:
"Ayer . . .
un gran número de personas de raza negra,
capturadas en las orillas ribereñas del Africa,
fueron traídas a nuestras playas en un gran barco.
Nosotros fuimos rápidamente, llevando canastas de
naranjas, limones, pasteles dulces . . .
Muchas personas de raza negra estaban echadas en
el barro . . . desnudos sin ropa alguna.
Nosotros nos sacamos nuestras capas, luego fuimos
a la tienda a comprar toda la madera que tenían
y la llevamos para hacer una plataforma.
Luego, abriéndonos pasa entre los guardianes,
poco a poco fuimos sacando a los enfermos y
los pusimos en la plataforma." (ligeramente adaptado).

Cuando me imagino que soy un esclavo, desnudo
y enfermo, en medio del barro, ¿que es lo
que pienso cuando estoy allí tirado?

Una personas puede ser tan santa
en la fábrica como en el monasterio;
y en ambos sitios, hay necesidad
de una persona santa.
ROBERT J. CRACKEN (adaptado)

SEMANA 21
Día 7 _____

*"En verdad les digo que, cuando lo
hicieron con alguno de estos más pequeños,
que son mis hermanos,
lo hicieron conmigo."*   MATEO 25:40

Al llegar a los ochenta años, Lorraine Hale se
había pasado dieciseis años ayudando a cerca de
seiscientos bebes a curar su addicción a las
drogas. Estas diminutas víctimas, son hijos o
hijas de madres drogadictas, quienes adquieren
el vicio en el vientre. Ellos tiemblan, vomitan,
y sufren de diarreas incontenibles. Usualmente
toma unas seis semanas curarlos de la adicción.
La "Madre" Hale empezó esta labor en su propia
casa en Harlem, utilizando su propio dinero.
Había veces que ella cuidaba a veinte bebitos
al mismo tiempo. Su trabajo casi pasaba
desapercibido hasta que llegó a oídos del
Presidente Reagan. Muy pronto, ella obtuvo un
equipo de ayudantes y un centro completamente
equipado.

Si yo estuviese en una situación como
la que estuvo la Madre Hale—
sin dinero, sin poder comprar comida
para esos bebitos bajo mi cuidado—
¿qué le diría a Dios al respecto?

*La caridad es un niño desnudo,
dando miel a una abeja sin alas.*
                    FRANCIS QUARLES

1   ¿En qué forma me podría afectar a mi
    la historia del monje que tuvo la
    visión?

2   ¿Qué es lo que me impide ofrecerme de
    voluntario para ayudar a personas
    menos afortunadas?

3   ¿Cuándo fue la última vez que hice algo
    extraordinario para acompañar a alguien,
    simplemente porque esa persona me
    necesitaba?

4   ¿Alguna vez he considerado dar mi vida—
    o parte de ella—al servicio de los
    pobres, así como lo ha hecho la hermana
    Emanuela?

5   ¿Qué es lo que me mantiene reacio a
    compartir la Buena Nueva de Jesús con
    los demás, en forma tan entusiasta como
    el anciano?

6   ¿Qué pensamientos me vienen a la mente cuando
    me imagino que soy un esclavo que está desnudo
    y enfermo, tirado en medio del barro, luego de
    que me trajeran un barco de esclavos?

7   ¿Qué pensamientos me vienen a la mente cuando
    me imagino ser la Madre Hale, sin dinero,
    sin poder comprar comida para esos bebitos
    que están bajo mi cuidado?

22 ¿Cuán cerca quiero estar al caminar con Jesús?

(Tres Grados de Humildad)

Un ángel estaba caminando en la calle, llevando una antorcha en una mano y un balde de agua en la otra.

Una mujer le preguntó al ángel, "¿Qué es lo que vas a hacer con la antorcha y el balde?" El ángel le dijo, "Con la antorcha, voy a quemar todas las mansiones del cielo; y con el balde de agua, voy a apagar todos los fuegos del infierno. Y entonces, veremos quienes *realmente* aman a Dios."

El detalle que el ángel quería mostrar es que mucha gente sigue a Jesús más por miedo (del infierno), y esperanza (del cielo), que por amor (a Dios).

Las reflexiones de esta semana se concentran en su amor a Dios. Ellas le ayudarán a discernir cuán profundo es este amor. La gracia que usted pedirá es:

Padre,
bendíceme con un amor
que me motive para
querer caminar con Jesús
lo más cerca posible,
hasta el punto de pasar pobrezas
y deshonor—así como El—
si esto es para tu gloria mayor.

Pautas para la Semana

En esta reflexión, llamada *Three Degrees of Humility* (Tres Grados de Humildad), en las que se basan las reflexiones de esta semana, San Ignacio hace una distinción entre los tres niveles de nuestro amor a Dios.

El primero es el nivel *esencial.* En este nivel, por lo menos, amamos a Dios en esta forma: No hay ninguna persona o cosa que sea tan atractiva que por esa persona o cosa ofendamos a Dios seriamente. Este nivel de amor nos invita a rezar a San Ignacio:

Señor, enséñame a ser generoso,
Enséñame a servirte como te mereces;
a dar, sin ver lo que me ha costado;
a luchar, sin prestar atención a las heridas
a trabajar árduamente, sin buscar descanso;
a laborar, sin pedir recompensa,
sólo déjame saber
que estoy haciendo tu voluntad.

El segundo nivel del amor es el *lógico.* En este nivel, amamos tanto a Dios que deseamos complacerlo en todo lo que hacemos. En otras palabras, la lógica nos dice que debemos hacer más que no ofender a Dios. Este nivel de amor nos invita a rezar con Ignacio:

Toma, Señor,
y recibe toda mi libertad, mi memoria,
mi entendimiento, y mi voluntad completa—
todo lo que yo amo.

Tú me has dado todas estas cosas.
Ahora yo las pongo a tu servicio,
para que las uses como tu quieras.
Dame sólo tu amor y tu gracia,
Esto es suficiente para mí.

El tercer nivel de amor es el *disparatado*.
En este nivel, amamos tanto a Dios que no
nos contentamos simplemente con complacerlo.
Deseamos hacer cosas para Dios que uno que
no ama las vería como insensatas. Por
ejemplo, deseamos seguir al Hijo de Dios
con tal perfección, que preferimos la
pobreza a la riqueza, ya que esto nos hace
parecernos más a Jesús, quien vivió una vida
de pobreza. Y preferimos el insulto y el
rechazo, porque esto nos hace parecernos
más a Jesús, quien fue insultado y
rechazado, hasta el punto de haber sido
cruficicado entre dos criminales.
Este nivel de amor nos invita a orar
con San Ignacio:

Señor, pido servirte:
primero, con una plena pobreza de espíritu,
inclusive, con pobreza verdadera si eso te
place, y segundo, pido servirte
sufriendo insultos y rechazo,
para imitar mejor a Jesús—
siempre que yo haga esto
sin ser causa de pecado a otros y si es
que va a ser para tu gran honor y gloria.

Es obvio que las reflexiones de esta semana son extremadamente importantes. Usted pueda que sienta el deseo de buscar la ayuda de Dios para poder realizar esto bien, haciendo algo especial durante la semana. Por ejemplo, usted puede ir a Misa todos los días.

Nuevamente, le repetimos, esto es sólo una sugerencia. Lo importante es tratar—de una manera mucho más especial—de abrir nuestros corazones a la gracia de Dios en la semana venidera.

Lectura Diaria

1	Acepta mis disculpas	Lc 14:16–24
2	A quien temo	Mt 10:26–33
3	El te honrará	Ju 12:20–26
4	Traigo una espada	Mt 10:34–39
5	Renunció a todo	Fil 2:6–11
6	No hay amor más grande	Jn 15:12–17
7	Amor nacido del perdón	Lc 7:36–50

SEMANA 22
Día 1 _____

*[Jesús dijo,] "Todo el que pone la mano
al arado y mira para atrás, no sirve
para el Reino de Dios."*

LUCAS 9:62

Los cristianos vienen en tres modelos:
balsas, botes de vela, y remolcadores.
Primero tenemos a las *balsas*. Básicamente,
estos son cristianos sólo de nombre. Ellos
siguen a Jesús cuando otros los empujan o
los jalan. Segundo, están los botes de vela.
Ellos siguen a Jesús, pero sólo en los días
soleados. Cuando viene la tormenta, ellos van
en la dirección del viento y las olas. En otras
palabras, ellos siguen a la multitud más que a
Jesús. Finalmente, tenemos a los remolcadores.
Ellos siguen a Jesús sin importarles el clima.
Ellos van en esa dirección no sólo cuando el
viento y las olas los empujan, sino también
cuando los vientos y las olas van en sentido
contrario. Los remolcadores no siempre van tan
rápido como deberían, pero siempre van recto.

¿Qué "modelo" soy yo?
Si yo fuese arrestado por ser cristiano,
¿encontrarían suficiente evidencia para
condenarme?

Ser cristiano es ser como Cristo.
WILLIAM PENN (adaptado)

[Jesús dijo] "Al que me reconozca
delante de los hombres, yo lo reconoceré
delante de mi Padre."

MATEO 10:32

Arthur Jones fue llamado al servicio militar
para servir en la Fuerza Aérea Real de
Inglaterra. En la primera noche que pasó en
el campamento, él tuvo que tomar una decisión.
¿Continuaría él con la práctica de arrodillarse
cada noche para rezar sus oraciones? Estaba
un poco dudoso. Luego pensó: "¿Por qué voy a
cambiar? Sólo por el hecho de estar lejos de
casa, ¿voy a dejar que otros dicten lo que yo
hago?" Lo que sucedió fue que él era el único
católico en esa barraca. Sin embargo, noche
tras noches, él rezaba arrodillado. El dijo
que esos breves minutos que pasaba de
rodillas, eran causa de largísimas discusiones.
La última noche en el campamente, alguien le
dijo, "Eres el mejor cristiano que he
conocido." Arthur no estaba de acuerdo con
esto, pero le agradeció de todas maneras.

¿Cuánto más me motiva la preocupación de lo
que vayan a pensar mis amigos? ¿O la
preocupación de lo que vaya a pensar Dios?

Lo que necesitamos no es más cristianismo,
sino más cristianos que lo practiquen.

E.C. MCKENZIE

SEMANA 22
Día 3 _____

[Jesús dijo,]
"Si alguien me sirve,
mi Padre le dará honor."　JUAN 12:26

La película *Chariots of Fire* fue basada en la historia real de Eric Liddell, de Inglaterra. El era el favorito para ganar la medalla de oro en la carrera de los 100 metros planos en las Olimpiadas de 1924. Entonces llegó la noticia: el evento se realizaría en un día domingo, lo cual para Eric iba a ser muy problemático, pues esto era contrario a sus creencias religiosas. Cuando la nación se enteró que Eric no correría el domingo, le pusieron una presión increíble para que violara sus convicciones religiosas. Pero él se mantuvo firme. Más adelante, Eric cambió la competencia para correr en los 400 metros planos, pero ésta era una carrera que él nunca había corrido en su vida. Justo antes de la competencia, Jackson Scholz, un corredor americano, le entregó una nota que decía, "Si alguien me sirve, mi Padre le dará honor." (JUAN 12:26) Segundos más tarde, Eric ganó el evento. Apretada enn su mano, se encontraba la nota que Jackson le había dado.

¿Puedo recordar algún momento en el cual tuve que arriesgar muchísimo a fin de mantenerme fiel a mis creencias?

El único tirano que acepto en este mundo
es la voz escondida dentro de mí.　MOHANDAS K. GANDHI

Jesús . . . reprendió a Pedro.
"¡Detrás de mí, Satanás!", le dijo.
"Tú no piensas como Dios."   MARCOS 8:33

La obra *A Man for All Seasons* (Un Hombre para
Todas las Estaciones) está basada en la historia
real de Sir Thomas More. En una escena, Lord
Norfolk trata de persuadir a Thomas a que firme
un papel que estipulaba que el reciente
matrimonio del Rey Enrique VIII tenía validez.
Si More rehusa, el rey lo ejecutaría por traición.
Entonces Norfolk, frustrado, grita: "¡Maldita sea
. . . mira estos nombres . . .
Tú conoces a estos hombres! ¿No podrías
hacer lo que yo hice y te unes a nosotros
por compañerismo?" Sir Thomas rehusa
nuevamente, poniendo su lealtad a Dios antes
que cualquier otra cosa, inclusive su propia vida.

¿En qué aspecto de mi vida estoy sintiendo
la presión de mis amigos para seguir lo
que ellos hacen, en vez de seguir lo que
creo yo es correcto?

Si un hombre
no marca el paso al igual que sus compañeros,
quizás sea porque él escucha el
compás de otro tambor.
Déjenlo que mantenga el paso con la
música que él escucha, no importa
como se mida la música, o que lejos esté.
                              HENRY DAVID THOREAU

SEMANA 22
Día 5 _____

[El Hijo de Dios] se despojó,
tomando la condición de servidor.
FILEPENSES 2:7

Un rey se enamoró de una joven campesina,
pero pensó que si se casaba con ella y
permanecía como rey, la brecha entre ellos
podría ser muy profunda. Ella siempre podría
estar consciente de su condición de campesina
pobre y la condición real de él. Así que el
rey decidió renunciar a su trono y volverse
campesino pobre como ella. El se dió cuenta,
sin embargo, que este plan podría salirle
mal. La gente lo podría considerar como un
tonto y la chica lo podría rechazar. El
podría quizás terminar sin chica y sin trono.
Pero el rey amaba tanto a la campesina que
decidió arriesgar todo para llevar a cabo
este matrimonio.

¿En qué forma es esta historia una parábola
del amor de Jesús hacia mi? ¿Cuánto más
estoy dispuesto a arriesgar imitando a
Jesús, quien arriesgó tanto por mí?

Para alcanzar el puerto del cielo,
a veces, tendremos que navegar con el viento
y, a veces, contra el viento—
pero de todas formas, tenemos que navegar,
sin irnos a la deriva, ni quedarnos anclados.
OLIVER WENDELL HOLMES

[Jesús dijo,]
"No hay amor más grande que éste:
dar la vida por sus amigos." JUAN 15:13

El coronel John Mansure cuenta esta historia
en la revista *Missileer* (Misilero). Unos
proyectiles de mortero habían hecho blanco en
un orfelinato en Vietnam, hiriendo a varios
de los niños. Un médico naval norteamericano
vió que una de las niñas necesitaba una
transfusión de sangre de inmediato. Habían
varios niños sanos que tenían el mismo tipo
de sangre de la niña. Usando un vietnamés
muy mal hablado, el doctor les explicó sobre
la necesidad de la sangre y preguntó si alguno
de ellos quería donar sangre. Al principio,
nadie respondió, pero luego, un niñito levantó
la mano. Inmediatamente, el doctor procedió
a ponerle un poco de alcohol al bracito, metió
la aguja y sacó un poco de sangre. Después que
todo esto paso, el niño empezó a llorar. No
había como calmarlo, ni siquiera con los
abrazos que se le daba. Más tarde, se descubrió
el por qué. El niño había entendido que al
dar su sangre, él moriría.

¿Cuán listo estoy para imitar a Jesús—
inclusive dando mi vida por otro?

Es posible dar sin amar, pero
es imposible amar sin dar. RICHARD BRAUNSTEIN

SEMANA 22
Día 7 _____

*[Cuando Tomás vió las heridas
en el cuerpo de Jesús resucitado,
se arrepintió de haber dudado y exclamó,]
"¡Tú eres mi Señor y mi Dios!"*

JUAN 20:28

Piri Thomas estaba compartiendo una
celda con "el flaco." Uno noche Piri pensó
en su vida pasada y se arrepintió de sus
pecados. Esperó hasta que el flaco se había
dormido y se arrodilló, rezando en voz alta.
El nos cuenta:
"Le dije a Dios lo que había en mi corazón . . .
Se lo dije de una manera sencilla . . .
Le conté acerca de mis deseos y mis necesidades,
de mis esperanzas y de mis desconsuelos."
Luego de que Piri terminara con su oración, una
voz dijo, "Amén." Era la voz del flaco. Ninguno
de los dos hombres habló por mucho rato. Luego,
Piri, se subió a su camarote, diciendo, "Buenas
noches, flaco. Yo pienso que Dios está siempre
con nosotros. Lo que pasa es que nosotros, no
estamos siempre con El."

¿Cuán listo estoy de arrepentirme de mi pasado,
como lo hizo Thomas, y seguir a Jesús tan
cerca como me sea posible en el futuro?

*Son las decisiones, no la suerte,
lo que determina el destino.*
E. C. MCKENZIE

REUNION SEMANAL
_____ Compartiendo la Agenda

1   Si yo fuese arrestado por ser cristiano,
    ¿qué aspecto de mi comportamiento podría
    servir como evidencia de que lo soy?

2   ¿Cuánto más me motiva la preocupación de
    lo que vayan a pensar mis amigos? ¿O la
    preocupación de lo que vaya a pensar Dios?

3   ¿Puedo recordar algún momento en el cual
    tuve que arriesgar muchísimo a fin de
    mantenerme fiel a mis creencias?

4   ¿En qué aspecto de mi vida estoy sintiendo
    la presión de mis amigos para seguir lo
    que ellos hacen, en vez de seguir lo que
    creo yo es correcto?

5   ¿En qué forma es esta historia una parábola
    del amor de Jesús hacia mi? ¿Cuánto más
    estoy dispuesto a arriesgar imitando a
    Jesús, quien arriesgó tanto por mí?

6   ¿Cuán listo estoy para imitar a Jesús—
    inclusive dando mi vida por otro?

7   ¿Cuán listo estoy de arrepentirme de mi
    pasado y seguir a Jesús tan cerca como
    me sea posible en el futuro?

23 ¿Cuán listo estoy para decidirme a caminar con Jesús?

Un muchacho de quince años iba acompañando a su papá en el carro, cuando pasaron delante de un pequeño aeropuerto en Ohio. Un avión que iba volando muy bajo, empezó a caer haciendo giros y se vino en picada sobre la pista de aterrizaje. El muchacho gritó, "¡Papá, detén el carro!"

Momentos más tarde, el muchacho sacaba al piloto de la cabina del avión. Este era un joven de veinte años, quien estaba aprendiendo a volar y había estado practicando despegues y aterrizadas. El joven murió en los brazos del muchacho.

Cuando el muchacho llegó a casa, abrazó a su madre y llorando, le dijo, "¡Mamá, ese joven era mi amigo! ¡Sólo tenía veinte años!"

Esa noche, el muchacho estaba muy triste y no quiso comer. Se fue a su cuarto, cerró la puerta, y se echó en la cama. El trabajaba a medio tiempo en una botica. Cada centavo que el ganaba, lo gastaba en tomar lecciones de vuelo. Su meta era conseguir su licencia de piloto cuando cumpliese sus dieciseis años.

Los padres del muchacho se preguntaban acerca de los efectos que esta tragedia tendría en el muchacho. ¿Seguiría tomando sus lecciones de vuelo o desistiría de ello? Ellos acordaron que la decisión tendría que tomarla él mismo.

Dos días más tarde, la madre trajo unas galletas recién horneadas al cuarto del muchacho. Encima de su cómoda, ella vió un cuaderno abierto, el cual él había tenido desde pequeño. El la parte de arriba de la página, en letras grandes, estaba escrito, "El Carácter de Jesús." Abajo, en una lista, estaban estas cualidades:

"Jesús no tiene pecado;
era humilde;
defendía a los pobres;
no era egoísta;
estaba cerca a Dios . . ."

La madre vió que su hijo, en esta hora de decisión, había recurrido a Jesús para que lo iluminara. Luego, volteando hacia el hijo, le preguntó, "¿Qué has decidido hacer acerca de tus lecciones de vuelo?" El muchacho replicó, "Mamá, espero que tanto tú como papá, entiendan que, con la ayuda de Dios, yo tengo que continuar volando."

Ese muchacho era Neil Armstrong. El 20 de julio de 1969, él fue el primer ser humano que caminó en la Luna. Muy pocas personas de las que vieron este histórico evento, sabían que una de las razones por las que Neil Armstrong estaba caminando en la Luna, era Jesús. No sabían que fue Jesús, de quien él sacó valor y guía para continuar volando.

Tome en consideración esta segunda historia. En enero de 1973, a Joe Paterno, entrenador principal de *Penn State*, le ofrecieron un millón de dólares para entrenar a los *Patriots* de New England. El se sentía feliz con la oferta y llamó al dueño de los *Patriots*, Billy Sullivan, paa decirle que se reunirían al día siguiente en Nueva York. Esa noche Joe Paterno no pudo dormir.

A la mañana siguiente, luego de refleccionar largamente, Paterno llamó a Sullivan y le dijo que no iba a aceptar su oferta. Más adelante, explicó sus razones a los comentadores deportivos. El les dijo que la oportunidad de influenciar las vidas de los estudiantes universitarios era más importante que el dinero y el prestigio que podría alcanzar siendo entrenador de una liga profesional.

En ambas historias se tuvo que tomar decisiones importantes. En ambas se tuvo que discernir acerca de la voluntad de Dios sobre lo que uno va a hacer. La gracia que usted pedirá es:

*Señor, bendíceme con
una visión clara
para discernir sobre lo que tu
quieres para mi y
con un corazón valiente
para llevarlo a cabo.*

Pautas para la Semana

¿Cómo puede discernir sobre lo que Dios quiere para usted? Por ejemplo, ¿cómo uno aprende acerca de lo Dios quiere que hagamos, respondiendo a nuestro llamado, así como lo hizo Armstrong? ¿O cómo discernir entre hacer o no algún cambio en nuestra vida de trabajo, así como lo hizo Paterno?

San Ignacio nos dice que hay tres ocasiones cuando se pueden hacer estas clases de decisiones:

La primera vez, es cuando hay una *claridad* absoluta sobre lo que es la voluntad de Dios. Piense en San Pablo en su camino a Damasco (HECHOS 9:1–15). No existía en su mente duda alguna de lo que Dios quería que Pablo hiciera.

La segunda vez es cuando uno experimenta una *agitación* respecto a lo que debe hacer. Piense en Joe Paterno, que sentía que lo jalaban para aquí y para allá. En momentos como este, usted puede someterse a una "prueba" y ver a dónde lo jala Dios. Por ejemplo, Paterno supo que aquello que le traía paz interior, era la elección correcta.

La tercera vez, es cuando uno no experimenta *ni claridad ni agitación.* Piense en Neil Armstrong. Después del accidente del avión él no experimentó ni claridad ni agitación. El simplemente quería volver a asegurarse acerca de si iba a continuar volando o no.

Luego de ver lo positivo y lo negativo del asunto, y luego de rezar, el decidió continuar.

Cuando nos llega el momento de esta tercera decisión, Ignacio nos ofrece dos formas para discernir sobre la voluntad de Dios. La primera encierra seis pasos:

1 Aclare la decisión que debe tomar y las alternativas que existen delante suyo.
2 Recuerde que su decisión debe estar de acuerdo con el propósito para el cual lo creó Dios: para compartir su vida y su amor con Dios y con los demás para siempre.
3 Ore por la gracia de ser anuente a la selección correcta.
4 Haga una lista de lo positivo y lo negativo de cada selección.
5 Determine cuál de las selecciones parece estar *más* de acuerdo con el propósito para el cual lo creo Dios.
6 Haga su decisión, pidiéndole a Dios que le confirme (dándole el don de la paz interior) que ha hecho una buena decisión.

El segundo proceso, involucra cinco pasos:

1 Pregúntese, Esos cambios internos que siento—ya sea a favor o en contra—¿nacen de mi amor por Dios o de alguna otra fuente, como por ejemplo, de mi egoismo?
2 Imagínese que usted es una persona que nunca antes ha conocido. A usted le cae

bien esta persona y quiere lo mejor para
el o ella. Pregúntese, ¿Qué le aconsejaría
a esta persona si ella tuviese que tomar
la misma decisión que yo?

3 Imagínese la hora de su muerte. Pregúntese,
¿Cuál selección me daría la mayor alegría
en ese momento?

4 Imagínese usted ante el tribunal de Dios,
después de su muerte. Pregúntese, ¿Cuál
selección me daría la mayor alegría en
ese momento?

5 Tome su decisión, pidiéndole a Dios que
le confirme si es que es la correcta.

Una observacón final. Usted no se ve enfrentado
con frecuencia a hacer una decisión acerca de
su vida o acerca de hacer algún cambio en ella.
Más bien, se trata de una decisión acerca de
cuán bien está viviendo la elección que ya hizo.
Si usted no lo está haciendo bien, entonces, ¿qué
es lo que debe cambiar?

Lectura Diaria

1	Ignorando al pobre	Lc 16:19–31
2	Te odiarán	Mt 10:16–25
3	Haciendo pecar a otros	Mt 18:6–9
4	El sufrió por nosotros	Is 53:3–8
5	El Buen Pastor	Jn 10:11–18
6	Recoge la cosecha	Lc 10:1–9
7	Sal y luz	Mt 5:13–16

SEMANA 23
Día 1 _____

"Hijo, acuérdate de que recibiste ya tus
bienes durante la vida, lo mismo que Lázaro
recibió males." LUCAS 16:25

Cuando tenía treinta años de edad, Albert
Schweitzer renunció a una exitosa carrera
en el campo de la música para convertirse
en misionero en el Africa. Una de las historias
del Evangelio que lo inspiró para hacerlo, fue
la historia de Lázaro. Se trata de un hombre
rico quien a diario tenía banquetes, mientras
que Lázaro mendigaba comida a sus puertas.
Pero el hombre rico lo ignoraba y más bien
compartía el banquete con sus perros. Luego,
tanto Lázaro como el hombre rico fallecieron.
En el otro mundo, sus plegarias se
invirtieron. Sólo entonces, el hombre rico se
dió cuenta de lo duro e insensible que había
sido. Cuando Schweitzer leyó la parábola, el
pensó que su hermano africano era Lázaro y
él era el hombre rico. Entonces se preguntó
a sí mismo, "¿Cómo puedo yo gozar de los
placeres mientras que mi hermano africano
se retuerce de dolor?"

¿Me he sentido alguna vez como se sintió
Schweitzer?

Toda acción de nuestra vida
toca alguna cuerda
que vibrará en la eternidad. EDWIN HUBBEL CHAPIN

[Jesús dijo,]
"Por mi causa, ustedes serán llevados ante
los gobernantes y los reyes."

MATEO 10:18

Un joven poeta de Corea del Sur, Kim Chi Ha,
fue sentenciado a cadena perpetua por
escribir poemas que criticaban la forma en
que el gobierno de su país trataba a los
pobres. La mamá de Kim Chi Ha, escribió en
la revista *Maryknoll* que ella estaba de
acuerdo con todo lo que escribía su hijo
pues "todos debemos estar con los pobres y
los oprimidos de nuestra sociedad.
La sociedad humilla a estas personas, pero
el Evangelio nos dice que ellas son
importantes. Hay una verdadera lucha
contra la maldad en el mundo, y debemos
tomar esta lucha muy en serio."
La mamá de Kim Chi Ha concluye diciendo:
"Yo quiero seguir los pasos de mi hijo y
de su declaración . . . Yo quiero
identificarme con el oprimido, con el
afligido, con el rechazado. . . .
Este es mi sueño, mi fe."

¿Cuán en serio tomo la lucha
contra la maldad en el mundo?

La apatía es el guante
en donde la maldad mete su mano.   BODIE THOENE

SEMANA 23
Día 3 _____

[Jesús dijo,]
"Es imposible que no haya
escándalos y caídas.
¡Pero pobre del que hacer caer
a los demás!" LUCAS 17:1

Bubba Smith, el ex jugador de futbol
americano, es también famoso por sus
comerciales de cerveza. En octubre de 1985,
Michigan State lo eligió como el gran mariscal
del desfile anual de la universidad. Bubba
estaba feliz. Mientras desfilaba entre las
calles llenas de estudiantes, él escuchaba
las frases de su comercial, "Gusto esquisito;"
por otro lado, escuchaba, "Menos engordante."
Era obvio que estos comerciales de cerveza
que hacía Bubba tenían muchísimo éxito. Esa
noche, Bubba se sentía tan fastidiado porque
los estudiantes estaban tomando en exceso,
que decidió no hacer más comerciales. El
sintió miedo de estar influenciando a los
estudiantes a hacer algo que él no quería
hacer. Esta decisión le costó muchísimo
dinero, pero Bubba sabía que algo
mucho más grande estaba en juego.

¿Cuán preparado estoy para involucrarme
en la lucha contra la maldad en el mundo?

Nosotros somos lo que escogemos ser.
                    JEAN PAUL SARTRE

*Y por sus llagas
fueron ustedes sanados.*   1 PEDRO 2:24

La novela *Great Expectations* (Grandes
Expectativas) se trata de un muchacho llamado
Pip, quien proviene de una familia pobre. Un
día Pip se mostró compasivo con un extraño
a quien todos rechazan. Meses más tarde, un
abogado se presenta en casa de Pip para
decirle que, anualmente, él va a recibir una gran
suma de dinero, de parte de un donante anónimo.
Sólo hay una condición. Que Pip vaya a
Londres a educarse en los mejores colegios.
La vida de Pip cambia increíblemente, nunca
soñó con algo así. Años más tarde, un hombre
de baja calaña y sin educación, llega a las
puertas de la mansión de Pip, en un barrio
precioso de Londres. Pip lo trata mal y lo
echa de mala gana. Luego viene la sorpresa.
El hombre resultó ser aquel extraño con quien
Pip se mostró compasivo años atrás y quien
resultó ser también aquel donante anónimo.
Este trabajó muchísimo toda su vida para
darle a Pip una vida nueva. Pip está tan
arrepentido que no puede ni hablar.

¿De qué manera es esta historia una
parábola de lo que Jesús ha hecho por mí—
y de lo que yo estoy haciendo por Jesús?

*Quien no se queda en su pequeñez,
pierde su grandeza.*   SAN FRANCISCO DE SALES

SEMANA 23
Día 5 _____

*Dios mío, enséñame tus caminos,
para que así ande en tu verdad.*
SALMO 86:11

El veterano de la guerra de Vietnam, Charlie
DeLeo consiguió un trabajo como trabajador
de mantenimiento en la Estatua de la Libertad.
El tenía a su cargo la limpieza de las
doscientas ventanas de vidrio en la corona de
la estatus y de la antorcha, así como el
funcionamiento de las lámparas de vapor de
sodio. Señalando a la antorcha, Charlie dijo,
"Esa es mi capilla . . . allí subo durante mis
descansos y me pongo a meditar." Un día él
escribió esta oración: "Oh, Señor, yo nunca
espero tener la fe de Abrán, ni la fuerza de
Sansón, ni el coraje de David . . . ni la
sabiduría de Salomón . . . Pero lo que sí espero,
oh, Señor, es que me llames algún día. Yo
haré lo que sea tu voluntad; mi alegría será
obedecer tus mandamientos . . . Y yo nunca te
fallaré, mi Señor, porque tú eres a quien
quiero servir." (ligeramente adaptado)

¿Qué influencia tiene en mí el rezar la
oración de Charlie en voz baja, casi
susurrando? ¿La adoptaré yo también como mi
oración?

*El que ora como debe,
intentará de vivir como ora.* JOHN OWEN

*[Jesús dijo,] "Hay mucho que cosechar,
pero los obreros son pocos."*

LUCAS 10:2

Francisco Javier practicaba salto alto en la
Universidad de Paris. Un día, lo conmovió
tremendamente unas palabras de Jesús, "¿De
qué le aprovecha al hombre ganar el mundo
entero, si se pierde o se perjudica a si mismo?"
(LUCAS 9:25). Cuanto más pensaba Francisco en
esto, más lo perturbaba. Finalmente, dejó la
universidad, entró al seminario, y se luego
se fue de misionero a la India. Escribiéndole
a un amigo, le dijo: "Muchos de los de acá
no se convierten en cristianos, pues no hay
nadie que quiera tomar la labor de enseñarles
acerca de Cristo. Muchas veces me he sentido
tentado de ir a las universidades de Europa
a urgir a los estudiantes a hacer Los
Ejercicios Espirituales de San Ignacio, para
que encuentren la voluntad de Dios en sus
corazones y que la acepten . . . diciendo:
'Señor, aquí estoy. ¿Qué es lo que quieres
que haga?' "

¿Cuán cerca me encuentro de decir:
"Señor, aquí estoy. Qué es lo que quieres
que haga?"

*Si se va a cumplir,
déjenmelo a mí.*   ROBERT H. SCHULLER

SEMANA 23
Día 7 _____

*"Te pude delante
la vida o la muerte . . .
Escoge, pues, la vida."*
DEUTERONOMIO 30:19

Una de las obras maestras de Shakespeare,
Julio Cesar, incluye este pasaje: "Hay
una corriente en los asuntos de los hombres,
la cual, tomada a raudales, lleva a la fortuna;
Excluída, la travesía de la vida
será en las profundidades y miserias."
Lo que nos quiere decir Shakespeare es que
en la vida, llega un momento en el que
tenemos que tomar las riendas de nuestro
destino y decidir acerca de nuestro futuro.
En este momento, usted está frente a frente
a una decisión así. Con esta reflexión se
termina la segunda fase de *Los Ejercicios
Espirituales de San Ignacio*. Una decisión
que sí tiene que hacer usted es ver si
quiere seguir adelante con la tercera fase
o si desea tomarse un tiempo para decidirlo.

Esta reflexión lo invita a mirar hacia el
futuro. ¿Hay alguna decisión sobre su
futuro que el Espíritu Santo lo está
impulsando a hacer? ¿Cuál es?

*El reino de Dios está dentro de mí;
sólo buscando dentro de mí, lo encontraré.*
AUTOR DESCONOCIDO

REUNION SEMANAL
_____ Compartiendo la Agenda

1   ¿He considerado hacer alguna vez un cambio drástico en mi vida, así como lo hizo Schweitzer?

2   ¿Cuán en serio tomo la lucha contra la maldad en el mundo?

3   ¿Cuán preparado estoy para involucrarme en la lucha contra la maldad en el mundo?

4   ¿De qué manera es esta historia de lo que el extraño hizo por Pip como una parábola de lo que Jesús ha hecho por mí? ¿En qué forma podría yo estar respondiendo a Jesús como lo hizo Pip con su benefactor?

5   ¿Qué impacto hace en mí rezar la oración de Charlie en voz muy baja? ¿Hasta qué punto la he adoptado como mi oración?

6   ¿Cuán cerca me encuentro de decir: "Señor, aquí estoy. Qué es lo que quieres que haga?"

7   ¿Hay alguna decisión que el Espíritu Santo me está impulsando a hacer? Asimismo, ¿qué decisión he hecho acerca de seguir con la tercera fase de _Los Ejercicios Espirituales de San Ignacio?_

III
LA JORNADA

La "Tercera Semana" de
Los Ejercicios Espirituales de San Ignacio
se concentran en este gran misterio:
La segunda persona de la Trinidad,
en la persona de Jesús,
quien sufrió y fue crucificado por nosotros.

Este increíble misterio nos inspira a
rezar a San Ignacio:

Padre, bendíceme
con la gracia de vivir
la aflicción con Jesús afligido,
la angustia con Jesús angustiado,
la pesadumbre con Jesús apesandumbrado,
por todo lo que el sufre
por mis pecados.

24 ¿Cuán listo estoy yo a ser rechazado como lo fue Jesús?

Dos críticos de música fueron a un concierto dado por un pianista ruso en la ciudad de Nueva York. El crítico del *New York Times* resumió el concierto, diciendo,
"Fue una noche decepcionante. Uno esperaba más . . .
Debido a una constante experimentación con el compás,
la obra sonó incoherente."

El crítico de *New York Herald Tribune*, resumió el mismo concierto con estas palabras:
"Dos mil bujías tocadas en el piano por este Thor soviético . . .
electrificaron al máximo a este público acostumbrado más a usar sus manos para ahogar bostezos que para aplaudir."

Estas críticas tan opuestas de la misma obra, nos recuerda una frase de *Reading Gaol* de Oscar Wilde:
"Dos hombres miran a través de las barras de la prisión—uno ve barro, el otro estrellas."

Así como los dos críticos de música y los dos prisioneros tuvieron puntos de vista tan distintos, así también la gente tiene distintos puntos de vista acerca de Jesús. Algunos escucharon y

vieron las cosas que hizo y dijeron,
"Este es realmente el Salvador del mundo"
(JUAN 4:42). Otras personas lo escucharon
y vieron las mismas cosas y lo rechazaron,
diciendo, "Se ha vuelto loco." (MARCOS 3:21).

Las reflexiones de esta semana se concentran
en el rechazo de Jesús por la gente—y el rechazo
que usted también puede esperar si sigue a Jesús
(JUAN 15:18–20). La gracia que usted pedirá es:

*Padre, bendíceme con la gracia
de entrar en el corazón de Jesus y
de experimentar la aflicción y
la pesadumbre que El experimentó
cuando la gente que El tanto amaba
lo rechazó.*

Pautas para la Semana

Las reflexiones de esta semana nos prepara
para los acontecimientos de la Semana Santa,
el último rechazo de Jesús por la gente que
El tanto amó.

Lectura Diaria

1 Rechazo de sus amigos   Lc 4:16–30
2 Rechaza de los otros   Lc 7:29–35
3 Más rechazo   Mc 3:20–30
4 Rehusaron creer   Mc 6:1–6
5 Lo dejaron   Jn 6:54–67
6 Confabularon contra El   Jn 11:45–57
7 Te rechazarán también   Jn 15:18–25

256

*"La gente estaba dividida
respecto a Jesús. Algunos de ellos
querían tomarlo preso."*
JUAN 7:43–44

La Batalla de Gettysburg dejó unos cincuenta
mil muertos o heridos. Meses más tarde, el
19 de noviembre de 1863, el Presidente
Lincoln dijo unas palabras durante la
ceremonia de dedicación del cementerio de
Gettysburg. El periódico *Patriot and Union*,
de Harrisburg, opinó, "No vamos a tomar en
cuenta los comentarios absurdos del
Presidente de los Estados Unidos." El *Times*
de Chicago, dijo, "Las mejillas de todo
norteamericano deben estarles ardiendo de
vergüenza al leer las declaraciones absurdas
y desabridas del . . . Presidente de los Estados
Unidos." Hoy en día, el Discurso de Gettysburg
es considerado uno de los más brillantes en la
historia de los Estados Unidos. En igual forma,
las palabras de Jesús fueron ridiculizadas por
algunas de las personas de ese tiempo. Pero hoy,
inclusive los no creyentes, reconocen que "nadie
jamás ha hablado" como lo hizo Jesús (JUAN 7:46).

¿Cuánto influye en mí el temor al rechazo,
cuando hago o digo algo, especialmente
cuando estoy en compañía de otros?

Los hinchas no abuchean a gente sin importancia.
REGGIE JACKSON, estrella del beisból

[Jesús dijo,] "El Hijo del Hombre
debía sufrir mucho y ser rechazado."
MARCOS 8:31

A principios de su carrera, la super estrella
del basketball, Bill Russell, fue criticado
por su estilo. El comenta, "Antes de yo entrar
en el juego, casi no existían los tiros
bloqueados en el basketball . . . En mi segundo
año de universidad, mi entrenador me decía que
mi estilo de defensa era 'fundamentalmente
erróneo.'" De la misma forma, en los tiempos
de Jesús, mucha gente consideraban las
enseñanzas de Jesús ("amar a tus enemigos")
"fundamentalmente erróneas." Inclusive, hoy en
día mucha gente todavía piensa de esa manera
respecto a las enseñanzas de Jesús.

¿Cuán en serio tomo las enseñanzas de Jesús
"Amen a sus enemigos, hagan el bien a los
que los odian, bendigan a los que los
maldicen, rueguen por los que los maltratan"
(LUCAS 6:27–28)?

Si Jesucristo viniera hoy,
la gente ni siquiera lo crucificaría.
Seguro que lo llevarían a comer,
escucharían lo que tuviese que decir,
y se burlarían de El.
THOMAS CARLYLE

SEMANA 24
Día 3 _____

[La familia de Jesús],
al enterarse de todo lo anterior,
fueron a hacerse cargo de él, porque
todos decían: "Se ha vuelto loco."
MARCOS 3:21

En 1876, el presidente de la Western Union
se burló de Alexander Graham Bell y catalogó
de "juguete inservible" su invención del
teléfono. En 1878, el parlamento inglés se
burló de los planes del bombillo eléctrico
de Thomas Edison. En 1908, la gente ridiculizó
a Billy Durant por insinuar que, en un futuro,
los carros reemplazarían a los caballos y
carretas. En 1921, Tris Speaker criticó a Babe
Ruth, diciendo: "Ruth cometió un grave error
cuando dejó de lanzar la pelota y se convirtió
en jardinero (outfielder)." En 1940, algunos
peritos militares se rieron de la propuesta
de que el helicóptero podría ser de mucho
valor dentro las fuerzas armadas.

En general, ¿soy más propenso a decir
lo que pienso, para alabar o para criticar?
¿Apoyando o quitando mi apoyo?
¿En forma constructiva o destructiva? ¿Por qué?

Si una persona te llama burro
no le hagas caso,
Si dos personas te llaman burro
cómprate tu montura.
PROVERBIO YIDDISH

"¿Qué cosa buena puede salir de Nazareth?"
JUAN 1:46

Un día, un muchacho que era medio sordo, regresó a casa trayendo una nota de la profesora. En ella decía que el muchacho era muy lento para aprender y que era un obstáculo para el resto de la clase. Cuando la madre leyó la nota se sintió muy mal, pero a la vez, sintió como un desafío, "Mi hijo Tom no es muy lento para aprender," se dijo a sí misma. "Yo misma le voy a enseñar," dijo. Cuando Tom murió años más tarde, la nación entera le rindió homenaje de una manera muy particular. A exactamente las 9:59 P.M., hora del Este, cada hogar en los Estados Unidos apagó sus luces por espacio de un minuto, como tributo al hombre que había inventado esas luces. Thomas Edison no sólo inventó la luz eléctrica, sino también el proyectos de cine y el tocadiscos. Cuando murió, aquel muchacho que era "muy lento para aprender," contaba con más de 1,000 patentes a su nombre."

¿Hasta qué punto permito
que me desanimen los comentarios
negativos de otras personas?

Aquel que tiene el corazón para ayudar,
tiene el derecho de criticar.
ABRAHAM LINCOLN

SEMANA 24
Día 5 _____

Jesú dijo, "Padre, perdónalos,
porque no saben lo que hacen."
LUCAS 23:34

Uno de los dibujos animados más populares
de Hollywood era un romántico zorrino
llamado Pepe LePew. Siempre andaba enamorado
de alguien. Pero siempre encontraba rechazo
por lo malo de su olor. Sin embargo, esto no
lo detenía. El seguía enamorándose y seguía
siendo rechazado. Por esa razón, los
aficionados al cine, lo querían tanto. Pepe
nunca renunció ni a las personas ni al amor.
Pepe refleja lindamente la imagen de Jesús.
Jesús nunca renunció ni a las personas ni al
amor. El siguió amando, sin importarle cuántas
veces fuera rechazado.

¿De qué manera respondo
cuando la gente rechaza mis intentos
de ir hacia ellos con amor?

Cualquiera puede llevar su carga,
no importa cuán pesada, hasta que llegue la noche.
Cualquiera puede hacer su trabajo,
no importa cuán duro, por un día.
Cualquiera puede vivir dulcemente,
pacientemente, amorosamente, puramente,
hasta que el sol se oculte.
Y, en verdad, esto es lo que significa la vida.
ROBERT LOUIS STEVENSON

*[Jesús] vino a su propia casa
y los suyos no lo recibieron.*
JUAN 1:11

Una noche un pescador sintió que algo cayó al
agua. Un hombre que estaba en un barco vecino
había tomado mucho licor y se había caído al
mar. El pescador lo rescató con las justas.
A la mañana siguiente, el pescador fue a ver
si el hombre estaba bien. "Eso no es asunto
tuyo," le gritó el hombre. Entonces, el
pescador le recordó que había sido él quien,
arriesgando su vida, lo había salvado a él.
En vez de agradecerle, el hombre lo maldijo
y le dijo que se fuera. El pescador dijo más
tarde: "Me alejé remando con lágrimas en los
ojos. Pero la experiencia valió la pena, pues
pude empezar a comprender cómo se habría
sentido Jesús, cuando fue rechazado por
aquellos a quienes había salvado."

¿Qué capacidad tengo para sacar bien del mal?

*Puedo decir con completa veracidad
que todo lo que yo he aprendido
en mis setentaicinco años en este mundo,
todo aquello que verdaderamente ha
intensificado e ilustrado mis experiencias,
ha sido más bien mediante el sufrimiento
y no mediante la alegría.*
MALCOLM MUGGERIDGE

SEMANA 24
Día 7 _____

Entonces tomaron piedras para
lanzárselas [a Jesús].

JUAN 8:59

"Si tu confías en ti mismo, cuando otros dudan, / Pero al menos, dejas espacio para esas dudas . . . / O si te mienten, no caigas en mentiras, / O si te odian, no caigas en odios . . . / Si puedes soñar, pero sin ser esclavo de tus sueños; . . . / Si puedes lidiar con el triunfo y el desastre / Y tratar a esos dos impostores con igual aplomo; / Si puedes escuchar la verdad que tu hablaste / Distorcionada por las malas lenguas de los bribones, / O ver rotas las cosas por las que diste tu vida, / Y empezar a reconstruirlas con instrumentos ya viejos; / Si puedes caminar con la muchedumbre y conservar tu virtud, / O caminar con reyes— y no perder el toque común; / Si no te hieren ni tus enemigos ni tus amados amigos, / Si todos los hombres cuentan contigo, pero ninguno mucho; . . . / Tuya es la Tierra y todo lo que hay en ella, / Y—lo que es más importante—¡serás ya un Hombre, mi hijo!"

RUDYARD KIPLING, "Si"

Vuelva a leer el poema, de rato en rato, haga una pausa y reflexione en qué forma esto se puede aplicar a Jesús.

El carácter en una victoria, no un don.
ANÓNIMO

_____ Compartiendo la Agenda

1 En la escala del uno (casi nada) al diez (bastante), ¿cuánto influye en mí el temor al rechazo, por ejemplo, cuando pongo en practica mi fe o cuando defiendo a alguno que está siendo duramente criticado por un grupo?

2 ¿Cuán en serio tomo las enseñanzas de Jesús tales como "amen a sus enemigos, hagan el bien a los que los odian, bendigan a los que los maldicen, rueguen por los que los maltratan"?

3 Como regla general, ¿soy más propenso a ser constructivo o destructivo cuando hago críticas? ¿Algún ejemplo?

4 ¿Hasta qué punto permito que me desanimen los comentarios negativos de otras personas? ¿Puedo acordarme de algún comentario que me haya herido bastante?

5 ¿De qué manera respondo cuando la gente rechaza mis intentos de acercarme a ellos con amor?

6 ¿Qué capacidad tengo para sacar cosas buenas de una experiencia mala? Algún ejemplo?

7 ¿Cuál es mi frase favorita del poema de Kipling "Si"? ¿Por qué?

25 ¿Cuán bien entiendo lo que es la Eucaristia?

Una iglesia en Colonia, Alemania, tiene una preciosa puerta de cuatro paneles.

El primer panel muestra seis jarrones de agua, símbolos del milagro de Caná, donde Jesús convirtió el agua en vino.

El segundo panel muestra cinco panes y dos pescados, símbolos del milagro que ocurrió cerca a Cafanaúm, donde Jesús multiplicó el pan y los pescados para dar de comer a la multitud hambrienta.

El tercer panel muestra a trece personas alrededor de una mesa, símbolos de la Ultima Cena, en donde Jesús dió pan a sus discípulos, diciendo, "Esto es mi cuerpo . . . Hagan esto en memoria mía" (LUCAS 22:19).

El cuarto panel muestra a tres personas alrededor de una mesa, simbolizando la cena de Emaús la noche del Domingo de Pascua.

La puerta es una bellísima recopilación de las enseñanzas claves de la Biblia en lo que concierne a la Eucaristía. Estas son—

* predicho en Caná   Jn 2:1–11
* prometido en Cafarnaúm   Jn 6:24–59
* instituído en Jerusalem   Lc 22:14–20
* celebrado en Emaús   Lc 24:13–35

Las reflexiones de esta semana se concentran
en el increíble misterio del amor de Dios
expresado en la Eucaristía. La gracia que
usted pedirá es:

Padre, bendíceme con la gracia
de entrar en el corazón de tu Hijo,
para que yo pueda entender mejor
en qué forma la Eucaristía
expresa tu amor por mí y
por qué Jesús dijo,
"Hagan esto en memoria mía."

Pautas para la Semana

Durante esta semana, usted quizás desee celebrar
la Eucaristía en una o en varias mañanas.

Como de costumbre, ésta es sólo una sugerencia.
Lo más importante es estar siempre atento a
cualquier cosa que el Espíritu Santo lo
anime a hacer o a meditar.

Lectura Diaria

1 Eucaristía predicha   Jn 2:1–11
2 Eucaristía prometida   Jn 6:24–51
3 Eucaristía instituída   Lc 22:14–20
4 Eucaristía celebrada   Lc 24:13–35
5 Eucaristía: dura enseñanza   Jn 6:52–59
6 Eucaristía: unidad   1 Cor 10:16–17
7 Eucaristía: La Cena del Señor   1 Cor 11:17–24

SEMANA 25
Día 1 _____

Antes de la Fiesta de Pascua . . .
sabiendo Jesús que había llegado la hora . . .
[Y cuando todos estaban sentados
para la cena, Jesús] se levantó . . .
se puso a lavarles los pies a sus discípulos.
JUAN 13:1, 4–5

Richard Foster escribe:
"Los discípulos [sabían] . . . que alguien
tenía que lavar los pies de los otros.
El problema era que aquellos que lavaban
los pies eran los menos . . .
Era un punto tan delicado que
ni siquiera iban a hablar del asunto.
Luego, Jesús tomó una toalla y un
recipiente y nos enseñó lo que es
grandeza."
Los discípulos estaban tremendamente
conmovidos. Jesús les dijo, "Les he dado
un ejemplo, para que hagan lo mismo que
yo hice con ustedes" (JUAN 13:15).

Qué me dice el ejemplo de Jesús y en qué
forma lo puedo aplicar a mi vida actual?

[Jesús dijo,] "Cuando presentes
una ofrenda al altar,
si recuerdas allí que tu hermano [o hermana]
tiene alguna queja en contra tuya . . .
anda primero a hacer las paces . . . y entonces
vuelve a presentarla."
MATEO 5:23–24

[Jesús dijo,] "Tómenla y repártanla."   LUCAS 22:17

Jesús introdujo la cena de la Fiesta de Pascua en la manera tradicional. El preparó una copa de vino tinto, diciendo, "Tómenla y repártanla." El compartir una copa representó la unión de todos los allí presentes. El vino tinto significaba la sangre untada en las puertas en Egipto y la sangre de la alianza en el Monte Sinaí. La cena tradicional empezaba comiendo hierbas amargas. Esta era la clave para que los más pequeños preguntaran, "¿Por qué es diferente esta comida?" El padre luego explicaba el significado de cada comida que iban a ingerir: Las *hierbas amargas* recordaban los años amargos de esclavitud de Israel bajo Egipto. *El pan sin levadura* recordaba el exodo de Israel de Egipto—sin esperar que la levadura del pan del día siguiente levantara. El *cordero* recordaba el mandato de Dios a las familias israelitas para que sacrificaran el cordero y comieran su carne (EXODO 12).

Cuando me imagino que estoy sentado en la mesa con los discípulos y escuchando a Jesús, ¿qué es lo que me impresiona más acerca de su explicación de las comidas, especialmente la del cordero?

Todos hemos nacido nobles. Afortunados aquellos que lo saben; benditos aquellos que lo recuerdan.   ROBERT LOUIS STEVENSON

SEMANA 25
Día 3 _____

[Jesús dijo,] "Hagan esto me memoria mía."
LUCAS 22:19

Luego de comer las hierbas, se "partió el
pan." Un silencio reverencial reinó entre
los discípulos cuando Jesús tomó el pan
en sus manos curtidas por la intemperie, dió
gracias y les dijo,
"Tómenla y repártala entre ustedes. Este es
mi cuerpo, el que es entregado por ustedes.
Hagan esto en memoria mía" (LUCAS 22:17, 19).
Los discípulos estaban impresionados con las
palabras que usó Jesús para el pan: "Este es
mi cuerpo." Ellos se acordaban de aquel día en
la sinagoga, en Cafarnaúm, cuando Jesús proclamó,
"Yo soy el pan vivo bajado del Cielo; el que
come de este pan vivirá para siempre. El pan que
yo daré . . . es mi carne, y les daré para vida
del mundo" (JUAN 6:51).
A partir de este momento, muchos de sus
discípulos dieron un paso atrás y dejaron de
seguirlo (JUAN 6:66).

¿Por qué continúo caminando con Jesús a
pesar de lo que dijo en Cafarnaúm?

*El pan que partimos, ¿No es una
comunión con el cuerpo de Cristo?*
1 CORINTIOS 10:16

[Luego Jesús dijo,] "Esto es mi sangre."
MARCOS 14:24

Jesús terminó la cena de la Fiesta de Pascua
de la manera tradicional. El preparó una
última copa de vino. Alzándola, dijo, "Esta
copa es la Alianza Nueva sellada con mi
sangre, que va a ser derramada por ustedes"
(LUCAS 22:20). La referencia que hizo
Jesús a la Alianza Nueva nos recuerda la
promesa de Dios a Jeremías:
"Vendrán días—palabra de Yahvé—en que
yo pactaré con el pueblo de Israel una
nueva alianza" (JEREMÍAS 31:31). Los
discípulos se hubiesen impresionado mucho
por la referencia de Jesús acerca de su
sangre derramada. Esto recordaba a la
antigua alianza, cuando Moisés derramó
la sangre sobre el pueblo, diciendo,
"Esta es la sangre de la Alianza que
Yahvé ha hecho con ustedes" (ÉXODO 24:8).
Los discípulos han de haber presentido
que algo maravilloso estaba ocurriendo.

¿Qué es lo que percibo cuando me imagino
estar sentado frente a Jesús durante este
acontecimiento?

La copa de bendición que bendecimos,
¿no es una comunión con
la sangre de Cristo? 1 CORINTIOS 10:16

SEMANA 25
Día 5 _____

[Jesús tomó pan,]
despué de dar gracias, lo partió, diciendo,
"Esto es mi cuerpo que es entregado
por ustedes: hagan esto en memoria mía."
1 CORINTIOS 11:23–24

Un hombre cambió su vida por completo. Cuando
se le pregunta cómo lo hizo, él saca de su
billetera la foto de una asistente social y
dice, "Cuando estoy tentado de volver a mis
andanzas, me acuerdo de todo lo que esta
persona hizo por mí, y eso me da el valor que
necesito para seguir adelante." La Eucaristía
también cumple similar función, pues nos
acordamos de lo que Jesús hizo por nosotros y
eso nos da el valor para seguir adelante.
Pero la Eucaristía hace mucho más que eso.
Para los judíos, el *recordar* un evento
religioso, no sólo significaba simplemente
acordarse. Significaba *traerlo al presente*
con la fe y recibir las mismas clases de
bendiciones que recibieron los primeros. Esto
es el significado de lo que Jesús tenía en
mente, cuando dijo, "Hagan esto en memoria mía."

¿Cómo respondo al pedido de Jesús?

[La memoria es] un país espacioso
de la mente, en donde miles de santos,
artistas, músicos, y amantes . . .
viven, hablan, enseñan, esculpen y cantan.
WILL DURANT

No, no moriré, mas yo viviré.
SALMO 118:17

Después de la cena de la Fiesta de Pascua,
Jesús y sus discípulos cantaron el Hallel.
Sin dudas, las lágrimas llenaban sus ojos
al cantarlo. Los judíos han estado cantando
esto por más de mil años. Sus palabras dicen:
"Señor, tú me has soltado las cadenas a mi
tu servidor . . .
Voy a cumplir mis mandas al Señor . . .
No, no moriré, mas yo viviré
para contar las obras del Señor . . .
La piedra
que dejaron los maestros,
se convirtió en la piedra principal.
Esta es la obra de Dios,
es una maravilla a nuestros ojos.
Este es el día que ha hecho el Señor,
gocemos y alegrémonos en él."
SALMO 116:16, 19, 118:17, 22–24

¿Cuál frase del Hallel me impresiona más
cuando lo releo con reverencia y en voz
queda, meditando sobre cómo esto se puede
aplicar a Jesús cuando empezaba sus horas
finales en la tierra?

Tus alabanzas resonarán,
de orilla a orilla,
Hasta que el sol se levante y no se oculte más.
ISAAC WATTS

SEMANA 25
Día 7 _____

Cada vez que comen este pan
y beben esta copa,
están proclamando la muerte del Señor
hasta que venga.

1 CORINTIOS 11:26

Marcos termina su relato de la Ultima Cena,
diciendo, "Una vez cantados todos los himnos,
se fueron al cerro de los Olivos" (MARCOS 14:26).
Los discípulos sintieron una tremenda alegría
cuando caminaban juntos bajo las estrellas. Pero
también era agridulce porque Jesús dijo algunas
cosas matizadas de dolor. Por ejemplo, El dijo,
"Este es mi cuerpo, el que es entregado por
ustedes . . . [Esto es] mi sangre, que va a ser
derramada por ustedes" (LUCAS 22:19–20).
Aunque Jesús les advirtió a sus discípulos
que lo iban a hacer sufrir mucho (MATEO 16:21),
ellos no le entendieron bien. Ni lo entienden
ahora.

¿En qué sentido es mi experiencia con la
Eucaristía una felicidad agridulce—así como
fue la felicidad de los discípulos en la
Ultima Cena?

Cada vez que los ministros llaman al pueblo
a la mesa, ellos lo llaman
para experimentar no sólo la presencia del Señor,
sino también su ausencia; así los llaman
a. . . . una tristeza, y a la vez, a una alegría.

HENRI J. M. NOUWEN

REUNION SEMANAL
Compartiendo la Agenda

1 ¿Qué ejemplo estableció Jesús al lavar
   los pies de sus discípulos antes de la
   Ultima Cena? ¿En qué forma es esto un
   mensaje para mí?

2 ¿Qué es lo que más me impresiona cuando
   me imagino sentado a la mesa del Señor,
   escuchando cómo Jesús explica el significado
   de las comidas, especialmente el cordero?

3 ¿Por qué continúo caminando con Jesús en la
   Eucaristía o Misa, a pesar de que mucha
   gente ya no lo hace?

4 ¿Qué es lo que me impresiona más cuando me
   imagino sentado frente a Jesús y lo veo
   rezar, levantando su copa de vino?

5 ¿Cómo le explico a Jesús mi apatía y la
   apatía de otros a su pedido, "Hagan esto
   en memoria mía"?

6 ¿Qué frase del Hallel me impresionó más
   cuando lo releí y medité sobre cómo esto se
   aplica a Jesús al empezar El sus últimas
   horas en la tierra?

7 ¿En qué sentido es la Eucaristía todavía
   una felicidad agridulce—así como lo fue
   la Ultima Cena?

26 ¿Cuán bien aprecio lo que es la Eucaristía?

Hace algunos años, los católicos no comían ni bebían nada veinticuatro horas antes de recibir la Comunión. Durante esos años, el padre Walter Ciszek fue arrestado por los rusos y acusado falsamente de ser un "espía del Vaticano."

Ciszek pasó los siguientes veintitrés años en prisión y en campos para trabajos forzados. Luego que lo soltaron, él escribió un libro acerca de esta penosa experiencia. En un pasaje del libro, Ciszek describe cuán preciosa era la Eucaristía para los prisioneros. Ellos se levantaban temprano y la celebraban en secreto, sabiendo que si los descubrían, el castigo sería muy severo. Esto hacía difícil la participación de muchos prisioneros. Ciszek escribe en *He Leadeth Me* (El Me Guiaba):

"Nosotros consagrábamos mucho más panes y distribuíamos la Comunión a los otros prisioneros cuando podíamos. Algunas veces, esto significaba que sólo los viésemos en las noches, a la hora de la comida, cuando regresábamos de nuestro trabajo. Así y todo, estos hombres habían ayunado todo el día, realizando trabajos muy pesados, sin probar bocado alguno desde la noche anterior, a fin de recibir la Sagrada Comunión."

Las reflexiones de esta semana se concentran
en el increíble misterio del amor de Dios
expresado en la Eucaristía. La gracia que
usted pedirá es:

*Padre, bendíceme con la gracia
de entrar en el corazón de tu Hijo,
para que yo pueda apreciar mejor
en qué forma la Eucaristía
expresa tu amor por mí y
por qué Jesús dijo,
"Hagan esto en memoria mía."*

Pautas para la Semana

Una vez más, quizás usted sienta el deseo
de celebrar la Eucaristía una o varias veces
durante la semana. No se sienta obligado a
hacerlo; simplemente mantenga su corazón
abierto a la posibilidad de que el Espíritu
Santo lo anime a querer hacer esto.

Lectura Diaria

1	Los discípulos del Señor	Jn 12:12–19
2	El cuerpo del Señor	1 Cor 12:12–27
3	La presencia del Señor	Ex 33:7–10
4	El pan del Señor	Jn 6:41–52
5	La luz del Señor	Mt 5:14–16
6	El mandamiento del Señor	Lc 6:7–36
7	La paz del Señor	Jn 20:19–21

SEMANA 26
Día 1 _____

[Jesús dijo,] "No fue Moisés quien les dió
pan del cielo. Mi Padre es el que les da
el verdadero pan del cielo . . .
Yo soy el pan vivo bajado del cielo;
el que coma de este pan
vivirá para siempre."

JUAN 6:32, 51

Cada año, los católicos celebran la fiesta
del Cuerpo de Cristo. Algunas veces, la
celebración incluye una procesión. Así es como
un obispo africano describe una procesión, en
medio de una tormenta en Nigeria, en 1986. "La
gente cantaba y bailaba en medio de la lluvia.
Esta es la primera vez que recuerdo haber visto
al Santísimo Sacramento ser cargado . . . en medio
de tanta alegría y aplausos. Todos estaban
empapados, pero a nadie se le ocurría correr o
ir a buscar refugio. Jueces, abogados, doctores,
madres de familia, niños, todos seguían la
procesión como si nada estuviese pasando, sino
la Eucaristía. Nunca he visto nada parecido,
ni aquí, ni en ninguna otra parte."
Revista *América*

¿Me hubiese quedado en la procesión honrando
el Cuerpo de Cristo? ¿Por qué?

Jesús no puede ser nuestro Salvador
a menos que primero sea nuestro Señor.
HUGH C. BURR

Formamos todos un solo cuerpo,
participando todos del único pan.
1 CORINTIOS 10:17

Los astronautas Aldrin y Armstrong acababan
de bajar a la Luna. Mientras que Armstrong
se preparaba para caminar en la Luna, Aldrin
sacaba el pan y el vino. Aldrin escribe:
"Eché el vino en el caliz . . .
Como la gravedad de la Luna es un sexto la
de la Tierra, el vino hacía unas ondas que
subían despacio y con mucha elegancia al
costado de la copa. Fue muy interesante
pensar que el primer líquido que se sirvió
en la Luna y el primer alimento que se comió
fueron los elementos de la comunión." Y
agregó, "Sentí muy fuerte mi unión con
nuestra iglesia en casa, y con la Iglesia
en todas partes." *Guideposts Treasury of Hope.*

¿Qué es lo que podría hacer para desarrollar
un sentido más fuerte de unidad con otros
cristianos, a nivel local y universal?

En Jesucristo,
verdadero Dios y verdadero hombre . . .
descansa nuestra esperanza por
una verdadera humanidad.
No por nosotros mismos,
sinó en cuanto a que somos miembros
del Cuerpo de Cristo.

KARL BARTH

SEMANA 26
Día 3 _____

"Mi Señor y mi Dios." JUAN 20:28

Steve Garwood trajo a casa el Cuerpo de
Cristo para su esposa, quien aún estaba
recuperándose del parto. Algunos amigos
vinieron para ver al nuevo bebe, así que
él dejó la píxide que contenía el Cuerpo
de Cristo encima de una repisa en la sala.
Las visitas continuaron todo el día. Cuando
se fue la última visita, Steve se dió
cuenta que no había tenido tiempo de estar
a solas con su esposa. Ella se acababa de
quedar dormida. Al atravesar la sala ya
oscura, antes de irse a dormir, Steve sintió
el fuerte deseo de arrodillarse ante el
Cuerpo de Cristo. Al agachar la cabeza, se
dió cuenta de que no estaba sólo. El Señor
estaba allí. Cuando se dió cuenta de esto,
se sintió sobrecogido de emoción. Más
adelante, dijo, "La sangre me golpeaba los oídos,
y todos los vellos de mi cuerpo estaban
de punta. Y entonces, yo recé, 'Señor
Jesucristo, Hijo de Dios, ten piedad de mí."

¿Puedo acordarme de alguna vez en la que
estuve completamente sobrecogido de emoción—o
tremendamente emocionado—al darme cuenta que
estaba frente a la presencia divina?

Yahve, tu Dios, está en medio de tí,
Dios grande y terrible. DEUTERONOMIO 7:21

[Jesús dijo,] "Donde hay dos o tres
reunidos en mi Nombre, ahí estoy yo
en medio de ellos."

MATEO 18:20

En 1980, una persecución religiosa dejó sin
sacerdotes a una región de Guatemala. Pero
la gente continuaba reuniéndose en sus iglesias.
Una vez al mes, ellos enviaban delegados a
una parte de Guatemala, en donde todavía
quedaban algunos sacerdotes. Viajando a pie,
hasta por espacio de dieciocho horas, estos
delegados colocaban una canasta de pan en el
altar y celebraban la Eucaristía en nombre de
su parroquia. Después de la Misa, los delegados
regresaban, llevando el pan a casa. Ahora el
pan era el Cuerpo de Cristo. Cuando el gobierno
amenazó con cerrar todas las iglesias, la gente
dijo, "Si las autoridades nos prohíben reunirnos
en las iglesias, nos reuniremos bajo los árboles
del bosque o en las cuevas de las montañas."

FERNANDO BERMUDEZ
Muerte y Resurrección en Guatemala

¿Cómo celebro yo la Eucaristía?

Jesús dijo . . . "Si no comen la carne
del Hijo del Hombre, y no beben su sangre,
no viven de verdad."

JUAN 6:53

SEMANA 26
Día 5 _____

Ustedes son el cuerpo de Cristo,
y cada uno . . . es miembro de él.
1 CORINTIOS 12:27

William Barclay cuenta la historia de un viejo
jefe africano de la tribu de Ngoni. Un domingo
en la mañana, él estaba sentado durante la
Eucaristía y se fijó que los miembros de las
tribus Ngoni, Senga, y Tumbuka estaban rindiendo
culto, uno al lado del otro. En eso, su mente
regresó a su infancia y recordó que los guerreros
Ngoni, luego de un día de ardua pelea, lavaban la
sangre de los Senga y Tumbuka de las puntas de
sus lanzas y de sus cuerpos. Esa mañana, durante
la Eucaristía, el jefe africano entendió mejor
que nunca el verdadero significado del
Cristianismo. Es Dios, que llama a su pueblo,
en Cristo y con Cristo, a poner fin a toda
hostilidad y a vivir como una sola familia.
Este es el mensaje que la comunidad cristiana
proclama al mundo cada vez que se reune para
celebrar la Eucaristía.

¿Cuán importante es mi presencia en la
Eucaristía en el Día del Señor?

La comunidad cristiana es el cuerpo de Cristo.
Si está callada, Cristo está callado.
Si yo estoy callado,
una parte de Cristo está callada.
Si una parte de Cristo está callada,
una parte del mensaje de Cristo no se escucha.

Porque Cristo es nuestra paz.
EFESIOS 2:14

Algunos miembros del movimiento de
resistencia francés fueron arrestados por
el ejército alemán y sentenciados a muerte
por fusilamiento. En la víspera de su
ejecución, los prisioneros, la mayoría de
ellos católicos, pidieron celebrar la
Eucaristía. Los alemanes les explicaron que
el único sacerdote disponible era un alemán.
Luego de discutir el asunto, los prisioneros
acordaron aceptar a ese sacerdote. Luego
descubrieron que uno de los guardias alemanes
también era católico. El pidió unirse a los
franceses para celebrar la Misa. En una
situación así, uno se pregunta si es posible
que los prisioneros quieran permitir que el
prisionero comparta la Eucaristía con ellos.
Luego de discutir el asunto, los prisioneros
le dijeron al guardia, "Deja tu rifle fuera
de la puerta si es que quieres unirte a nosotros."

Si yo hubiese sido uno de los prisioneros
durante la Misa, ¿cuáles hubiesen sido mis
pensamientos cuando volteara a darle la
mano y desearle paz al soldado alemán?

Señor,
hazme un instrumento de tu paz,
donde haya odio, deja que siembre amor.
SAN FRANCISCO DE ASIS

SEMANA 26
Día 7 _____

[Jesús dijo,] "La paz sea con ustedes."   JUAN 20:20

El "ojo" de huracán es algo impresionante.
Para darse una idea de cómo es, imagínese a
un "frisbee" con un hueco pequeño cortado en
el centro. Extienda el "frisbee" hasta que
su diámetro sea de cien millas y el hueco
del medio tenga un diámetro de diez millas.
Ahora, haga girar al "frisbee" a una velocidad
de cien millas por hora. Eso es lo que podría
describir a un huracán. Pero tenga presente
que dentro del "ojo" del huracán no hay viento,
sólo cielo azul y un sol resplandeciente. El
"ojo" del huracán es una imagen de la
Eucaristía. Se pueden desatar tormentas
políticas a nuestro alrededor, pero en la
Eucaristía encontramos una calma pacífica,
cielos azules de esperanza, y un Hijo
resplandeciente. Pero la intención de Jesús
no es que nos mantengamos en el "ojo"
eucarístico. Nosotros debemos entrar en la
tormenta y convertirnos en un "ojo" de paz
para los demás. Debemos de compartir la paz
que Jesús compartió con nosotros.

¿De qué mejor manera puedo compartir con los
demás la paz que Jesús compartió conmigo?

"Felices los que trabajan por la paz,
porque serán reconocidos como hijos de Dios."
MATEO 5:9

1   ¿Por qué hubiese continuado acompañando
    a la procesión en Nigeria, durante la
    tormenta, con el fin de honrar el
    Cuerpo de Cristo?

2   ¿Qué es lo que podría hacer para
    desarrollar un sentido más fuerte de
    unidad con otros cristianos, a nivel
    local y universal?

3   ¿Puedo acordarme de alguna vez en la que
    estuve completamente sobrecogido de
    emoción—o tremendamente emocionado—al
    darme cuenta que estaba frente a la
    presencia divina?

4   ¿Por qué celebro la Eucaristía?

5   ¿Cuán importante es mi presencia en la
    Eucaristía en el Día del Señor?

6   Mientras que me imaginaba que yo era uno
    de los prisioneros que asistía a la Misa,
    ¿cuáles hubiesen sido mis pensamientos
    al voltear y darle la mano en señal de
    paz al soldado alemán?

7   ¿De qué mejor manera puedo compartir con
    los demás la paz que Jesús compartió
    conmigo?

27 ¿Cuán listo estoy yo a decir si a la voluntad de Dios?

Durante la Primera Guerra Mundial no existían radares para guiar a los casquillos de artillería. Los misiles eran lanzados por encima de los cerros y los árboles, así como se tira una piedra por encima de una pared, tratando de darle al blanco.

Para remediar esta situación, los oficiales de artillería solían subir en globos aerostáticos, tratando de encontrar sus objetivos y dar directivas a sus artilleros.

Subir en esos globos de aire caliente era muy peligroso, pues la persona se exponía a ser el blanco del enemigo. Un oficial dijo que el sólo pensar en subir en el globo, lo hacía "sudar sangre." Todos nos podemos imaginar cómo se sentía este oficial. Nosotros también hemos tenido que hacer cosas que nos dan temor.

Jesús no era la excepción. El también tuvo que hacer cosas que le daban temor. Una de ellas era enfrentarse a la experiencia tan penosa que le aguardaba el Viernes Santo.

Las reflexiones de esta semana se concentran en la agonía de Jesús en el Huerto de Getsemaní, cuando Jesús verdaderamente "sudó sangre" al ver lo que le esperaba al día siguiente (ver LUCAS 22:44). La gracia que usted pedirá es:

Señor,
toca mi corazón con compasión
por todo lo que Jesús sufrió por mí
para que yo le diga sí
a todas las cosas que El pida de mí.

Pautas para la Semana

En sus reflexiones de esta semana, quizás
desea recordar las palabras de Atticus Finch
en la novela *To Kill a Mockingbird* (Cómo
Matar a un Ruiseñor). El le dice a sus hijos
que si desean entender a otra persona, uno
tiene que meterse dentro de la piel de esa
persona y caminar con ella. Quizás usted
quiera usar este método esta semana al
reflexionar acerca del sufrimiento de Jesús.

Tenga presente también, que el meditar
acerca de los sufrimientos de Jesús ha
sido probablemente lo que ha impulsado, más
que ninguna otra oración, a que muchas
personas tomen el camino de la santidad.

Lectura Diaria

1 La profecía de Jesús	Mc 14:27–31
2 La agonía de Jesús	Mc 14:32–34
3 La oración de Jesús	Mc 14:32–42
4 La traición a Jesús	Lc 22:47–53
5 El arresto de Jesús	Mc 14:43–51
6 El poder de Jesús	Jn 18:1–7
7 Jesús es llevado	Jn 18:12–14

SEMANA 27
Día 1 _____

La angustia se apoderó de [Jesús] y dijo . . .
"Siento en mi alma
una tristeza mortal." MARCOS 14:33–34

El libro de John Powell titulado *He Touched Me*,
fue escrito de corazón. Cuando John terminó el
libro, se sintió un poco incómodo por las cosas
que había escrito. Por lo tanto, terminó el
libro con estas palabras:
"Algunas de las cosas que he reconocido . . .
en estas páginas . . . son difíciles . . .
Espero que las acepten . . .
tomando en cuenta mis intenciones . . .
como un acto de amor."
Luego que se publicó el libro, John recibió
cuatro a cinco cartas cada semana, escritas
por personas que le agradecían el haber
compartido con ellos esa vulnerabilidad. Jesús
hace algo parecido en Getsemaní. El comparte
su vulnerabilidad con nosotros. Y en vez de
hacerlo menos agradable, lo hace más agradable.

Si el compartir mi vulnerabilidad
tiene tantos beneficiosos para los demás,
y me hace más agradable a ellos,
¿por qué no la comparto, como lo hizo Jesús?

Nuestro Sumo Sacerdote . . . [no se queda]
indiferente ante nuestras debilidades . . .
[El] fue sometido a las mismas pruebas que
nosotros, pero . . . no lo llevaron al pecado."
HEBREOS 4:15

*[Jesús dejó a sus discípulos. Se alejó de
ellos.] doblando las rodillas, oraba
diciendo: "Padre, si quieres aparta de mi
esta prueba. Sin embargo, que no se haga
mi voluntad sino la tuya."* LUCAS 22:41-42

La historia corta de Robert Granat, titulada
The Sign (La Señal), se trata de un joven
llamado Davidson. El acaba de enviar su
primera novela a la casa publicadora. Está
que se muere de incertidumbre, pues no sabe
cuál será la reacción del publicista. Sale
a caminar a su huerto, paseándose de arriba
a abajo. Es Semana Santa, y sus pensamientos
van y vienen, acordándose de Jesús en el
huerto y "a él en el huerto . . . a Cristo
preparándose para la tremenda agonía de ser
crucificado . . . a él y su libro con la compañía
publicadora . . . Luego él se detuvo y dijo . . .
"que no se haga mi voluntad, sino la tuya."
Entonces, allí cayó en cuenta . . . lo que él
había quería decir fue, "Dios, deja que tu
voluntad coincida con la mía, y permite que
las cosas sucedan para gloria de cada uno."
Luego Davidson se sentó en el huerto y lloró.

¿Puedo acordarme de algún momento en el que
me encontré en la misma situación que Dadivson?

*La Voluntad de Dios—
Nada Más, Nada Menos.* Lema de G. CAMPBELL MORGAN

SEMANA 27
Día 3 _____

De nuevo [Jesús] se apartó . . . a orar,
"Padre . . . que se haga tu voluntad."   MATEO 26:42

Catherine Marshall estaba muy enferma. Ni las
medicinas ni las oraciones la habían ayudado.
Un día ella leyó acerca de una misionera quien
había estado en una situación similar. Al
final, la misionera se había resignado a la
voluntad de Dios, diciendo, "¡Señor, me doy
por vencida!" En unas semanas, la misionera
se recuperó. Esta historia le pareció un poco
extraña a Catherine, pero no podía olvidarse
de ella. Finalmente, ella también se resignó
a la voluntad de Dios, diciendo, "Ya me cansé
de pedirte. Tu decide qué es lo que quieres
de mi." El resulado, según Catherine nos cuenta,
fue "Como si hubiese tocada un botón. Desde ese
preciso momento, me empecé a recuperar."

¿Qué mensaje encuentro en las historias de
estas dos mujeres?

¡Con cuanta frecuencia miramos a Dios
como nuestro último recurso!
Nos dirigimos a [Dios]
porque no tenemos a donde ir.
Y luego nos damos cuenta,
que las tempestades de la vida nos
han llevado, no a peñas rocosas,
sino a un ansiado cielo.
                    GEORGE MacDONALD

*[Jesús] los dejó . . . y fue de nuevo
a orar por tercera vez,
repitiendo las mismas palabras.* MATEO 26:44

El ensayista británico Gilbert K. Chesterton
escribió:
"En todo aquello que valga la pena,
inclusive en cada placer,
hay un punto de dolor o fastidio
que debemos sobrellevar . . .
El júbilo de la batalla viene
después del primer miedo . . .
La alegría de leer a Virgilio viene
luego del aburrimiento de conocerlo;
el resplandor del bañista de mar,
viene luego del chapuzón en el agua;
y el éxito de un matrimonio, viene
luego del fracaso de la luna de miel."
Es lo mismo cuando uno
aprende y hace la voluntad de Dios.
La paz viene sólo después de haber
sufrido una posible derrota—
así como le pasó a Jesús en Getsemaní.

¿Puedo acordarme de alguna vez en la
que casi me di por vencido porque
sufrí un poco al principio?

*El carácter se muestra en lo que haces
cuando tratas por tercera y cuarta vez.*
JAMES MICHENER

SEMANA 27
Día 5 _____

[Cuando los soldados anunciaron
que había venido
a arrestar a Jesús de Nazareth,
Jesús dijo, "Yo soy."
[Al responder Jesús, los soldados]
cayeron al suelo.

JUAN 18:5–6

Un comentarista moderno dice de este
insólito episodio:
"Pueda ser que en ese preciso momento,
los soldados sintieran de lleno
la personalidad de Jesús y se sintieron
totalmente consternados . . . En todo caso . . .
es obvio . . . que la intención de Juan
es mostrar esto como milagroso,
enfatizando, de esta forma, la
libertad total con la que Jesús
enfrenta su arresto."
GUISEPPE RICCIOTTI

¿Conozco a alguien quien pareciera irradiar
"poder" con su sola presencia?
¿Cómo lo puedo explicar?

Jesús y todos los santos legítimos a lo
largo de la historia, han tenido poderes
espirituales y una profunda vida de oración.
Nosotros creemos que debe existir
alguna conexión
entre sus poderes y sus vidas de oración.

SHERWOOD EDDY

[Jesús les dijo a los soldados,]
"Si me buscan a mí,
dejen irse a éstos." JUAN 18:8

Durante la Segunda Guerra Mundial, el
periodista Ernie Pyle vivió entre los
soldados en las trincheras. El anotaba en
un cuaderno las cosas que los escuchaba
decir. Por ejemplo, un joven soldado, dijo,
"Estoy peleando fuerte, señor Pyle, pero
esto es un infierno. A veces, cuando
escucho los cañonazos a mi alrededor,
y los francotiradores están escondidos,
disparando detrás de los arbustos, me
provoca darme por vencido."

Como Jesún tenía corazón humano,
el sintió miedo, así como nosotros.
Sin embargo, luego de aceptar la
voluntad de su Padre, el mostró un
valor increíble. ¿Por qué? ¿Puedo recordar
alguna experiencia en la que sentí mucho valor
luego de aceptar la voluntad de Dios?

Debemos guiar con tranquilidad
a través de cada tormenta,
mientras que sintamos que nuestro corazón
esté en lo cierto, nuestras intenciones
sigan fervientes, nuestro valor se
encuentre inmutable, y nuestra confianza
esté puesta firmemente en Dios.
SAN FRANCISCO DE ASÍS

SEMANA 27
Día 7 _____

*[Pedro sacó la espada para defender a
Jesús, pero Jesús le dijo,]* "Coloca tu
espada en su lugar, ¿Acaso no beberé la
copa que mi Padre me da a beber?"
                                    JUAN 18:11

Williamn Barclay nos hace una fascinante
comparación entre el Jesús que entra al
huerto y el Jesús que sale de él.
El escribe en *The Gospel of Luke* (El
Evangelio de Lucas):
"Un famoso pianista dijo del
nocturno de Chopin en C-menor,
'Debo decirles al respecto . . .
En esta pieza todo es dolor y angustia
. . . hasta que empieza a hablar de Dios,
a orar; entonces, todo se vuelve bueno.'
Esto es lo que pasaba con Jesús.
El fue a Getsemaní en la oscuridad;
y salió en medio de la luz—
porque habló con Dios.
El fue a Getsemaní en agonía;
y salió con paz en el alma—
porque habló con Dios."

¿Puedo acordarme de algún momento en el
que yo recé en agonía y salí en paz?

*La oración no cambia a Dios,
pero cambia a quien la reza.*
                        SOREN KIERKEGAARD

1   Si el compartir mi vulnerabilidad tiene
    tantos beneficiosos para los demás, y
    me hace más agradable a ellos, ¿por qué
    no la comparto cuando la siento, así
    como lo hizo Jesús?

2   ¿Qué es lo que me impide decir ahora
    mismo, "que no se haga mi voluntad sino
    la tuya"?

3   ¿Cómo explico lo que le sucedió a la
    misionera y a Catherine Marshall? ¿Qué
    mensaje encuentro en sus historias en
    este preciso momento?

4   ¿Puedo acordarme de alguna vez en la
    que casi me di por vencido porque me
    costó sufrimientos al principio? ¿Qué
    es lo que me hizo persistir?

5   ¿Conozco a alguien quien pareciera
    irradiar "poder" con su sola presencia?
    ¿Cómo lo puedo explicar?

6   ¿Puedo recordar alguna experiencia en la
    que sentí mucho valor luego de aceptar
    la voluntad de Dios? ¿Cómo explico esto?

7   ¿Puedo acordarme de algún momento en el
    que yo recé en la oscuridad y terminé
    en medio de la luz? ¿Empecé en agonía y
    terminé en paz?

28 ¿Cuán listo estoy para sufrir como Jesús sufrió por mi?

Albrecht Durer era un famoso pintor alemán
del siglo dieciséis. Una de sus obras
maestras se titula *Descent from the Cross*
(El Descenso de la Cruz).

En esa pintura hay un detalle conmovedor.
Muestra a uno de los discípulos, sosteniendo
en sus manos la corona de espinas de Jesús y
apretando uno de sus dedos en una espina,
para sentir el dolor que Jesús había sentido.

Las reflexiones de esta semana se concentran
en los sufrimientos de Jesús. Su propósito
es llevarlo a un mejor entendimiento, un
amor y servicio más grande hacia El. La
gracia que usted pedirá es:

Padre,
permite que tenga un conocimiento más
profundo en cuanto a por qué Jesús sufrió
por mi, y que yo esté dispuesto a decir
si con amor y júbilo, a todo lo que
Jesú pida de mí.

Pautas para la Semana

Esta semana quizás usted sienta deseos de
rezar las Estaciones de la Cruz. El proceso
es simplemente contemplar, por más o menos
medio minuto, cada una de las estaciones
que mencionamos en la siguiente página. En
otras palabras, imagínese que usted está

presente en cada estación. Usted escuchará lo que Jesús escuchó, verá lo que Jesús vió, y sentirá lo que Jesús sintió.

1 Jesús es condenado a muerte.
2 Jesús carga su cruz.
3 La primera caída de Jesús.
4 Jesús encuentra a su madre.
5 Jesús es ayudado por Simón.
6 Verónica le limpia el rostro a Jesús.
7 La Segunda caída de Jesús.
8 Jesús habla a las mujeres.
9 La tercera caída de Jesús.
10 Jesús es despojado de sus vestiduras.
11 Jesús es clavado en la cruz.
12 Jesús muere en la cruz.
13 Jesús es bajado de la cruz.
14 Jesús es sepultado.

Lectura Diaria

1	Jesús es interrogado	Mc 14:53–56
2	Jesús se identifica	Mc 14:57–62
3	Jesús es acusado	Mc 14:63–65
4	Pedro niega a Jesús	Mc 14:63–65
5	Jesús ante Pilato	Mc 15:1–5
6	Jesús es condenado	Mc 15:6–15
7	Jesús es ridiculizado	Mc 15:16–20

SEMANA 28
Día 1 _____

[Los soldados tomaron preso a Jesús en
Getsemaní y lo llevaron a la casa del
Sumo Sacerdote. Cuando Pedro llegó a esa
casa, lo acusaron de ser discípulo. El lo
negó vehementemente, tres veces, como se
lo había dicho Jesús. Luego, Pedro]
saliendo afuera lloró amargamente.   MATEO 26:75

La idea de ver a Pedro, lleno de pánico,
negando a Jesús, nos recuerda a una escena de
la novela *Lord Jim*. Cuando niño, Jim se pasaba
horas soñando con hazañas bravías en altamar.
Con el tiempo, Jim creció y se convirtió en
el capitán del *Patna*. Una noche el Patna
chocó con algo y se empezó a hundir.
Sintiendo un inesperado ataque de pánico,
Jim saltó al agua tratando de salvarse.
Aunque el barco y sus pasajeros se salvaron
gracias a manos más bravías, Jim nunca se
perdonó a si mismo. Sin embargo, años más
tarde, Jim "compró" nuevamente su salvación
mediante un extraordinario acto de heroísmo,
el cual fue mucho más allá de cualquier
fantasía que pudo haber tenido de niño.

¿Puedo recordar algún momento de debilidad,
cuando hice algo similar a lo que hicieron
Pedro y Jim? ¿Qué efecto—bueno o malo—
tuvo esto en mi vida?

Una debilidad, con el favor de Dios, puede
llegar a ser lo más fuerte en nosotros.

*[Llevaron a Jesús donde Pilato, quien
quería dejarlo libre, pero la multitud
gritaba,] "Crucifícalo, crucifícalo."* LUCAS 23:21

Una compañía de actores muy famosa iba a
dramatizar la crucifixión de Jesús. Ellos
invitaron a las personas del lugar para que
participaran en las escenas representando a
la multitud. Un niño fue escogido por los
miembros de su clase para que los representara.
Toda la semana él estaba contento pensando que
iba a estar en el escenario con actores de
verdad. Poco antes de levantar el telón, el
director presentó a los "guías" a la gente del
lugar, diciédoles, "Hagan y griten exactamente
como ellos." Luego, se levantó el telón. En
un balcón, en medio del escenario, estaban
Jesús y Pilato. Los "guías" empezaron a
mostrar los puños a Jesús, y le gritaban a
Pilato, "¡Crucifícalo, crucifícalo!" La gente
del lugar empezó a gritar también—todos,
menos el niño. Por más que trataba, no podía
levantar su puño hacia Jesús y gritar, "¡Crucifícalo!"
En vez de eso, se puso a llorar por Jesús.

¿Qué es lo que siento cuando me pongo en
el lugar de ese niño?

*No vayas allí donde hay un camino,
Más bien, has un camino donde debe haberlo.*
ANÓNIMO

SEMANA 28
Día 3 _____

Pilato ordenó que tomaran
a Jesús y lo azotaran.   JUAN 19:1

Durante la Semana Santa de 1986, *USA Today*
publicó una historia sobre la crucifixión
de Jesús. Estaba basada en un artículo que
escribió un doctor en el *New England Journal*
of Medicine. El doctor dice que los cristianos
son propensos a mucho romanticismo cuando se
habla de la muerte de Jesús. En realidad, su
muerte estuvo llena de una brutalidad increíble.
Los escritores de antaño dicen que, con
frecuencia, antes de la crucifixión, la persona era
flagelada. En muchos de los casos, éstas morían
antes de que pararan los latigazos. También nos
cuentan que las víctimas de crucifixión muchas
veces perdían la razón. Un escritor dice que
luego de la caída de Jerusalén, en el añ 70 A.D.,
los judíos que luchaban por la libertad,
pelearon contra los romanos. Un día capturaron
al líder de unos de los grupos de guerrilla.
Cuando los romanos se preparaban a crucificarlo,
los compañeros se rindieron, pues no querían
que su líder sufriera una muerte tan terrible.

¿Qué es lo que me impide ofrecer mis
sufrimientos cotidianos a Jesús, en reparación
por su sufrimiento o para ganar la gracia de Dios
a fin de completar la labor de Jesús?

Cuando te llegue ese dolor terrible—úsalo.
                                        ERNEST HEMINGWAY

_Le quitaron sus vestidos y le pusieron
una capa de soldado de color rojo.
Después le colocaron en la cabeza una
corona que habían trenzado con espinas._
MATEO 27:28–29

En _Deliver Us from Evil_ (Líbranos de Todo Mal),
el doctor Tom Dooley nos cuenta que él trató
a un sacerdote anciano, quien fue castigado por
los comunistas por "predicar traición," en el
sudeste de Asia. Le clavaron ocho clavos en
la cabeza: tres en la frente, dos en la parte
de atrás, y tres en la parte de encima. Dooley
escribe:
"Le lavé el cuero cabelludo, le saqué los
coágulos de sangre, y abrí las cavidades para
limpiarle la pus. Le tuve que dar grandes
cantidades de penicilina y vacunas
anti-tétanos . . . El anciano se recuperó.
Un día cuando regresé para continuar con su
tratamiento, el padre López me dijo que el
anciano había regresado . . . detrás de la Cortina
de Bambú. Esto significaba que había regresado
donde sus torturadores."

¿Por qué regresaría el anciano sacerdote? ¿Qué
es lo que me motivaría a regresar a mí?

_Es la uva pisoteada
la que da el vino._
ANÓNIMO

SEMANA 28
Día 5 _____

*Comenzaron a escupirle en la cara y
a darle bofetadas.*　　　MATEO 26:67

Flannery O'Connor escribió una historia corta
llamada *Parker's Back* (La Espalda de Parker).
Se trata de un hombre llamado Parker, quien
vive con su esposa, Sarah Ruth, en una casa
muy pobre en la región del sur. Ella lo
fastidia constantemente por su falta de
religión. También odia los tatuajes que él
tiene en el cuerpo. Determinado por
complacerla aunque sea una vez, Parker decide
hacerse un tatuaje de Jesús en la espalda.
Cuando Sarah Ruth ve el tatuaje, empieza a
gritar, "¡Idolatría!" Entonces toma un
objeto pesado y con él lo empieza a golpear
salvajemente en la espalda. El se quedó tan
frío, que "se quedó sentado y dejó que ella
le pegara, hasta casi perder el sentido. En
la cara del Cristo tatuado, se podían ver
las marcas de los golpes que recibió."

¿Puedo acordarme de alguna vez
en que acepté el abuso de otra persona,
para evitar que las cosas se pusieran peor?
¿Puedo acordarme si alguna vez lo hice
sencillamente para imitar a Cristo?

*[Cristo] mismo subiendo a la cruz
cargó con nuestros pecados . . . Y por sus
llagas fueron ustedes sanados.*
　　　1 PEDRO 2:24

Pilato volvió a salir y les dijo,
"Miren, lo voy a traer de nuevo
para que sepan que no encuentro
ningún motivo para condenarlo,"
Entonces salió Jesús . . .
Al verlo, los jefes de los
sacerdotes y los policías del
Templo comenzaron a gritar:
"¡Crucifícalo! ¡Crucifícalo!"

JUAN 19:4-6

La novela de C.E. Montague, titulada *Rough
Justice,* describe a un niñito sentado en
la iglesia, acompañado de su mamá. Su boca
y sus ojos están bien abiertos, pues está
escuchando por primera vez, la historia de
la crucifixión de Jesús. Esto lo ha
conmovido tanto, que empieza a sollozar
en alto. Cuando la gente volteá a mirarlo,
la madre se agacha y le susurra sonriente,
"¡Amorcito, no debes tomar esta historia
tan en serio!"

¿En qué forma me parezco yo a la mamá
del niño en esta historia de Montague?
¿Por qué?

Pueda que sea una iglesia crucificada
la que traiga al Cristo crucificado
antes los ojos del mundo.

W. E. ORCHARD

SEMANA 28
Día 7 _____

*[Pilato] lo entregó para que fuera
crucificado.*   MARCOS 15:15

El padre Titus Brandsma fue arrestado y
conducido a un campo de concentración nazi.
Cuando llegó allí, lo pusieron en una
perrera; cada vez que los guardias pasaban
delante de la jaula, se burlaban de él,
pidiéndole que ladrara como perro. Con el
tiempo, el pobre sacerdote murió de tanta
tortura que recibió. Lo que no sabían los
nazis era que el padre había dejado escrito
todo lo que le había ocurrido, entre las
líneas impresas de un antiguo libro de
oraciones. Una de sus páginas tiene escrito
este poema a Jesús:
"Ninguna pena llegará a mi camino, que yo ya no
haya visto en tus tristes ojos; El camino solitario
que recorriste me ha preparado para el dolor . . .
Tu amor ha convertido en luz brillante este
camino oscuro . . . Quédate, conmigo Señor,
quédate; No sentiré miedo, si, al estirar mi mano,
te siento cerca de mí."

Cuando releo en un susurro el poema,
dirigiéndome directamente a Jesús y
mirándolo a los ojos, ¿que es lo que
Jesús me dice a mí?

*Si alguna vez el hombre fue Dios, y Dios hombre,
Jesucristo fue ambos.*   GEORGE GORDON, LORD BYRON

REUNION SEMANAL
_____ Compartiendo la Agenda

1   ¿Puedo recordar algún momento de debilidad,
    cuando hice algo similar a lo que hizo
    Pedro y lo que hizo Jim en la novela *Lord
    Jim*? ¿Qué efecto tuvo esto en mi vida, ya
    sea bueno o malo?

2   El ponerme en el lugar de ese niño (al que
    le pidieron que levantara su puño y gritara
    "¡Crucifícalo!"), ¿me ha ayudado o me ha sido
    un obstáculo en la oración? ¿De qué manera?

3   ¿Qué es lo que me impide ofrecer mis
    sufrimientos cotidianos a Jesús, en reparación
    por su sufrimiento o para ganar la gracia de
    Dios a fin de completar la labor de Jesús?

4   ¿Por qué razón regresaría el viejo sacerdote,
    descrito por Tom Dooley, detrás de la Cortina
    de Bambú? Si yo fuera el sacerdote, ¿qué es
    lo que me motivaría a regresar?

5   ¿Puedo acordarme de alguna vez en que acepté
    el abuso de otra persona, para evitar que
    las cosas se pusieran peor? ¿Puedo recordar
    si alguna vez lo hice sencillamente para
    imitar a Cristo?

6   ¿Hasta qué punto me parezco a la mamá del
    niño (que escuchaba la historia de la
    crucifixión por primera vez)? ¿Por qué?

7   Cuando releo en un susurro el poema del
    padre Brandsma, dirigiéndome a Jesús y
    mirándolo a los ojos, ¿que efecto tiene
    esto en mí? ¿Qué es lo que me dice Jesús?

29 ¿Cuán listo estoy para morir por Jesús como él murió por mí?

La historieta de ciencia ficción *The Traveler* (El Viajero) se trata de un científico llamado Paul Jairus. El forma parte de un equipo de investigación que ha inventado una especie de escudo de energía que hace posible regresar a cualquier época pasado.

Jairus ha sido seleccionado para que realice el primer viaje. El decide volar de regreso al tiempo de la crucifixión de Jesús. Jairus es ateo y de antemano piensa que lo que va a encontrar, va a ser muy diferente de lo que dice la Biblia.

En el momento preciso, Jairus empieza el viaje de regreso al pasado. Minutos más tarde, ese escudo de energía lo coloca en el blanco preciso. El sitio de la crucifixión está lleno de gente.

Jairus le pide al Centro de Comando que le permita acercarse más a la cruz. Ellos le conceden el permiso, pero le advierten que se quede dentro del escudo de energía. En ese momento, sucede algo inesperado. Jairus se siente tremendamente atraído a Jesús. El está muy conmovido por el amor que irradia de Jesús. Esto es algo que nunca antes había sentido.

Luego, contrario a lo que esperaba, los sucesos de la crucifixión se desarrollaron exactamente como los describe la Biblia.

Jairus está visiblemente conmovido. El Centro de Comando se da cuenta de lo que sucede y le ordena que regrese al siglo veinte de inmediato. Jairus protesta, pero no le sirve de nada. Cuando Jairus regresa y sale de ese escudo de energía, es un hombre cambiado.

Las reflexiones de esta semana se concentran en la crucifixión de Jesús. Se espera que lo que le sucedió a Jairus, le suceda a usted. La gracia que usted pedirá es:

Señor, toca mi corazón con compasión
por lo que Jesús sufrió por mí
para que yo le diga sí a todo
lo que El pida de mí.

Pautas para la Semana

Esta semana quizás sea bueno que tenga un crucifijo cerca de usted. Quizás pudiese terminar cada reflexión besando las cinco llagas de Jesús: las de sus manos, las de sus pies y la del costado.

Lectura Diaria

1	No lloren por mí	Lc 23:26–31
2	Baja si puedes	Mt 27:33–44
3	Perdónalos, Padre	Lc 23:32–34
4	Jesús, acuérdate de mi	Lc 23:40–43
5	La muerte de Jesús	Mt 27:45–50
6	Acto de fe en Jesús	Mt 27:51–55
7	Sepultan a Jesús	Mt 27:57–66

SEMANA 29
Día 1 _____

Los soldados se llevaron a Jesús . . .
Lo seguía muchísima gente, especialmente
mujeres que se golpeaban el pecho y se
lamentaban por El.

LUCAS 23:26–27

Una procesión de Viernes Santo caminaba por
las calles de la zona urbana de Chicago. A
la cabeza, iba un hombre que llevaba una
pesada cruz de ocho pies de largo. Atrás de
él, iban otros hombres con gorros de beisból
y chaquetas de cuero. Ellos llevaban cruces
más pequeñas. La gente salía de edificios
viejos y ruinosos, y en forma espontánea,
se unían a la procesión. De vez en cuando,
todos se paraban delante de un lugar de
dolor—una casa de drogadictos, el sitio
donde mataron a algún joven. En una
ocasión, una mujer corrió y abrazó al
hombre que cargaba la cruz; en otra ocasión,
un joven le ofreció su ayuda para cargarla.

¿Qué siento por dentro cuando veo que la gente
en forma espontánea, se une a la procesión?

Las Estaciones de la Cruz
se desliza por nuestras calles . . .
Estas toman calles de pobreza y sufrimiento
en todas sus formas.
Es delante de estas nuevas Estaciones . . .
que debemos detenernos y meditar.

MICHAEL QUOIST, Prayers of Life

Cuando llegaron al lugar
llamado de la Calavera,
lo crucificaron a él [Jesús].
LUCAS 23:33

Un sacerdote hablaba a un grupo de estudiantes
de la escuela para sordos. Cuando la intérprete
traducía sus palabras al lenguage mímico para
sordos, el sacerdote se dió cuenta que ella
tocaba la palma de sus manos con los dedos, con
mucha frecuencia. El aprendió má adelante, que
esta era la señal para referirse a "Jesús"
cuyas palmas fueron clavadas a la cruz.

Cuando siento dolor,
¿cuánto me ayuda el recordar
que Jesús sufrió terriblemente
y que El entiende lo que estoy sufriendo?

Yo llevo una cruz en mi bolsillo . . .
No es . . . para que la vea el mundo.
Es simplemente un acuerdo que
tenemos mi Salvador y yo . . .
Me recuerda que. a diario, debo agradecer
por las bendiciones que me da
y debo tratar de servirlo mejor
en todo lo que digo y hago . . .
Recordándome a mí y a nadie más
que Jesucristo es Señor de mi vida
si es que yo le permito ser.

ANÓNIMO

SEMANA 29
Día 3 _____

[Colgado y adolorido en la cruz,]
Jesús dijo, "Padre, perdónalos,
porque no saben lo que hacen."
LUCAS 23:34

En su novela *Legion* (Lewgión), William Blatty
describe a un detective judío, que está parado
sólo, dentro de una iglesia. Un sacerdote acaba
de ser asesinado al estar escuchando confesiones.
El detective ve la sangre en el piso y
menea la cabeza. Luego, muy despacio levanta
los ojos hacia un gran crucifijo. Su cara se
suaviza y él le dice a Jesús:
"¿Quién eres? ¿Hijo de Dios?
No, tu sabes que yo no creo eso.
Sólo pedí ser cortés . . .
Yo no se quién eres,
pero tú eres Alguien.
¿Quién no se daría cuenta?
¿Sabes cómo sé?
Por lo que tu dijiste . . . Nadie en este mundo
podría haber dicho lo que tu dijiste . . .
¿A quién se le podría imaginar? . . . ¿Quién eres?
¿Qué es lo que quieres de nosotros?

¿Cómo podría contestar las dos últimas
preguntas del detective?

Yo conozco a los hombres, y yo te digo
que Jesucristo no es un hombre.
NAPOLEÓN BONAPARTE

"No hay amor más grande que éste:
dar la vida por sus amigos." JUAN 15:13

El cuerpo de Jesús, clavado en la cruz,
tiene un triple mensaje para aquellos que
ven y escuchan en la fe.
Primero, es una *señal* del amor de Jesús por
nosotros, que nos dice en la manera más
elocuente posible lo que Jesús dijo tantas
veces durante su vida:
"No hay amor más grande que éste: dar la
vida por sus amigos."
Segundo, es una *invitación* para amar a los
demás como Jesús nos ama, repitiendo lo
que Jesús les dijo a sus discípulos tantas
veces: "Amense unos a otros, como yo los
he amado" (JUAN 15:12)
Tercero, es una *revelación*, que nos dice
en el lenguaje más claro posible, lo que
Jesús les decía con frecuencia a sus
discípulos—el amor está sujeto al dolor:
"Si alguno quiere seguirme . . . que cargue
con su cruz" (LUCAS 9:23).

¿Cuál de estos mensajes estará usando
Dios para hablarme en estos momentos?
¿Por qué?

Dios aun les habla a aquellos
que se toman el tiempo para escucharlo.
E.C. MCKENZIE

SEMANA 29
Día 5 _____

Llegado el mediodía,
se oscureció todo el país
hasta las tres de la tarde.
A esa hora Jesús gritó con voz fuerte,
"Eloí, Eloí, ¿lamá sabactani?"
que quiere decir: "Dios mío, Dios mío,
¿por qué me has abandonado?
                                    MARCOS 15:33–34

Llega el momento en el cual tenemos
que enfrentarnos solos a la vida. Hay
un momento en el cual el cielo se torna
oscuro y no hay nadie más que nosotros.
Hay momentos que nos sentimos totalmente
abandonados, inclusive hasta por Dios.
Ese momento le llegó a Jesús en la cruz.

¿Hay momentos en los cuales me siento
totalmente abandonado—inclusive hasta
por Dios? ¿Qué me podrían enseñar estos
momentos?

¡Oh Dios, mi Dios!
¿por qué me abandonaste? . . .
Yo soy como el arroyo que se escurre,
todos mis huesos se han descoyuntado . . .
Mi corazón se ha vuelto como cera.
Mi garganta está seca como teja,
y al paladar mi lengua está pegada . . .
Y contaron mis huesos uno a uno.
Esta gente me marca y me vigila.
                                    SALMO 22:1,14–15,17

Cristo Jesús . . .
entregó su vida para rescatar a todos.   1 TIMOTEO 2:5–6

En april de 1865, el asesinado cuerpo del
Presidente Lincoln yacía, con todos los
honores, en Cleveland, Ohio. Lo traían de
Springfield, Illinois y se quedaría en Ohio
por espacio de algunas horas, antes de
regresar a Washington, en donde lo iban a
enterrar. En la larga cola de personas que
deseaban ver el cuerpo del presidente, se
encontraba una señora de raza negra, quien
traía a un niño en brazos. Cuando llegaron
cerca al ataúd, la mujer le dijo al niño,
"Hijito, mira bien a este señor. El murió
por tí." Lo que esa señora dijo de Lincoln
a su hijo, toda madre debe decir a sus
hijos de Jesús. Tanto Jesús como Lincoln nos
dicen que la guerra contra la maldad involucra
mucho sacrificio personal—hasta la pérdida
de su propia vida.

¿Contra cuál de los males modernos
estaría yo dispuesto a pelear y sufrir—
inclusive hasta el punto de dar mi
vida, si fuese necesario?

Es importante
que la gente sepa que cosas toleraría usted,
pero también es igualmente importante,
que sepan qué cosas no tolería.   AUTOR DESCONOCIDO

SEMANA 29
Día 7 _____

[Viendo expirar a Jesús, el capitán
romano dijo,] "Verdaderamente,
este hombre era Hijo de Dios."
MARCOS 15:39

Todos los ojos están fijos en Jesús, en
la crucifixión, cuando cae la cortina. Nada
importa sino ese increíble individuo
suspendido entre el cielo y la tierra.
Dos mil años más tarde, todos los ojos
siguen fijos en ese hombre en la cruz. Un
sobreviviente del holocausto nazi, resumió
el sentir de millones de personas cuando
dijo"
"Al mirar al hombre que está en la cruz . . .
Me dí cuenta que tenía que decidir de una
vez por todas, y adoptar una actitud de
fidelidad a El y compartir su inexpugnable
fe en Dios . . . o caer . . . en un hoyo sin fondo
lleno de amargura, odio y la más completa
desesperación."

¿Hasta qué punto llego yo a la conclusión
que llegó este sobreviviente del
holocausto al ver al hombre en la cruz?

El amor sufre, pero vence.
La persona de fe ha encontrado en Jesús
una esperanza más fuerte que la historia
y un amor más grande que la muerte.
ANTHONY PADOVANO (adaptado)

REUNION SEMANAL
_____ Compartiendo la Agenda

1   ¿Qué siento por dentro cuando veo que la gente, en forma espontánea, se une a "Las Estaciones de la Cruz" en la zona urbana de Chicago?

2   Cuando siento dolor, ¿cuánto me ayuda el recordar que Jesús sufrió y que entiende lo que sufro?

3   ¿Cómo podría contestar las dos últimas preguntas del detective, acerca de Jesús: ¿Quién es Jesús para mí? ¿Qué es lo que Jesús quiere de mí?

4   ¿Cuál de los tres mensajes de la cruz (señal, invitación, revelación) estará usando Dios para hablarme—en estos momentos? ¿Por qué?

5   ¿Hay momentos en los cuales me siento totalmente abandonado—inclusive hasta por Dios? ¿Cómo puedo explicar esos momentos?

6   ¿Contra cuál de los males modernos estaría yo dispuesto a pelear y sufrir—inclusive hasta el punto de perder mi vida, si fuese necesario?

7   ¿Hasta qué punto llego a la misma conclusión que llegó el sobreviviente del holocausto: Adopto una "actitud de fidelidad a El y comparto su inexpugnable fe en Dios . . . o caigo . . . en un hoyo sin fondo lleno de amargura, odio y la más completa desesperación"?

IV
LA VICTORIA

La "Cuarta Semana" de
Los Ejercicio Espirituales de San Ignacio"
se concentran en el misterio de los misterios:
La resurrección de Jesús de entre los
muertos.

Este increíble misterio nos inspira a rezar
a San Pablo:

El ojo no ha visto,
el oído no ha oído,
a nadie se le ocurrió pensar
lo que Dios ha preparado
para los que lo aman.
1 CORINTIOS 2:9

30 ¿Cuán bien entiendo lo que sucedió en la Pascua de Resurrección?

La Prensa Asociada pudo haber dado la noticia
de los acontecimientos del Viernes Santo de
la siguiente manera:

"JERUSALEM (AP)—Jesús de Nazareth fue ejecutado
hoy fuera de las murallas de esta antigua
ciudad. El deceso ocurrió alrededor de las
tres de la tarde. Una inesperada tormenta
dispersó a un grupo de espectadores y sirvió
de marco culminante a la corta pero tempestuosa
carrera del controversial predicador de la
zona montañosa de Galilea. El sepelio se
realizó inmediatamente. Un policía guardián
fue colocado cerca a la tumba como medida de
precaución. La madre del Galileo es la única
sobreviviente."

El Viernes Santo dejó muy conmovidos a los
seguidores de Jesús. El sueño de que Jesús
había venido de parte de Dios para inaugurar
el Reino de Dios, terminó en pesadilla.

Pero sólo unas horas más tarde, sucedió algo
increíble. Los seguidores de Jesús fueron
transformados de una manera asombrosa.
Radiantes y llenos de vida con una nueva visión
y un nuevo poder, empezaron a proclamar el
increíble mensaje de la resurrección de Jesús.

Ninguna forma de persecución pudo detenerlos
de predicar la "buena nueva." Con el tiempo,

algunos de ellos fueron crucificados también.
Otros fueron lanzados a las bestias salvajes
en el Coliseo Romano. Inclusive, algunos de
ellos, fueron quemados vivos. Nada detenía
o silenciaba a los discípulos de Jesús.

¿Cómo podemos explicar todo lo que sucedió
durante la primera Pascua? La única
explicación admisible es la que dieron
los mismos discípulos: ¡Ellos habían visto
vivo a Jesús!

Las reflexiones de esta semana se concentran
en el misterio de la resurrección de Jesús
de entre los muertos. La gracia que usted
pedirá es:

Señor,
suelta en mi corazón
la misma explosión de alegría
que la Pascua soltó dentro de tus discípulos,
después de haber sido sumergidos en
tristeza el Viernes Santo.

Lectura Diaria

1	El mensaje	Mt 28:1–7
2	El soborno	Mt 28:11–15
3	El peregrino	Lc 24:13–35
4	El jardinero	Jn 20:11–18
5	El don	Jn 20:19–23
6	El incrédulo	Jn 20:24–29
7	El desayuno	Jn 21:1–7

SEMANA 30
Día 1 _____

[Algunas mujeres llegaron a la tumba de Jesús.]
De repente se produjo un gran temblor; el
ángel del Señor bajó del cielo . . .
En ángel dijo . . . "Yo se que buscan a
Jesús . . . ha resucitado . . .
Vayan . . . a decir a sus discípulos."

MATEO 28:2, 5–7

Una vieja película cuenta de unos arqueólogos
quienes declararon que habían encontrado la tumba
de Jesús. Inclusive, horrorizados, dijeron que
habían encontrado el cuerpo momificado de Jesús.
Y que la afirmación del evangelio que Jesús había
resucitado, era una mentira. La noticia aplastó
al mundo cristiano. Algunas personas estaban tan
furiosas que saquearon iglesias y quemaron
Biblias. Años más tarde, cuando uno de los
arqueólogos se encontraba al borde de la muerte,
confesó que todo el asunto de la tumba y el
cuerpo momificado había sido un gran invento
de ellos. No importa cuánto mérito tenga esa
película, lo cierto es que nos hace ver el gran
impacto que la Pascua de Resurrección tiene en
la historia.

¿De qué manera importante hubiese sido diferente
mi vida si Jesús no hubiese resucitado?

Los Evangelios
no explican la resurrección;
la resurrección explica los Evangelios.   J. S. WHALE

[Cuando llegó a los oídos del jefe de los
sacerdotes y las autoridades que la tumba de
Jesús estaba vacía, ellos sobornaron a los
soldados que la habían estado cuidando,
diciéndoles: "Digan que mientras dormían,
vinieron de noche los discípulos y se robaron
el cuerpo de Jesús." Los soldados . . .
siguieron las instrucciones. MATEO 28:13, 15

El robo de las tumbas no era algo raro en la
época de Jesús. En 1878, se encontró evidencia
de esto en Nazaret. Una losa de mármol (que se
encuentra hoy en el Museo Louvre de Paris),
contiene un decreto que indica que cualquiera
que "haya sacado al muerto, o que con malas
intenciones, lo haya transferido" será
"condenado a la pena de muerte." Los peritos
han identificado el decreto como uno de Claudio
(A.D. 41–54). Esto puede presentar una posible
evidencia secular que hayan sido testigos de
la "tumba vacía" de Jesús.

¿Qué es lo que me ha convencido que el cuerpo de
Jesús fue resucitado por Dios, y no robado por
sus discípulos?

Si los discípulos se hubiesen robado el
cuerpo de Jesús, ¿puede usted concebir que estos
doce hombres hayan enfrentado hasta la muerte
con una valentía increíble. . . . con el fin de
propagar una fe que la sabían falsa?
ARNOLD LUNN (adaptado)

SEMANA 30
Día 3 _____

*[Las mujeres corrieron para avisarles
a los apóstoles.]*
*Pero los relatos de las mujeres les
parecieron puros cuentos.*

LUCAS 24:11

Los discípulos reaccionaron con incredulidad
a lo que decían las mujeres. Pero entonces,
Jesús se empezó a aparecer en algunos sitios.
Por ejemplo, el día de Pascua, dos acongojados
discípulos estaban regresando a Emaús. De
pronto, un peregrino se les unió en el camino.
(Era Jesús, pero ellos no lo reconocieron.)
Cuando le contaron porque se encontraban
acongojados, Jesús les explicó que los
Evangelios había predicho que el Mesías
sufriría antes de entrar en su gloria. Cuando
llegaron a Emaús, los discípulos invitaron a
comer al peregrino. Jesús "tomó el pan, lo
bendijo, lo partió y se lo dió. En ese momento
se les abrieron los ojos y lo reconocieron,
pero ya había desaparecido . . . Y en ese mismo
momento, se levantaron para volver a Jerusalén."
(LUCAS 24:30–31,33).

Cuando me imagino ser uno de los discípulos,
¿qué es lo que pienso cuando Jesús bendice
el pan, lo parte y me lo da?

*[Una persona] llena de júbilo,
predica sin predicar.* MADRE TERESA

[Cuando los discípulos vieron a Jesús]
Estaban atónitos y asustados, pensando
que veían a algún espíritu.   LUCAS 24:16

Una característica significativa de las
apariciones de Jesús durante la Pascua, es la
constante inabilidad de los discípulos de
reconocerlo. El Evangelio nos da cuatro ejemplos
de esto. Estos ejemplos nos invitan a reflexionar
en un hecho importante sobre la resurrección y
el cuerpo resucitado de Jesús. La resurrección
no es la restitución de la vida, como en el caso
de Lázaro, y el hijo de la viuda. La resurrección
es algo que ningún ser humano ha experimentado.
No es regresar a una vida *anterior*, sino más bien,
un salto inmenso a una vida *superior*. En otras
palabras, el cuerpo de Jesús que resucitó el día
de Pascua, era infinitamente diferente al cuerpo
que habían enterrado el Viernes Santo.

¿Con cuánta anticipación espero compartir
la vida de resurrección que Jesús goza ahora?
¿Por qué?

¿Por qué no habrías de creer
que vas a existir nuevamente
después de esta vida? . . .
Sería acaso más difícil para Dios . . .
quien creo tu cuerpo de la nada,
hacerlo de nuevo cuando ya ha existido?
                                    SAN IRINEO

SEMANA 30
Día 5 _____

[En la noche de Pascua,
Jesús apareció ante sus discípulos y
les comunicó un precioso don. Soplando
sobre ellos, les dijo,]
"Reciban el Espíritu Santo; a quienes
ustedes perdonen, queden perdonados." JUAN 20:22–23

Al principio pensamos, "¡Que regalo de Pascua
tan inusual! ¿Por qué Jesús, en la noche de
Pascua, les daría a sus discípulos el poder
de perdonar los pecados? Sin embaro, después
de reflexionar sobre esto, nos damos cuenta
de lo apropiado que es este regalo. La razón
por la cual Jesús murió por nosotros, es por
el *perdón de los pecados*. Pablo escribe,
"Ahora que, por su sangre fuimos santificados
. . . por él, nos salvaremos de la condenación"
(ROMANOS 5:9). En esta forma, el regalo inusual
de Jesús, viene a ser el regalo perfecto. ¿La
razón? Esto les da el poder a los discípulos
de Jesús y a sus sucesores, de comunicar
personalmente a las personas aun por nacer,
el don del perdón que Jesús logró para ellas.

¿Qué le puedo decir a Jesús acerca de mi
necesidad—y la necesidad del mundo—
sobre su regalo de Pascua?

El castigo del pecado es enfrentar,
no la ira de Jesús,
sino el dolor abrumador en sus ojos.
WILLIAM BARCLAY

[Tomás estuvo ausente la noche de Pascua
cuando Jesús se apareció a los apóstoles.
El no creyó nada y les dijo que él creería
sólo si pudiese meter sus dedos en las
llagas de Jesús. Una semana más tarde,
Jesús reapareció y esta vez, Tomás estaba
presente. Jesús le enseñó sus llagas y
le dijo, "En adelante no seas incrédulo,
sino hombre de fe."
Tomás le contestó,
"Tú eres mi Señor y mi Dios." Jesús le
dijo: "Tú crees porque has visto. Felices
los que creen sin haber visto."   JUAN 20:27-29

El libro *The Song* (La Canción) de Calvin Miller,
contiene una historia acerca de una mujer que
no tenía fe en Dios. Ella se casó y tuvo tres
hijos. Luego sucedieron las tragedias. Uno por
uno se murieron sus hijos. En el funeral del
primero, ella era *no creyente*. En el funeral
del segundo, ella se convirtió en *buscadora*.
En el funeral del tercero, ella se volvió
creyente.

¿Cuáles son mis momentos más memorables
a lo largo de mi camino de fe en Jesús?

La pregunta nunca es "¿Fe o no fe?
La pregunta siempre es "En quién pongo mi fe?
ANÓNIMO

Día 7 _____

[Jesús dijo,]
"Simón, hijo de Juan, ¿me amas?"

Una aparición de resurrección muy linda ocurrió
cuando Pedro y los otros estaban remando hacia
la orilla, luego de una infructuosa noche de
pesca. Un forastero apareció en la orilla y les
dijo que volvieran a tirar sus redes. Así lo
hicieron y éstas se llenaron de peces. Juan
miró al forastero y exclamó, "Es el Señor."
Cuando los discípulos llegaron a la playa,
vieron que Jesús había preparado el desayuno.
Todos comieron. Luego Jesús hizo algo inusual.
Se volvió hacia Pedro y le preguntó tres veces,
"¿Me amas?". Las tres veces, Pedro contestó,
"Si, Señor." Y Jesús le respondió tres veces,
"Apacienta mis ovejas." La triple afirmación
de amor de Pedro, borró de su corazón las tres
veces que él había negado a Jesús. Y la
respuesta triple de Jesús lo convirtió en el
pastor de los seguidores de Jesús. (JUAN 21).

Si me imagino que soy Pedro, ¿cuáles serían
mis pensamientos esa noche, cuando estoy
echado en mi cama sin poder dormir?

¿No es extraordinario que hasta el día
de hoy este Galileo es demasiado para
nuestros pequeños corazones?

REUNION SEMANAL
_____ Compartiendo la Agenda

1 ¿De qué manera importante sería diferente
   mi vida en estos momentos, si Jesús no
   hubiese resucitado?

2 ¿Qué es lo que me ha convencido que el
   cuerpo de Jesús fue resucitado por Dios,
   y no robado por sus discípulos?

3 Cuando me imagino ser uno de los discípulos
   compartiendo la cena con Jesús en Emaús,
   ¿qué es lo que pienso cuando Jesús bendice
   el pan, lo parte y me lo da?

4 ¿Con cuánta anticipación espero compartir
   la vida de resurrección que Jesús goza
   ahora? ¿Por qué?

5 ¿Qué necesidad tiene el mundo, de manera
   especial hoy en día, del regalo de Pascua
   de Jesús? ¿Cuán bien estoy haciendo uso
   de este gran regalo?

6 ¿Cuáles son mis momentos más memorables
   a lo largo de mi camino de fe en Jesús?

7 Cuando me imaginé ser Pedro, ¿qué
   pensamientos pasaron por mi mente cuando
   estaba echado en mi cama, sin poder dormir,
   después que Jesús me preguntara tres veces
   "Me amas"?

31 ¿Qué impacto tiene la Pascua en mi vida cotidiana?

El famoso director de cine de Hollywood, Cecil B. DeMille se encontraba leyendo un libro mientras que su canoa se deslizaba en un lago, en el norte de Maine. Momentáneamente, apartó su mirada del libro y miró en el agua. Allí vió un enjambre de escarabajos jugando en la superficie.

De pronto, uno de los escarabajos se trepó por el costado de la canoa, metió sus patas en la madera y se murió. DeMille siguió leyendo su libro.

Unas tres horas más tarde, DeMille miró al escarabajo muerto y lo que vió lo sorprendió. El escarabajo estaba todo seco y su espalda estaba abierta. Mientras que miraba con detenimiento, algo empezó a salir de la abertura: primero la cabeza, luego las alas, y después la cola. Era una bellísima libélula. Luego que ésta alzó vuelo, DeMille tocó la cáscara seca del escarabajo. Era como una tumba.

Lo que le pasó al escarabajo nos ayuda a comprender mejor lo que le pasó a Jesús.

Jesús murió clavado en una cruz—así como el escarabajo murió pegado a la canoa.

Jesús pasó por una transformación increíble
tres días después de morir—así como el
escarabajo pasó una transformación similar
a las tres horas de morir. Finalmente, el
cuerpo transformado de Jesús tenía nuevos
poderes para transportarse de un lugar a
otro—así como el cuerpo transformado del
escarabajo que podía volar y ya no tendría
que arrastrarse.

Las reflexiones de esta semana se concentran
en el misterio central de la cristianidad:
que el cuerpo resucitado de Jesús está vivo
y activo en nuestro mundo. La gracia que
usted pedirá es:

Padre amado,
llena mi corazón de ese gozo
que emana del saber que
la presencia amada de tu Hijo resucitado
penetra nuestro mundo;
y haz que mi mente,
mi corazón y mi alma se abra a ella.

Lectura Diaria

1 Como fuego ardiente   Lc 24:28–35
2 Gloria a él   Ef 3:14–21
3 Muerte a la vida   Rom 6:3–11
4 Escondido en Cristo   Col 3:1–17
5 Lleno de admiración   He 2:43–47
6 Hoy y siempre   Heb 13:1–8
7 Un pueblo escogido   1 Pe 2:1–10

SEMANA 31
Día 1 _____

Tú me cuidaste para que no cayera,
por eso seguiré caminando en tu
presencia en la luz de los vivientes.
SALMO 56:14

Un niñito y su abuelo estaban en una colina,
volando una cometa. La cometa estaba bien
alto, casi llegando al cielo. De pronto, una
nube pasó por allí y tapó a la cometa. Luego
de unos minutos, el abuelo dijo, "Rubén, quizás
hay un ladrón allí en esa nube y se robó tu
cometa." Pero Rubén negó con la cabeza. "Pero,
Ruben, ¿cómo puedes estar seguro que tu cometa
todavía se encuentra atada a tu cuerda?" El
niño replicó, "Porque yo puedo sentir lo que
tu no sientes. Siento que la cometa todavía
está jalando mi cuerda." Esta historia muestra
por qué mucha gente cree en la resurrección de
Jesús, sin haber sido bendecidos con esa visión.
Ellos pueden sentir el "jalón" que Jesús
resucitado les da en sus vidas. Ellos pueden
sentir el poder del Cristo resucitado obrando
en sus corazones.

En estos momentos, ¿de qué manera siento el
"jalón" de Cristo en mi vida?

Todos mueren por ser de Adán,
y todos también
recibirán vida por ser de Cristo.
1 CORINTIOS 15:22

*[Dios,] que demuestra su poder en
nosotros y que puede realizar mucho
más de lo que pedimos o imaginamos.*   EFESIOS 3:20

Una estudiante universitaria que estaba volando
de regreso a su casa en Rhode Island para pasar
la Semana Santa, se sentía muy alterada. Ella veía
que el año de estudios ya iba a terminar y había
sacado muy malas notas. Una vez que llegó a
casa, agarró su carro y manejó hasta la playa.
Ella escribe: "Me senté allí, bajo la luz de la luna,
a ver las olas acercarse a la orilla. Casi sin
darme cuenta, empecé a pensar en mi año de
estudios . . . En eso, todas mis experiencias
de ese año pasaron, como en película, frente
de mí . . . Cuando me dí cuenta, ya era de
mañana y el sol había empezado a asomarse en
el horizonte . . . Todas mis metas y entusiasmo
regresaron de golpe, más fuertes que nunca.
Me levanté con el sol, me metí en el carro y
regresé a casa." Luego de las vacaciones de
Semana Santa, la joven regresó a la universidad,
se puso a estudiar y terminó el año con mucho
éxito. En ese corto período de sus vacaciones
de Semana Santa, ella murió y resucitó a una
nueva vida.

¿Puedo acordarme de una resurrección
similar en mi propia vida?

La ilusión es tuya, reclámala.   WALTER FAUNTROY

SEMANA 31
Día 3 _____

*[Por el bautismo] fuimos sepultados junto con
Cristo para compartir su muerte, y así como
Cristo fue resucitado de entre los muertos
por la Gloria del Padre, también nosotros
hemos de caminar en una vida nueva.*

ROMANOS 6:4

Darryl Stingley era un jugador de futbol de los
New England Patriots en la década de los años 70.
El recibió una lesión muy seria durante un juego
con los *Oakland Raiders*, la cual lo dejó
paralizado del torso para abajo. Hoy sólo puede
mover una mano y para movilizarse usa una silla
de ruedas eléctrica. Darryl dice que hoy su
vida es, en cierta forma, mejor que antes.
Recordando sus días de deportista, dice, "Yo
sólo me concentraba en una sóla cosa. Todo lo
que quería era ser el mejor atleta, y dejé de
lado muchas otras cosas importantes en mi vida.
Ahora he vuelto a ellas. Esto ha sido como un
renacer para mí." Estas declaraciones de Darryl
nos muestra el poder de la resurrección en
las vidas de las personas en nuestra época
actual—un poder tan fuerte que puede traer
vida nuevamente hasta después de la muerte.

¿De qué manera una aparente tragedia personal
se convirtió en un renacer espiritual para mí?

*Una Esperanza Inmortal dispersa la penumbra,
Un ángel está sentado junto a la tumba.*

SARAH FLOWER ADAMS

*Si han sido resucitados con Cristo, busquen
las cosas de arriba, donde se encuentra
Cristo, sentado a la derecha de Dios.*
COLOSENSES 3:1

En 1963, Brian Sternberg era el campeón de
salto con garrocha. Una noche se cayó al
borde de un trampolín y quedó totalmente
paralizado. Esto lo llenó de amargura. Pero
su fe realizó una tremenda transformación
en él. Cinco años más tarde él fue presentado
en un escenario por Wes Wilmer, un inmenso
jugador de futbol, quien llevaba a Brian
cargado en sus brazos. Las piernas y los
brazos flacos de Brian colgaban como los de
un muñeco de trapo. Wes lo depositó en una
silla y le dió un micrófono. Con voz muy
suave, Brian dirigió la palabra a los
asistentes a una convención de atletas:
"Mis amigos . . . le pido a Dios
que lo que me pasó a mí,
nunca le pase a ninguno de ustedes . . .
Le pido a Dios que ustedes nunca tengan que
sufrir el dolor con el que vivo a diario . . .
A menos, queridos amigos, que eso es lo
que ustedes necesiten para colocar a Dios
al centro de sus vidas."

¿Qué es lo que Jesús me estará diciendo a
través de la asombrosa declaración de Brian?

"Yo soy la resurrección y la vida." JUAN 11:25

SEMANA 31
Día 5 _____

*Dios confirmaba con su poder el testimonio
de los apóstoles respecto de la resurrección
del Señor Jesús.*

HECHOS 4:33

Un hombre joven escribió:
"Yo soy una persona que tiene una mente
científica y muy lógica. Yo siempre necesito
tener prueba de todo. Sin embargo, algo me
pasó aquí en la universidad, algo que no tiene
explicación racional, científica o siquiera
sicológica. Me he convertido en una persona
completamente absorta en Jesucristo, y siento
que él está obrando dentro de mí . . .
No puedo explicar este sentimiento. Me empezó
hace unos meses atrás cuando empecé a leer
acerca de los primeros cristianos. Siento
tanto asombro y admiración por ellos que
ni siquiera se me ocurre tener dudas respecto
a Jesús o sobre quién es él—el Hijo de Dios . . .
Digan que esto es algo loco, descabellado, o
lo que sea . . . no lo puedo explicar, y no dejo
de pensar en ello." ROBERT RYBICKI (adaptado)

¿Estoy haciendo algún esfuerzo para alimentar
mi fe leyendo diariamente algo espiritual?

*Dios no es una idea, o una definición
que nos hemos aprendido de memoria;
[Dios] es una presencia
que la sentimos en nuestros corazones.*
LOUIS EVELY

Cristo Jesús permanece el mismo
hoy como ayer, y por la eternidad.
HEBREOS 13:8

"Regocigémonos . . .
A nadie se le niega esta alegría . . .
Que el santo se regocije
al ver la palma de la victoria cerca.
Que el pecador se regocije
al ver la mano del perdón . . .
Cristiano, recuerda tu dignidad . . .
Que no se te olvide
que tú has sido rescatado
del poder de la oscuridad y
se te ha puesto en la luz del Reino de Dios."
SAN LEO, EL GRANDE

¿Qué es lo que hay en la resurrección de Jesús
que me hace regocijar, especialmente
en este momento de mi vida?

Todo lo que buscamos en Cristo,
lo encontramos en Cristo.
Si queremos poquito,
encontraremos poquito.
Si queremos mucho, encontraremos mucho;
pero si, en completo abandono
nos entregamos a Cristo,
él será para nosotros
el tesoro perfecto de Dios.
HENRY BENJAMIN WHIPPLE

SEMANA 31
Día 7 _____

[Jesús dijo,]
"Yo estoy con ustedes todos los días
hasta que se termine este mundo." MATEO 28:20

La resurrección de Jesús nos invita a abrir
nuestros corazones a la presencia de Jesús
resucitado en el mundo de hoy. Nos invita a
dejar que Jesús haga por nosotros lo que ha
hecho por muchos otros. Nos invita a amar
nuevamente, inclusive después de que nuestro
amor fuera rechazado y nos haya provocado
odiar. Nos invita a tener esperanzas
nuevamente luego de que nuestras ilusiones
fueran rotas y estuviésemos al borde de la
desesperación. Nos invita a creer nuevamente,
luego de que nuestra confianza fuera
sacudida y estuviésemos llenos de dudas. Nos
invita a recoger los deshechos y a empezar
de nuevo, luego de que el desaliento nos haya
aplastado y nos provoque dejar todo. La
resurrección es la buena nueva que Jesús está
vivo y activo en nuestro mundo, listo para
realizar milagros en nuestras vidas, si
sólo se lo permitiéramos.

¿Cuál de estas invitaciones creo yo que
Jesús me está extendiendo en este momento?

Nosotros somos el pueblo de Pascua;
y Aleluya es nuestra canción.
SAN AUGUSTÍN

1 En estos momentos, ¿de qué manera siento
   el "jalón" de Cristo en mi vida?

2 ¿Puedo acordarme de alguna resurrección
   que yo haya tenido en mi vida, similar a
   la que tuvo la estudiante durante sus
   vacaciones de Pascua?

3 ¿He tenido alguna aparente tragedia personal
   que se convirtiera en un renacer para mí?

4 ¿Qué es lo que Jesús me dice a través de la
   asombrosa declaración de Brian Sternberg?

5 ¿Estoy realizando algún esfuerzo sistemático
   a fin de profundizar y alimentar mi fe
   mediante alguna lectura espiritual?

6 ¿Qué es lo que yo encuentro en la
   resurrección de Jesús que me hace regocijar,
   en forma especial, en este momento de mi
   vida?

7 ¿Cuál de las invitaciones descritas en el
   Día 7, creo que la resurrección de Jesús
   me está extendiendo en este momento?

32 ¿Con cuánta alegría continuo yo la labor que Jesús empezó?

El estudiante canadiense Terry Fox perdió una pierna pues tuvo cáncer a los huesos. Sólo le quedaban unos años más de vida y quería usar este tiempo de la mejor forma posible.

Terry decidió correr y atravesar Canadá así que invitó a personas que le sirvieran de auspiciadores en la carrera y donaran ese dinero a las investigaciones para el cáncer. Por espacio de dieciocho meses, él se entrenó con una pierna ortopédica. El 12 de abril de 1980, mojó su pierna en el Océano Atlántico y empezó su carrera, llevando en su bolsillo las promesas de los auspiciadores por un total de 1 millón de dólares.

Cuatro meses y tres mil millas más tarde, Terry sufrió un desmayo. El cáncer había invadido sus pulmones. Cuando la noticia se propagó en Canadá, el dinero empezó a llegar al hospital. Antes que Terry falleciera, se había recolectado $24 millones de dólares.

Pero esta increíble historia de coraje continúa. Donald Marrs de Cincinnati también era una víctima de cáncer como Terry. El se conmovió tanto con la historia, que decidió terminar la carrera.

Donald empezó al sur de Chicago. Tres meses más tarde, llegó al *Golden Gate Bridge*, en San Francisco. Estaba cayendo una llovizna

cuando lo cruzó. Cuando Terry metió su mano
en el Océano Pacífico, un arcoiris apareció
en el cielo.

Esta inspiradora historia contiene un mensaje
muy importante. Terry es como Jesús, quien
empezó su noble obra en la tierra, pero murió
antes de terminarla. Nosotros somos como
Donald Marrs. Se nos ha invitado a coger el
bastón de mando de Jesús y terminar su obra.
Esto es lo que significa la fiesta de la
Ascensión: el paso del bastón de mando de
Jesús a sus seguidores.

Las reflexiones de esta semana se concentran
en la ascensión y su invitación. La gracia
que usted pedirá es:

Señor, que el espíritu y poderío
de tu presencia resucitada
llenen mi corazón con el deseo
de completar la noble obra que tu empezaste.

Lectura Diaria

1	Se mi testigo	He 1:1–9
2	Estaré contigo	Mt 28:16–20
3	Realmente el Salvador	Jn 4:34–42
4	Quédate en mí	Jn 15:1–9
5	No te pares allí	He 1:9–11
6	No temas	Is 35:1–4
7	Todo lo hago nuevo	Ap 21:1–7

SEMANA 32
Día 1 _____

[Antes de ascender al cielo,
Jesús les dijo a sus discípulos]
"Van a recibir una fuerza, la del Espíritu
Santo que vendrá sobre ustedes . . . serán
mis testigos en Jerusalén, en toda Judea y
Samaria, y hasta los límites de la tierra."

HECHOS 1:8

Uno de los puntos culminantes de una carrera
de postas es el momento cuando un corredor
le pasa la vara al otro. Muchas carreras se
han ganado o perdido en ese momento más que
en ningún otro momento de la carrera. El
pasar la vara en una carrera de postas es
una buena imagen de la ascensión. Jesús les
pasa la vara a sus discípulos. El nos ha
pasado la responsabilidad de construir el
Reino de Dios y hacerlo realidad en nuestros
hogares, nuestros colegios y nuestro mundo.

¿En qué forma el trabajo que estoy haciendo
ahora me ayuda a hacer del Reino de Dios
una realidad viviente en la tierra? ¿Qué
puedo hacer para lograr que mi trabajo
sea mejor ayuda de lo que es?

Ahora me levanto para ir al trabajo
Y rezo al Señor para no rehuirlo
Y si me muero antes que acabe la noche,
rezo para que mi trabajo se haya cumplido.

THOMAS OSBORNE DAVIS

[Jesús dijo a sus discípulos]
"Anuncien la Buena Nueva a toda la creación."
MARCOS 16:15

Al compositor Giacomo Puccini le dió cáncer
mientras trabajaba en su última ópera titulada
Tirandot. El le dijo a sus estudiantes. "Si
yo no la termino, termínenla por mí." Poco
después él fallecía. Sus estudiantes cumplieron
con su deseo. En 1926, Arturo Toscanini, quien
había sido el estudiante preferido de Puccini,
dirigió el estreno en la ciudad de Milán. Cuando
la ópera llegó al punto en el cual Puccini
se había visto forzado a dejar de escribir,
Toscanini paró la música, volteó hacia los
asistentes y les dijo, "Hasta aquí escribió
el maestro y luego falleció." Un silencio
reverente llenó el teatro. Luego Toscanini
tomó la batuta nuevamente, sonrió entre
lágrimas y dijo, "Pero sus discípulos
terminaron su obra." Al finalizar la ópera
los asistentes irrumpieron en tremendos
aplausos.

¿Cuán preparado y deseoso estoy de
ayudar a mi Maestro a terminar su obra?

*[La ascensión] no significa que Jesús haya
dejado la tierra, sino más bien que su
presencia constante está en toda la tierra.*
WILLIAM TEMPLE

SEMANA 32
Día 3 _____

*[Jesús dijo,] "La cosecha es grande,
y son pocos los obreros."*

MATEO 9:37

Kate Drexel pertenecía a una familia rica de
Filadelfia. Un día, en 1880, al cruzar la
ciudad, ella pudo ver la trágica situación
de los niños afro-americanos, quienes vivían
en condiciones paupérrimas. Luego de
interesarse en esta situación y de investigar
los problemas, ella se convenció que el
prejuicio, las falsas promesas, y las leyes
injustas estaban creando un ciclo de ignorancia
e impotencia para estos niños. Kate decidió
hacer algo. Ella fundó la orden de las Hermanas
del Sagrado Sacramento para que ésta trabajara
con niños afro-americanos y nativo-americanos.
Cuando la Madre Katherine Drexel falleció,
se había gastado casi $20 millones de dólares
de su propio bolsillo en estas obras. La orden
que ella fundó hace ya cien años, aun continúa
su labor.

Si yo tuviese $20 millones para gastarlos en
lo que yo quisiese, ¿en qué cosa usaría el
dinero primero? ¿Por qué?

*Las personas prácticas
serían mucho más prácticas
si fuesen un poco más soñadoras.*

J.P. MCEVOY

[Jesús les dijo a sus discípulos,]
"Los escogí a ustedes y los he puesto para
que vayan y produzcan fruto . . . y ese
fruto permanezca.

JUAN 15:16

Un viajero llegó a una zona muy árida en los
Alpes franceses. En medio de ella, él divisó
a un anciano que llevaba una bolsa de
bellotas a la espalda y un tubo de hierro en
la mano. El hombre estaba haciendo huecos en
la tierra con el tubo y plantando las bellotas
en los huecos. Luego el anciano le contó que
su esposa e hijo habían muerto y que ahora
él se pasaba los días así, "Quiero hacer algo
útil," le dijo. Veinticinco años más tarde,
cuando el viajero regresó al mismo lugar,
toda la zona estaba cubierta por un bosque
que medía dos millas de ancho por cinco de
largo. Los pájaros cantaban, los animales
jugaban, y las flores silvestres florecían.
El viajero se asombró de tanta belleza.

¿Cuáles árboles estoy sembrando?
¿Cuáles árboles podría sembrar?

Quien siembra con mezquindad,
con mezquindad cosechará.
y quien hace siembras generosas,
generosas cosechas tendrá.
2 CORINTIOS 9:6

SEMANA 32
Día 5 _____

[Después que Jesús subió a los cielos,]
de repente tuvieron a su lado [de los
apóstoles] dos hombres vestidos de blanco
quienes dijeron . . . "Este mismo Jesús,
vendrá como lo han visto subir al cielo."
HECHOS 1:10–11

La mamá de Carlitos estaba echada en la playa.
De pronto, el niño que tiene cinco años, viene
corriendo y le dice a su mami, "¡Ya viene Jesús!"
La mamá miró hacia arriba, pues Carlitos estaba
señalando a un avión que llevaba un cartel que
decía, "¡Ya viene Jesús!" Cuando pasó el avión,
Carlitos le preguntó, "Mami, ¿cuándo es que viene
Jesús?" La mamá inmediatamente se puso a pensar
qué respuesta le iba a dar al niño. Luego ella
le dijo, "La Biblia dice que vendrá cuando menos
lo esperemos." Carlitos estuvo callado por un
rato, y luego, mirando a la gente que se estaba
asoleando en la playa, dijo con voz de preocupación,
"Mami, ¿tu crees que toda esta gente esté lista
para recibirlo?"

Si yo fuese la mamá de Carlitos,
¿cuál sería mi respuesta?

De todas las palabras que se puedan
decir o escribir, las más tristes son estas:
"Pudo haber sido . . ."
JOHN GREENLEAF WHITTIER

Díganles a los que están asustados:
"Calma, no tengan miedo, porque ya
viene Dios . . . a salvarlos a ustedes."
ISAÍAS 35:4

En *God of the Oppressed* (Dios de los Oprimidos),
James Cone pregunta acerca de los días antes de
la Guerra Civil de los Estados Unidos: "¿Cómo
sabían los esclavos negros que ellos eran alguien,
cuando todo a su alrededor les decía que no eran
nadie?" El responde: "Era sólo porque ellos sabían
que Cristo estaba presente en ellos y que en esta
presencia estaba incluída la promesa divina de
regresar y llevarlos a la "Nueva Jerusalén." Una
promesa similar fue lo que sostuvo a los fieles
judíos en la antigüedad. Fue la promesa divina
que Dios, en la persona del Mesías, vendría a
salvarlos.

¿Qué es lo que me sostiene a mí,
en mis momentos de angustia, depresión,
o desaliento?

Aprendí a acomodarme
con lo que tengo . . .
Estoy entrenado
para cualquier momento . . .
Todo lo puedo en Aquel que me fortalece.
FILIPENSES 4:12–13

SEMANA 32
Día 7 _____

*Cristo . . . en su segunda venida, ya no
cargará con el pecado, sino que se manifestará
para dar la salvación a quienes lo aguardan.*
HEBREOS 9:28

Una tonada espiritual negra de la época de la
colonia, expresa el deseo de los antiguos esclavos
negros acerca de la Segunda Venida de Jesús:
"Hay un rey, rey de reyes,
Que ya viene por aquí,
Y me encontrará recogiendo algodón
cuando venga por aquí.
Se pueden oir sus legiones en el cielo
en todos sus rincones,
Y me encontrará recogiendo algodón
cuando venga por aquí . . .
Santos y ángeles lo coronarán
cuando venga por aquí,
Gritarán ¡Hosana! ¡Hosana!
al hombre que los hombres negaron
Y él, de rodillas me encontrará
cuando venga por aquí."

Este canto espiritual me hace preguntar:
Si la Segunda Venida de Jesús—o mi muerte—
sucediese mañana, ¿de qué manera
cambiaría esto mis planes de hoy?

*El pasado es tuyo, aprende de él.
El presente es tuyo, realízalo.*
WALTER FAUNTROY

1   ¿En qué forma el trabajo que estoy haciendo
    ahora me ayuda a hacer del Reino de Dios
    una realidad viviente en la tierra? ¿Qué
    puedo hacer para lograr que mi trabajo
    sea mejor ayuda de lo que es?

2   ¿Cuán preparado y deseoso estoy de ayudar
    a completar la obra del Maestro?

3   Si yo tuviese $20 millones para gastarlos
    en lo que yo quisiese, ¿en qué cosa usaría
    el dinero primero? ¿Por qué?

4   ¿Qué árboles estoy sembrando que, porque tuve
    vida, convertirán al mundo en un lugar mejor?
    ¿Cuáles árboles podría sembrar?

5   Si yo fuese la mamá de Carlitos, ¿cómo podría
    responder a su pregunta sobre si la gente en la
    playa estaba lista para la Segunda Venida de
    Jesús?

6   ¿Qué es lo que me sostiene en mis momentos de
    angustia, depresión, o desaliento?

7   Si la Segunda Venida de Jesús—o mi muerte—
    sucediese mañana, ¿de qué manera cambiaría
    ésto mis planes de hoy?

33 ¿Con cuánta claridad veo yo a Jesús en su Iglesia?

Durante los años de la guerra fría, unos funcionarios comunistas construyeron una torre de televisión en Berlín Oriental. En la parte alta, construyeron un restaurant giratorio.

Los comunistas querían que esta estructura fuese una obra que fuese admirada por la gente de Occidente. Pero debido a una falla en el diseño, ésta más bien se convirtió en una cosa embarazosa para los que la construyeron. Cuando el sol le daba a la torre y al restaurant en cierto ángulo, estos se asemejaban a una cruz. Los funcionarios inclusive pintaron la torre a fin de destruir este dramático fenómeno, pero de nada sirvió.

Algo similar sucedió en Jerusalén, después de la crucifixión de Jesús. Los oficiales estaban esperanzados que la muerte de Jesús en la cruz destruiría el movimiento cristiano. Pero sucedió lo contrario. El movimiento se propagó en forma espectacular.

¿Qué fue lo que hizo que la semilla de mostaza de la cristiandad se convirtiera en un árbol tan inmenso en tan poco tiempo? Sucedió exactamente lo que Jesús dijo que iba a suceder. El Espíritu Santo descendió sobre los discípulos en Pentecostés. Desde entonces, nada fue igual para los discípulos o para el mundo.

Las reflexiones de esta semana se concentran en la venida del Espíritu Santo a los seguidores de Jesús. La gracia que usted pedirá es:

Señor, ayúdame a ver a tu Iglesia
como es en realidad:
una extensión de tu cuerpo resucitado
en el espacio y en el tiempo.
Y que la oscuridad de sus dimensiones humanas
(sus miembros) nunca puedan oscurecer
las dimensiones divinas (la cabeza).

Lecturas Diarias

1	El Espíritu descendió	He 2:1–4
2	El impacto del Espíritu	He 2:5–18
3	Dones del Espíritu	Is 11:1–9
4	Muchos dones, un Espíritu	1 Cor 12:1–11
5	Frutos del Espíritu	Gal 5:16–26
6	Enseñado por el Espíritu	1 Cor 2:7–16
7	Vida en el Espíritu	Rom 8:1–17

SEMANA 33
Día 1 _____

*Vino del cielo un ruido, como el de
una violenta ráfaga de viento . . .
Se les aparecieron unas lenguas de fuego,
las que, separándose, se fueron posando
sobre cada uno de ellos.*

HECHOS 2:2–3

Los judíos vieron un vínculo entre Dios y el
viento. El toque como aliento del viento y la
fuerza de las tormentas hablaban de la presencia
gentil y del tremendo poder de Dios. Los profetas
usaron al viento como una imagen del Espíritu de
Dios (EZEQUIEL 37:9–10). Jesús también lo usó
(JUAN 3:8). Los judíos vieron un vínculo aún más
fuerte entre el fuego y Dios. Esto fue a raíz de
la experiencia de Dios que tuvieron Moisés y el
pueblo cuando los montes ardieron (EXODO 19:16–18).
Es con este trasfondo que debemos leer acerca de
la venida del Espíritu Santo.

¿Por qué es el fuego el símbolo indicado para el
Espíritu Santo? ¿Puedo imaginarme como sería si
el Espíritu Santo viniese a mí en este momento
como viento rugiente y fuego calcinante?

*Espíritu Santo, llena mi corazón
con la llama de tu amor.
Aniega mi mente
con la luz de tu verdad.*

Había en Jerusalén judíos piadosos . . .
de todas las naciones de la tierra.
Al producirse aquel ruido (viento),
la gente se juntó.

HECHOS 2:5–6

Pedro, emocionado, fue y explicó a
la multitud lo que había pasado. "Al oír esto,
se afligieron profundamente. Dijeron, pues,
a Pedro y a los demás apóstoles: 'Hermanos,
¿qué debemos hacer?'
Pedro les contestó: 'Conviértanse y háganse
bautizar cada uno de ustedes en el Nombre de
Jesucristo, para que sus pecados sean perdonados.
Y Dios les dará el Espíritu Santo'" (HECHOS 2:37–38).

¿Cuán útil es leer la oración que aparece aquí
abajo, en forma pausada, audible, y con un
profundo anhelo?

Dame tu aliento, Espíritu de Dios,
para que yo sólo piense aquello que es santo.
Empújame, Espíritu de Dios,
para que yo sólo haga aquello que es santo.
Fortaléceme, Espíritu de Dios,
para que yo conserve sólo aquello que es santo.
Guíame, Espíritu de Dios,
para que yo nunca pierda aquello que es santo.

SAN AUGUSTÍN (ADAPTADO)

SEMANA 33
Día 3 _____

[Jesús] es la Cabeza del Cuerpo,
es decir, la Iglesia;
El es el principio.

COLOSENSES 1:18

Antes de su conversión, San Pablo se
dirigía a arrestar a algunos cristianos.
De repente lo rodeó una luz.
"Cayó al suelo y oyó una voz que le
decía, 'Saulo, Saulo, ¿por qué me
persigues?' El preguntó, '¿Quién eres,
Señor?' Y la voz: 'Yo soy Jesús, a quien
tú persigues'" (HECHOS 9:4–5).
Pablo estaba desconcertado. El no estaba
persiguiendo a Jesús—sólo a sus discípulos.
Entonces él cayó en cuenta. Jesús y sus
discípulos forman un solo cuerpo. Pablo
luego escribió: "Somos un solo cuerpo en
Cristo" (ROMANOS 12:5).

¿Con cuánto de lo que dice este párrafo aquí
abajo, estoy de acuero? ¿Por qué?

Una persona le dijo a una joven,
"Yo puedo encontrar a Jesús a mi manera.
Yo no necesito a la iglesia."
La joven le dijo a esa persona,
"Tienes más posibilidades de encontrar
tu cabeza desprendida de tu cuerpo, que
encontrar al Cristo resucitado desprendido
de su Iglesia. Eso no se puede separar."

*[Jesús dijo,] "Ustedes son la luz para
el mundo. . . .
Así . . . debe brillar su luz ante los hombres."*
MATEO 5:14, 16

Una profesora le preguntó a sus alumnos, "¿Qué
pasaría si una tremenda explosión destruiría toda
vida en este mundo, y sólo quedaramos vivos los
treinta que estamos en este cuarto? ¿Dónde estaría
la Iglesia?" Luego de pensarlo por unos momentos,
uno de los muchachos dijo, "Estaría en este cuarto.
Nosotros seríamos la Iglesia." Esta historia nos
hace ver un punto muy importante. La Iglesia no
es un lugar donde se reune la gente, es más bien,
la *gente* que se reune. Para tener Iglesia, nos
debemos reunir. Es como el pan que usamos para la
Eucaristía. Cientos de granos de trigo se deben
recolectar para hacer el pan. De la misma manera,
sólo si nos reunimos hacemos visible al Cristo
resucitado en el mundo de hoy. Jesús afirmó,
"Donde hay dos o tres reunidos en mi Nombre,
ahí estoy yo en medio de ellos" (MATEO 18:20).

¿Qué es lo que me impide reunirme alrededor
de la Mesa del Señor en el Día del Señor?

*Si encuentras una iglesia perfecta,
por favor, únete a ella,
Entonces, ya no será perfecta.*
BILLY GRAHAM

SEMANA 33
Día 5 _____

La Iglesia . . . la cual es su cuerpo.   EFESIOS 1:23

Una universitaria le dijo a su compañera de cuarto, "Yo respeto tus creencias, pero encuentro muy difícil de creer que la Iglesia es el Cuerpo de Cristo, después de ver la forma en que se comportan algunos cristianos." La muchacha contestó, "Yo sentía igual que tú hasta que recordé que yo no encuentro difícil de creer que Beethoven era un genio, cuando escucho la manera en la que algunos músicos tocan su música. Beethoven no es el problema; los músicos son el problema. De igual forma, la Iglesia no es el problema; sus miembros lo son."

¿Hasta qué punto, soy yo el "problema"?

Creo que nunca veré una Iglesia
que sea todo lo que debería ser:
Una Iglesia en la cual sus miembros nunca
se salgan del camino derecho y angosto.
Una Iglesia que no tenga bancas vacías, y
cuyo sacerdote nunca tenga tristezas.

Una Iglesia en la cual sus diáconos siempre
cumplan con su deber y sean pacientes.
Quizás haya alguna Iglesia así,
pero yo no conozco ninguna.
Pero aún así, todos laboramos y rezamos para
hacer de la nuestra la mejor de todas.

AUTOR DESCONOCIDO

Formamos un solo cuerpo en Cristo . . .
Así, pues, sirvamos cada cual con
nuestros diferentes dones.

ROMANOS 12:5–6

Un complejo habitacional para ancianos en
Buffalo, Minnesota, ha combinado un centro
para jubilados con uno para el cuidado infantil.
El administrador dice, "Aunque nosotros hacemos
todo lo posible por mantener a nuestros residentes
alertas y activos, los niños se encargan de hacer
eso mejor que nosotros. Ellos hacen lo que hacen
todos los niños, y siempre están llenos de alegría.
Su lozanía y energía mantiene a todos muy
animados." Y los niños también se benefician.
Ellos no encuentran ningún problema mirando más
allá de las arrugas y las canas y llegando a los
corazones. Lo que ellos buscan es un abrazo, o
sentarse en las faldas de alguien, escuchar una
palabra cariñosa, una caricia, alguien que les
lea una historieta, que les sonría y con quien
puedan compartir."

¿Cuán efectivo soy en usar los dones que
Dios me ha dado a fin
de enriquecer el Cuerpo de Cristo?
¿De qué manera puedo imitar a los niños,
y mirar "más allá de las arrugas y las
canas" para llegar a los corazones?

La marea alta eleva todas las naves.
JOHN F. KENNEDY

SEMANA 33
Día 7 _____

[Ustedes] son la casa, cuyas bases son los
apóstoles y los profetas, y cuya piedra
angular es Cristo . . .
En él toda la construcción se ajusta y se
alza para ser un templo santo en el Señor.
EFESIOS 2:20-21

Hace unos años había un programa de televisión,
en el cual un artista invitaba a los niños a
hacer garabatos en una hoja de papel. Luego el
artista creaba algo muy lindo usando esos
garabatos. Un garabato se convertía en la cola
de caballo de una niña; otro se convertía en el
brazo de un niño. En cierto sentido, eso es lo
que Dios quiere de nosotros. Dios quiere que
tomemos nuestras debilidades—nuestros garabatos—
y que las convirtamos en algo bellísimo. Dios
quiere hacer aún más. Dios quiere unirnos a Jesús,
darnos el poder del Espíritu Santo, y convertirnos
en templos vivos de la presencia divina en
nuestro mundo.

¿Cuán listo estoy para
darle a Dios lo que yo tenga,
convencido que Dios, en verdad,
creará algo bello con eso?

Ustedes son . . .
como las estrellas en el universo.   FILIPENSES 2:15

REUNION SEMANAL
_____ Compartiendo la Agenda

1   ¿Cuánto me ayudó el imaginarme la venida
    del Espíritu Santo sobre mí, como viento
    rugiente y fuego calcinante?

2   ¿Cuán útil me fue leer la oración al Espíritu
    Santo, en forma pausada, audible, y con
    anhelo?

3   Si la Iglesia es el Cuerpo de Cristo, ¿cuál
    debería ser mi actitud hacia ella? En verdad,
    ¿qué actitud tengo hacia ella?

4   ¿Qué es lo que me impide reunirme alrededor
    de la Mesa del Señor en el Día del Señor?

5   ¿Hasta qué punto soy un "problema"? En otras
    palabras, ¿hago yo más fácil o más difícil
    la creencia de las demás personas de que la
    Iglesia es el Cuerpo de Cristo? ¿En qué
    forma?

6   ¿Cuáles son los dones especiales que tengo yo?
    ¿Con cuánta eficacia los uso para enriquecer
    el Cuerpo de Cristo?

7   ¿Cuán listo me encuentro para quitarle el
    bastón de mando a Jesús y hacer de su
    Iglesia lo que él quería que fuese: la estrella
    brillante en el oscuro cielo del mundo?

34 ¿Con cuánta claridad veo yo a Dios en todas las cosas?

(Contemplación: la Presencia de Dios)

Hace algunos años, el diario *Chicago Tribune*, publicó un artículo titulado *Taking a Walk with My Grandson* (Caminando con mi Nieto), escrito por Amelia Dahl. Fue escrito en forma de diálogo y era algo así:

Ricky: Abuelita, ¿por qué los árboles se quitan la ropa en el otoño?

Abuela: Porque su ropa está muy usada y tienen que conseguirse una más nueva.

Ricky: ¿Dónde consiguen ellos la ropa nueva?

Abuela: De la tierra, donde la Madre Naturaleza está muy ocupada preparándo el ajuar de primavera para ellos.

Ricky: ¿Te has dado cuenta que el cielo parece un lago de cabeza?

Abuela: Si, y las pequeñas nubecillas parecen botecitos, verdad?

Ricky: Me pregunto a dónde se estarán yendo.

Abuela: Quizás estén yendo a una reunión de nubes.

Ricky: ¿Qué crees que harán allí?

Abuela: Quizás van a discutir si la tierra necesita más lluvia o no.

Ricky: Ay, abuelita, Dios piensa en todo, ¿no?

La abuelita de Ricky es una persona que todavía conserva esa maravillosa curiosidad de los niños.

El sentir esa maravillosa curiosidad significa
ver las cosas como las ven los niños: con la
frescura que tenían cuando vinieron de las
manos creadoras de Dios. Significa poder ver
el amor de Dios en los ojos de nuestros amigos.

Las reflexiones de esta semana se concentran
en el mundo de maravillas que ha creado Dios.
La gracia que usted pedirá es:

Señor, ayúdame a ver al mundo
con la misma belleza que tenía
cuando salió de tus manos creadoras.
Ayúdame a ver que
"nada de lo que hay aquí es profano.
Al contrario, todo es sagrado."
                                    TEILHARD DE CHARDIN

Pautas para la Semana

Durante la semana usted quizás desee tomar
un solitario "paseo para la oración." Sería
fabuloso si usted pudiese hacer esto al
amanecer o al anochecer, junto a un lago o
en un parque.

Lectura Diaria

1	El Señor creo todo	Sal 104:19–24
2	El Señor todo proteje	Sal 40:1–5
3	El Señor es rey de todo	Sal 93
4	El Señor está en todo	He 17:22–28
5	Haga música para el Señor	Sal 150
6	Alabado sea el Señor	Sal 104:1–15
7	Que grande es el Señor	Sal 145

SEMANA 34
Día 1

[El Señor] cuenta las estrellas una a una
y llama a cada una por su nombre.
Grande es nuestro Señor, todo lo puede.

SALMO 147:4–5

El famoso músico reconocido mundialmente, Pablo
Casals, dijo, "Yo *encuentro* a Dios en las cosas
más pequeñas y en las más grandes. *Veo* a Dios en
los colores y diseños. . . . Piense que no existen en
el mundo dos granitos de arena que sean iguales;
no hay nariz igual que otra, voz igual que otra;
cómo a pesar de haber billones de seres vivientes,
no existe en el universo dos cosas que sean
idénticas. ¿Quién sino Dios pudo haberlo hecho así?

¿Hasta qué punto me parezco a Casals, que podía
encontrar al Creador en la creación: en cosas como
los granitos de arena, en las flores, en las caras
de sus amigos? ¿Por qué existen personas, como
por ejemplo, los artistas, quienes pueden hacer
esto mejor que los demás?

Dios es el Bailarín. . . .
La Creación es el Baile . . .
Quédate callado y mira el Baile . . .
una estrella, una flor, una hoja descolorida. . . .
Y espero que, dentro de poco,
alcances a ver . . . al Bailarín.

ANTHONY DE MELLO

El sol radiante contempla todas las cosas.
La obra del Señor está llena de su gloria.
SIRACIDES 42:16

Un hombre que se quería suicidar, estaba parado
al borde de un precipicio en Italia. De pronto,
él escuchó una música tan pura y bella que lo
dejó perplejo. Miró a su alrededor y lo que vió
lo dejó boquiabierto. Allí, en la entrada a una
cueva, vió a un niño tocando un rondín. El ver al
niño y escuchar esa música, tocó lo más recóndito
de su alma atormentada. De inmediato, pensó que
el mundo estaba lleno de amor y belleza. Más
adelante, dijo que ese niño descalzo que tocaba
el rondín, era un regalo de Dios. Pero en realidad,
era mucho más. Era la presencia y el poder de
Dios que penetraba su vida para ayudarlo en un
momento cuando él no se podía ayudar a sí mismo.

¿Puedo acordarme de algún momento en el que la
vista o sonido de algo realmente bello me haya
tocado el alma y me haya hecho elevar mi corazón
y mi mente a Dios?

Dios envió a sus Cantantes a la tierra
con cantos de tristeza y de alegría,
para que toquen los corazones de los hombres,
y los haga regresar al cielo algún día.
HENRY WADSWORTH LONGFELLOW

SEMANA 34
Día 3 _____

"Paren, y reconozcan que soy Dios."
SALMO 46:10

Una mañana de llovizna, Barry Lopez se levantó
y se fue a caminar por el bosque. Mientras
caminaba por entre los cedros y los pinos, se
acordó que hace muchos años había visto a su
abuelo hacer este mismo recorrido. Cuando Barry
llegó a un claro en el camino, se arrodilló en
la tierra húmeda. Esto le dió la sensación de
estar unido a Dios y a la Creación. Media hora
más tarde, Barry regresó a casa y se sentía
renovado. Luego se acordó por qué su abuelo
todas las mañanas solía irse de paseo al
bosque. Es que así decía él sus oraciones de
la mañana. Siempre aparecía al otro lado del
bosque, parado frente a la playa, con sus
manos en los bolsillos, mirando al océano.

¿Me siento defraudado porque no tengo un bosque
o una playa que me ayude a decir mis oraciones
en las mañanas? ¿Qué le diría a una persona
que sí se sienta defraudada por esto?

Piensa siempre en Dios,
de día, de noche, en tu trabajo,
y hasta cuando te diviertes.
Dios siempre está cerca y está contigo.

[Pablo dijo,] "En realidad, Dios no está lejos
de cada uno de nosotros . . . pues en él vivimos,
nos movemos y existimos."

HECHOS 17:27–28

Herman Melville era uno de ocho hermanos. Su
familia vivía en medio de la pobreza, en Nueva
York. El dejó de ir al colegio a los quince años.
Cuando cumplió veinte años, se embarcó en un
barco que zarpaba para Inglaterra, trabajando
como camarero a bordo. Allí fue que empezó su
gran amor por el mar. Con el tiempo, Herman
escribió su famosa novela *Moby Dick*. Una parte
de la novela dice: "Si el gran sol gira no
por si mismo, sino como un mensajero en el cielo;
y si ninguna estrella puede centellar
sin contar con un poder invisible;
cómo puede este pequeño corazón latir;
cómo puede esta mente pensar;
a menos que Dios forme esos latidos y
esos pensamientos."

¿Con qué facilidad encuentro a Dios en el
mundo? ¿Cuál es el obstáculo que no me permite
encontrar a Dios?

Yo quería escuchar la voz de Dios
y me subí a la torre más alta,
Pero Dios me dijo: "Baja otra vez,
que yo vivo entre la gente."

LOUIS NEWMAN

SEMANA 34
Día 5 _____

"Yahvé . . . está realmente en este lugar."
GENESIS 28:16

Un estudiante de secundaria escribió:
"El domingo me levanté muy deprimido.
No sé por qué me sentía así, ese era el
día del gran concierto de rock en Hawthorne.
Mientras que estaba en la fila esperando entrar al
hipódromo, mi depresión empezó a desaparecer.
Una vez adentro, nos sentamos en el césped,
junto a otras 70,000 personas. Había un sistema
de sonido fenomenal y la música me llenó de
energía. Cuando terminó el segundo grupo
musical, miré a mi alrededor y casi no podía
creerlo. ¡Qué fantástico! ¡Qué vista tan preciosa!
Entonces sí que me sentí mucho mejor. Luego, la
última banda tocó una canción clásica de rock.
Todos los asistentes estaban de pie, aplaudiendo
y bailando al compás de la música. Una sensación
increíble me recorrió por todo el cuerpo. Luego
pensé, que en medio de todo este bullicio, en
medio de esta música linda, ¡tenía que estar
Dios! ¡No podía ser de otra forma! (adaptado)

¿Recuerdo algún momento en el cual sentí la
presencia de Dios como la sintió el estudiante?

Cuando estoy operando,
siento tan vívida la presencia de Dios
que es difícil darme cuenta dónde termina
la pericia de Dios y dónde empieza la mía.
UN CIRUJANO ANONIMO

Oh, señor, nuestro Dios,
qué glorioso es tu Nombre por la tierra!
                                          SALMO 8:1

Un señor llevó a su hijito a acampar a las
Montañas Adirondack, en Nueva York. A modo de
hacer mejor este viaje, él contrató a un guía
para que los acompañara. El guía los llevó lejos
de los caminos ya conocidos y los condujo al
mero corazón de ese gran bosque. El niño estaba
muy sorprendido que el guía podía divisar cosas
que a las personas comunes y corrientes, les
pasaban desapercibidas. Un día, luego que el
guía les había mostrado unas cosas muy lindas
en el bosque, el niño exclamó, "¡Apuesto que
hasta a Dios se le ve aquí! El guía respondió,
"Hijo, se me hace muy difícil ver otra cosa que
no sea Dios en todo esto."

¿Puedo recordar la última vez que me detuve
a escuchar el canto de un pájaro?
¿Ver un atardecer?
¿Qué es lo que me impide hacerlo?

La tierra está llena del cielo,
y todo arbusto común encendido con Dios;
y sólo aquel que puede ver, se saca los zapatos—
El resto sigue sentado
recogiendo las zarzamoras.

                                          E. B. BROWNING

SEMANA 34
Día 7 _____

Eres grande, oh Señor, mi Dios.
SALMO 104:1

"Yo canto al maravilloso poder de Dios,
Que levantó las montañas;
Que esparció los océanos en la tierra,
Y que creó los encumbrados cielos. . . .

Yo canto a la bondad del Señor,
Que llenó la tierra de provisiones;
Que formó a las criaturas con su palabra,
Y luego las hizo buenas.
Señor, ¡cómo se ven tus maravillas
Dondequiera que voltée mis ojos:
Si miro la tierra en que camino
O levanto los ojos al cielo!

No existe una planta o flor
que no grite tus glorias;
Y las nubes se levantan y la tempestad sopla,
De tu trono, obedeciendo el mandato;
Todo lo que de ti se presta vida,
Todo lo que en tu cuidado está,
Y en todo lugar en el que el hombre esté
Tú, Dios, allí también estarás.
ISSAC WATTS

Al leer y reflexionar sobre estas estrofas,
¿cuál es la que más me gusta? ¿Por qué?

Si Dios parece estar lejos,
adivina quién es el que se alejó!
AUTOR DESCONOCIDO

REUNION SEMANAL
_____ Compartiendo la Agenda

1 ¿Qué parte de la creación de Dios me dice más a mí sobre el Creador, y qué es lo que me dice?

2 ¿Puedo acordarme de algún momento en el que la vista o el sonido de algo bello me haya hecho elevar mi corazón y mi mente a Dios?

3 ¿Recuerdo alguna caminata que yo haya hecho en un bosque o una playa, que haya elevado mis pensamientos hacia Dios y haya renovado mi espíritu?

4 ¿Con cuánta facilidad encuentro a Dios y cuál es el obstáculo que no me permite encontrarlo con más facilidad?

5 ¿Recuerdo algún partido, concierto o cualquier otro momento que pasé con mis amigos, en el cual sentí la presencia de Dios?

6 ¿Puedo recordar la última vez que me detuve a maravillarme con algo de la naturaleza? ¿Por qué no lo hago con más frecuencia?

7 ¿Cuál frase es la que más me gusta del himno que escribió Isaac Watts? ¿Por qué?

35 ¿Con cuánta claridad veo yo el amor de Dios en todas las cosas?

(Contemplación: el Amor de Dios)

La vida del astronauta Jim Irwin cambió por completo después de su viaje a la luna abordo de la nave Apolo 15. Irwin escribe esto en su libro titulado *To Rule the Night:*

"Quisiera haber sido poeta o escritor,
para poder contarles en forma precisa
lo que he sentido durante este vuelo. . . .
Esto ha sido como una revelación . . .
que apareció poco a poco.
El resultado de todo esto fue que
todos mis conocimientos religiosos
se han profundizado y vigorizado
Esto ha hecho renacer la fe en mí. . . .
Estando en la luna, el poder infinito
de Dios y su Hijo Jesucristo,
se me hizo clarísimo a mí."

Lo que sucedió a Jim Irwin debe de sucederle a cada uno de nosotros. Debemos descubrir que Dios no es alguien que está lejos de nosotros, sino más bien que está tan cerca como nuestro propio aliento. Debemos sentir a Dios como alguien que nos ama mucho más de lo que nos amamos a nosotros mismos.

Las reflexiones de esta semana lo pondrán frente a frente al misterio del amor de Dios— por usted. La gracia que usted pedirá antes de cada reflexión es:

Señor, ayúdame a descubrir y vivir el misterio de tu adorada presencia en cada dimensión de mi vida.

Lectura Diaria

1 Añoro a Dios   Sal 63:1–8
2 Pertenezco a Dios   Sal 95:1–7
3 El amor de Dios me salvó   Sal 116:1–14
4 Da gracias a Dios   Sal 107:23–32
5 Dios es amor   1 Jn 4:7–12
6 El amor de Dios es eterno   Sal 136:1–9
7 El amor de Dios nos envuelve   Rom 8:35–39

SEMANA 35
Día 1 _____

Eres grande, oh Señor, mi Dios . . .
Utilizas las nubes como carro
y caminas en alas de los vientos. . . .
¡Alma mía, bendice tú al Señor!
SALMO 104:1, 3, 35

La película *Lili* es la historia de una jovencita
que trabaja en un circo. Ya que no hay muchas
jovencitas de su edad, los mejores amigos de Lili
son los tres títeres que aparecen como parte
del espectáculo. Al crecer, Lili se siente más
sola que nunca. Un día se sintió tan sola, que
decidió fugarse del lugar. Al despedirse de los
títeres con un abrazo, ella los siente temblar.
De pronto, ella se da cuenta que no son los
títeres los que la quieren, sino el joven
titiritero. Los títeres eran lo que él usaba
para expresar su amor por ella.

¿Hasta qué punto soy como Lili
que confunde al titiritero con los títeres,
sin darme cuenta que mediante todo en la
creación, el Creador expresa su amor por mí?

Dios es generoso.
Y Dios no tiene nada que dar, sino a si mismo.
Y el darse a si mismo, es hacer sus hazañas . . .
ser él mismo . . .
mediante las cosas que él ha hecho.
C.S. LEWIS

*[Jesús dijo,] "Si tu ojo es limpio,
toda tu persona aprovecha la luz."*
LUCAS 11:34

Los diarios del día domingo solían publicar
una página de rompecabezas. Por ejemplo, uno
de ellos mostraba a una familia de paseo.
Bajo del retrato había una pregunta, "¿Puede
usted encontrar a la niña que está oculta en
esta figura?" Y uno la buscaba y la buscaba,
y no la encontraba. En eso, usted encontraba
la oreja en una nube, la boca en un árbol, y
así por el estilo, hasta que usted encontraba
la cara completa y sonriente de la niña. Una
vez que usted encontraba a la niña, la figura
ya no era la misma de antes. Así pasa en la
vida real también. Hay una persona escondida
en cada escena de su vida. Y esa persona es
Dios. Dios está allí como dador de todo lo que
somos y de todo lo que tenemos: vida, talentos,
familia, amigos. Todo lo que somos y tenemos
es el regalo del amor de Dios hacia nosotros.

¿Cuándo me di cuenta por primera vez, que había
un Dios escondido en el cuadro de mi vida diaria?

*El buscar a Dios, es una gran aventura;
el encontrar a Dios,
es la realización más grande;
el enamorarse de Dios,
es el más grande de todos los romances.*
RAPHAEL SIMON (adaptado)

SEMANA 35
Día 3

Yahvé que te ha creado . . .
dice, "No temas, porque yo te he rescatado,
te he llamado por tu nombre, tú me perteneces."

ISAÍAS 43:1

El teniente de infantería de marina, Alan McLean,
pisó una mina escondida en un arrozal durante la
guerra de Vietnam. Luego, él escribió, "Recuerdo
que salí disparado por los aires y todo me dolía."
A raíz de la explosión, perdió sus dos piernas y
lo tuvieron que evacuar en un helicóptero.
El narra, "Estuve al borde de la muerte en ese
helicóptero." Luego pasó algo increíble. "Lo que
sentí," dice él, "fue que me dí cuenta que Dios
me ama a mí, a tí, y a todos los demás, me dí
cuenta que Dios ama a cada uno de nosotros."
Este pensamiento milagrosamente le trajo una
serenidad y una profunda paz—una paz como nunca
antes había sentido, una paz que nunca más lo
abandonó.

¿Cuán difícil es encontrar el rostro de un
Dios amoroso en medio de los problemas y
dificultades de mi vida?

Quien nunca haya comido pan con tristeza,
Quien nunca haya pasado horas amargas,
Gimiendo y esperando que llegue la mañana,
No te conoce, no sabe de tu Poder celestial.

JOHANN WOLFGANG VON GOETHE

Señor, tu eres mi Dios, a ti te busco,
mi alma tiene sed de ti,
en pos de ti mi carne desfallece,
cual tierra seca, sedienta, sin agua.
SALMO 63:1

"Cada vez que visito mi isla, cerca a las costas
de Maine, me vuelvo a enamorar del mar. Bueno,
yo no conozco todo el mar—hay áreas inmensamente
grandes las cuales nunca conoceré—pero yo
conozco el mar. Está cercano a mí. Lava las
orillas de mi isla. Me puedo sentar cerca a él . . .
y navegar encima de él. Me puedo dormir con el
susurro de sus olas. Dios es así. [Dios] es tan
grande . . . que podemos pensar en [Dios] sólo en
términos simbólicos, pero [Dios] está cercano
a mí."
HARRY EMERSON FOSDICK

¿De qué manera, en forma especial, siento yo
que Dios está cercano a mí—en qué manera
Dios "lava las orillas de mi isla" y me canta
canciones de amor? Y, ¿de qué manera, en forma
especial, siento yo el gran alcance de Dios?

El compositor Rod McKuen dijo,
"Yo amo el mar, pero eso no hace que le
tenga menos temor." De igual manera, la Biblia
habla del amor y del temor que le tenemos a Dios.

SEMANA 35
Día 5 _____

El que no ama,
no ha conocido a Dios,
pues Dios es amor.
Envió Dios a su Hijo Unico a este mundo
para darnos la Vida por medio de él.
1 JUAN 4:8–9

Un viejo sacerdote le dijo a un joven seminarista,
"Algún día te vas a dar cuenta que Dios te ama
con un amor infinito. Cuando eso suceda, tu vida
va a cambiar y mejorar como nunca pensaste que
fuera posible." Lo que el viejo sacerdote le
dijo al joven seminarista es cierto y nos
toca a cada uno de nosotros. Dios nos ama con
un amor infinito. Esa increíble verdad está
esperando nacer en nuestros corazones.

¿Por qué tengo tanta dificultad en comprender—
en mi corazón y en mi mente—
que Dios me ama con un amor más grande
que todo lo que me pudiese imaginar o soñar?

¡Dios de amor!
Cuando el pensar en tí
despierte mi corazón,
no permitas que éste se asemeje a un pájaro
temeroso, que vuela desenfrenadamente,
sino más bien, has que sea como un inocente
niño, que despierta sonriente de su sueño.
SOREN KIERKEGAARD (traducción libre)

Es bueno darte gracias, oh Señor,
y cantarle, oh Altísimo, a tu Nombre,
anunciando tu amor por la mañana
y tu fidelidad toda la noche. . . .
Pues me alegras, Señor,
con tus acciones.

SALMO 92:1–4

Una estudiante universitaria estaba haciendo
un retiro en la Universidad de Saint Edward
en Texas. De repente, ella se sintió muy
conmovida por el amor de Dios hacia ella.
Más adelante, escribió:
"¿Qué puedo decir al vivir mi vida cotidiana,
queriéndola compartir contigo? . . .
¿Qué te puedo decir, mi Dios,
sino que te amo con el corazón?
¿Qué te puedo decir, mi Dios?
Lo único que te puedo decir es 'Gracias, mi Dios.'
Tú me has enseñado a vivir y a orar.
Siempre te has preocupado por mí y nunca
has dejado que vaya por mal camino.
¿Qué te puedo decir, mi Dios?
Todo lo que puedo decir es 'Gracias, mi Dios.'"
LOURDES RUIZ ARTHUR

¿Qué te puedo decir, mi Dios?

Oh, Señor, que me das vida,
Dame también un corazón lleno de gratitud.
WILLIAM SHAKESPEARE

SEMANA 35
Día 7 _____

Ni las fuerzas del universo . . .
podrá apartarnos del amor de Dios.
ROMANOS 8:39

Una estrofa de un viejo himno describe el amor
de Dios con estas poéticas palabras:
"El amor de Dios es más grande que lo que
pudieran escribir o contar las lenguas;
Va más allá de la más grande estrella."
Pero la estrofa más conmovedora es la última.
James Montgomery Boice dice que esta estrofa
no fue escrita por el compositor original,
sino que fue agregada más tarde. Esta fue
encontrada en la pared de un cuarto de un
hospital para enfermos mentales, y dice así:
"Podríamos llenar de tinta los océanos
y que los cielos sean pergaminos
Que cada tallo en la tierra sea una pluma
y cada hombre un escritor;
Escribir sobre el amor de Dios,
secaría los océanos;
Y ningún pergamino alcanzaría
aunque se cubran todos los cielos."

¿Cuán listo estoy para darle a Dios el mismo lugar
en mi corazón que Dios tiene en el universo?

Jesucristo será el Señor de todo,
o no será el Señor de nada.
SAN AUGUSTÍN

1   ¿Hasta qué punto confundo al titiritero
    con los títeres, el Creador con las
    criaturas?

2   ¿Cuándo empecé a darme cuenta que había un
    Dios escondido en el cuadro de mi vida
    diaria?

3   ¿Cuán difícil es para mí el encontrar el
    rostro de un Dios amoroso en medio de los
    problemas y dificultades de mi vida?
    De manera especial, ¿cuáles problemas?

4   ¿De qué manera siento que Dios está cercano
    a mí? ¿Y el gran alcance de Dios?

5   ¿Por qué a veces tengo dificultad en
    comprender—en mi corazón así como en mi
    mente—que Dios me ama con un amor más
    grande de lo que me puedo imaginar?

6   ¿De qué manera agradezco a Dios por todo
    lo que me da?

7   ¿Qué me impide darle a Dios el mismo lugar
    en mi corazón que Dios tiene en el universo?

36 ¡Toma, Dios, y recíbeme!

(Contemplación: Mi Respuesta)

Hay una vieja historia que dice que una persona se tiró a un caudaloso río para salvar a un niño que se estaba ahogando. Unos días más tarde, el niño le dijo a esa persona, "¿Cómo puedo agradecerte lo que hiciste por mí? La persona le contestó, "El mejor agradecimiento que me puedes dar es que vivas tu vida de tal forma que haya valido la pena habértela salvado."

Lo que la persona le dijo al niño, Dios nos podría decir a cada uno de nosotros.

Ahora nos toca a nosotros darle gracias a Dios y vivir nuestras vidas de tal manera que haya valido la pena habérnosla salvado.

Las reflexiones de esta semana se concentran en la manera en que usted responderá a Dios, luego de todo lo que él ha hecho por usted. La gracia que pedirá antes de cada reflexión es:

Señor, coloca en mi corazón
el amor y la gracia
para hacerte este ofrecimiento de mí mismo;
Toma, Señor,
y recibe toda mi libertad, mi memoria,
mi entendimiento, y mi completa voluntad—
todo aquello que yo aprecio.

Tú me has dado todas estas cosas.
Ahora las pongo a tu servicio,
para que las uses como quieras.
Dame sólo tu amor y tu gracia
Eso es suficiente para mí.

Lectura Diaria

1	El Señor es grande	Sal 113
2	El Señor no olvida	Sal 111
3	Confía en el Señor	Sal 115:1–13
4	Señor, que se haga tu voluntad	Sal 119:1–8
5	Canten al Señor	Sal 100
6	Señor, escucha nuestra oración	Sal 84
7	Alabado sea el Señor	Sal 150

SEMANA 36
Día 1 _____

"Padre, en tus manos encomiendo mi espíritu."
LUCAS 23:46

El filósofo francés Blaise Pascal tuvo una
experiencia que cambió su vida. Es la describe
de esta misteriosa forma:
"Lunes, 23 de noviembre de 1654,
desde las 10:30 de la noche
hasta 12:30 de la noche: fuego.
Dios de Abram, Dios de Isaac,
Dios de Jacob, no el Dios
de los filósofos y eruditos.
¡Certeza, alegría, paz!
¡Dios Jesucristo!
A él sólo se le encuentra
como lo enseña el Evangelio.
¡Lágrimas de alegría!
Yo me había alejado de él,
nunca permitas que me separe más de él.
¡Entrégate a Jesucristo!"

Le pido a Dios que me de la gracia para orar
con alegría, "Toma, Dios, y recibe mi libertad."

Todos estamos perseguidos por nosotros mismos,
dejando la sombra de lo que somos
en todo lo que nos rodea.
Luego viene el Evangelio y nos rescata
de estos egoísmos.
La redención es olvidarse de uno en Dios.
FREDERICK W. ROBERTSON

[Jesús] tomó el pan y, dando gracias,
lo partió y se lo dió, diciendo:
"Esto es mi cuerpo, el que es entregado
por ustedes. Hagan esto en memoria mía."
LUCAS 22:19

En un artículo de *Science Digest*, apareció un
artículo titulado *The Magic of Memory* (La Magia
de la Memoria) Laurence Cherry dice: "Nuestros
recuerdos son, sin duda alguna, nuestras más
preciadas posesiones. Más que cualquier otra cosa,
estas nos pertenecen por entero, definen nuestra
personalidad y nuestra visión del mundo. Cada uno
de nosotros puede traer a la mente miles de
recuerdos en forma deliberada: nuestro primer día
de clase, nuestra mascota preferida, la casa de
verano que tanto nos gustaba." Oscar Wilde tenía
todo esto en mente cuando dijo, "La memoria es
como un diario que llevamos con nosotros a todas
partes." El alemán Jean Paul Richter dijo,
"Nuestra memoria con sus recuerdos son parte de
ese paraíso del cual nadie nos puede hacer salir."

Ruego a Dios por la gracia de orar con alegría,
"Toma, Señor, y recibe . . . mis recuerdos."

Dios nos da memoria
para que tengamos rosas en Diciembre.
JAMES MATTHEW BARRIE

SEMANA 36
Día 3 _____

Dios dispone todas las cosas
para bien de los que lo aman.
ROMANOS 8:28

Un estudiante le dijo a su consejero, "Si no
hubiese sido por esta estampita, yo no hubiese
podido aceptar la muerte de mi mamá." Decía así:
"Por cada dolor sufrido,
por cada carga, cada preocupación,
Hay una razón,
Por cada dolor que nos agacha la cabeza,
Por cada lágrima que se enjuga,
Hay una razón.
Pero si confiamos en Dios, como debemos,
Va a ser para nuestro bien.
[Dios] sabe la razón."
AUTOR DESCONOCIDO

Ruego que Dios me de la gracia para orar con
alegría, "Toma, Señor, y recibe . . .
mi entendimiento."

"¡Bendito el que confía en Yahvé,
y que en él pone su esperanza!
Se asemeja a un árbol plantado
a la orilla del agua,
y que alarga sus raíces hacia la corriente:
no tiene miedo de que llegue el calor,
su follaje se mantendrá verde;
en año de sequía no se inquieta,
ni deja de producir sus frutos."
JEREMÍAS 17:7–8

[Jesús enseñó a rezar a sus discípulos,]
"Padre nuestro . . . hágase tu voluntad."
MATEO 6:9-10

En 1911, Robert Scott y cuatro exploradores
británicos llegaron al Polo Sur luego de haber
hecho una travesía de ochocientas millas, a pie,
y en pleno frío. Cuando se encontraban en su
viaje de regreso, pasó una tragedia y murieron
los cinco. Cuando se recuperaron sus cuerpos,
las últimas palabras que cada uno había
escrito todavía estaban legibles. Junto a uno
de los cuerpos, se encontró esta breve nota:
"Hoy vivo, sabiendo que
estoy en las manos de Dios. . . .
Cada uno debe hacer lo que puede
y dejar el resto a [Dios]."

Ruego que Dios me de la gracia para orar con
alegría "Toma, Señor, y recibe. . . .
mi completa voluntad."

Yo sólo quiero cumplir con la voluntad de Dios . . .
[Dios] me ha permitido ir a la montaña
Y yo he ido y he
visto la tierra prometida . . .
Así que esta noche estoy contento.
Nada me preocupa
No le temo a hombre alguno.

MARTIN LUTHER KING, JR.
(la noche antes de su muerte)

SEMANA 36
Día 5 _____

[Jesús nos entregó todo lo que tenía;
su amor, su cuerpo, su sangre, su vida.
No tenía nada más que ofrecernos.
Entonces gritó en la cruz,] "¡Padre,
en tus manos encomiendo mi espíritu!"
                                        LUCAS 23:46

El doctor Viktor Frankl fue prisionero de los
nazis durante la Segunda Guerra Mundial. En
Man's Search for Meaning, él escribe acerca de
una parte de los campamentos de los cuales
rara vez se habla. El nos dice: "Nosotros que
vivimos en campos de concentración, podemos
acordarnos de aquellos que venían a las chozas
a confortar a los demás, dándoles sus últimos
pedazos de pan. Quizás hubieron pocos de
esos, pero fueron suficiente para darme una
prueba más de que todo se le puede quitar a
una persona, excepto una cosa—la última
libertad—de escoger la actitud o comportamiento
de uno, dependiendo de las circunstancias, y
escoger su propio camino."

Ruego a Dios que me de la gracia para orar
con alegría "Toma, Señor, y recibe . . .
todo lo que yo aprecio."

La vida no es una "breve vela."
Es una antorcha estupenda que yo
quiero que brille lo más fuerte
posible para futuras generaciones.
                        GEORGE BERNARD SHAW

[El Señor dijo,] "¿A quién enviaré? . . .
Yo respondí, "Mándame a mí."

ISAÍAS 6:8

Dag Hammarskjold fue Secretario General de las
Naciones Unidas en 1953. El mantuvo su puesto
hasta 1961, cuando falleció en un accidente de
aviación. Cuando los funcionarios limpiaron su
departamento, encontraron su diario con una nota
que decía que éste podría ser publicado después
de su muerte. Unas líneas del diario nos cuentan
de un momento importante en su vida. Dice así:
"Yo no sé
Quién—o Qué—hizo la pregunta,
Ni siquiera sé cuando la hicieron.
Ni siquiera me acuerdo haberla contestado.
Pero en algún momento pude haber dicho si
a Alguien—o a Algo—y, en ese momento,
yo tuve la seguridad que la existencia es
importante y que, por consiguiente,
la entrega de mi mismo a lo largo de
mi vida, tenía un propósito."

Ruego a Dios por la gracia de orar con
alegría, "Toma, Señor, . . . todo lo que aprecio.
Tú me has dado todas estas cosas,
Y ahora las pongo a tu servicio."

El ser humano es tan noble que no podría
servir a nadie más que a Dios.

CARDINAL WYSZYNSKI

SEMANA 36
Día 7 _____

Quiero conocerlo; quiero probar el poder
de su resurrección y tener parte en sus
sufrimientos, hasta ser semejante a él
en su muerte y alcanzar, Dios lo quiera,
la resurrección de los muertos.
FILIPENSES 3:10-11

Luego de convertirse al cristianismo, el
reformador social japonés, Toyohiko Kagawa,
renunció a su cómoda casa y se fue a vivir a
los barrios pobres de Kobe. Allí él compartió
su persona y sus posesiones con los necesitados.
En *Famous Life Decisions,* Cecil Northcott dice que
Kagawa regaló toda su ropa, quedándose con un
kimono viejo. En una ocasión, aún enfermo, él
predicó a la gente en medio de la lluvia, y
repetía una y otra vez, "¡Dios es amor! ¡Dios
es amor! ¡Donde hay amor, allí está Dios!

Ruego a Dios que me de la gracia de orar con
alegría, "Toma, Señor . . .
todo lo que yo aprecio . . .
Dame sólo tu amor y tu gracia.
Eso es suficiente para mí.

Nuestros corazones han sido hechos para tí,
Oh, Señor, y ellos no descansarán,
hasta que descansen en tí.
SAN AUGUSTÍN

REUNION SEMANAL
Compartiendo la Agenda

1   Cuando pienso en entregarle a Dios toda mi libertad—la libertad de ir a donde yo quiera, hacer lo que yo quiera, decir lo que yo quiera—¿qué pensamientos me vienen a la cabeza?

2   ¿Cuál es el recuerdo más temprano de mi niñez? ¿El más querido?

3   ¿Qué es aquello que hay en mi vida que no "entiendo" y que me gustaría saber por qué Dios permite que suceda? ¿Cuán fácil es para mí vivir totalmente de la fe—sin necesidad de saber la razón de las cosas?

4   ¿Con cuánta alegría y confianza puedo decirle a Dios "que se haga tu voluntad, no la mía"—en lo que sea? Explíquelo, por favor.

5   Cuando le ofrezco a Dios "todo aquello que aprecio," a qué cosas me estoy refiriendo? ¿Por qué este Dios amoroso quisiera tomar esas cosas de mí?

6   En la escala del uno (mínimo) al diez (máximo), ¿hasta qué punto estoy viviendo mi vida en un servicio total a Dios?

7   ¿Cuán listo estoy para darle un cheque en blanco a Dios y decirle, "Llena la cantidad que tu quieras. Sólo dame tu amor y tu gracia?

Bosquejo de la Reunión Semanal

LLAMADO A LA ORACION

> *El líder empieza cada reunión semanal*
> *pidiéndole a alguien que encienda una*
> *vela y luego lee la siguiente oración:*

Jesús dijo,
"Yo soy la luz del mundo . . .
El que me sigue no caminará
en tinieblas, sino que
tendrá luz y vida."

JUAN 8:12

Señor Jesús, tu dijiste
que cuando dos o tres
se reunieran en tu nombre,
tu estás allí con ellos.
La llama de esta vela
simboliza tu presencia entre nosotros.

Y, Señor Jesús,
donde tú te encuentres,
allí también,
están el Padre y el Espíritu Santo.
Y así empezamos nuestra reunión en
la presencia y en el nombre
del Padre,
del Hijo,
y del Espíritu Santo.

Bosquejo de la Reunión Semanal

LLAMADO A LA MISION

> *El líder termina cada reunión semanal*
> *rezando la siguiente oración:*

Concluimos nuestra reunión
escuchando a Jesús que nos dice
lo que él les dijo a sus discípulos
en su Sermón de la Montaña:

"Ustedes son la luz para el mundo.
No se puede esconder una ciudad
edificada sobre un cerro.
No se enciende una lámpara
para esconderla en un tiesto,
sino para ponerla en un candelero
a fin de que alumbre a todos los de la casa.
Así, pues, debe brillar
su luz ante los hombres, para que vean
sus buenas obras y glorifiquen al
Padre de ustedes que está en los Cielos."

MATEO 5:14–16

> *Luego uno de los miembros apaga la vela.*
> *El líder concluye con lo siguiente:*

La llama de esta vela
se ha apagado
Pero la luz de Cristo dentro de cada uno
de nosotros, continuará radiante en nuestras
vidas. Con este fin, recemos juntos
la oración que El nos enseñó: "Padre Nuestro . . ."